许家雄 著

数学的学习与理解

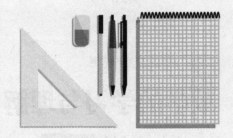

云南大学出版社
YUNNAN UNIVERSITY PRESS

图书在版编目（CIP）数据

数学的学习与理解 / 许家雄著. -- 昆明：云南大学出版社，2018

ISBN 978-7-5482-3525-5

Ⅰ.①数… Ⅱ.①许… Ⅲ.①中学数学课－教学参考资料 Ⅳ.①G634.603

中国版本图书馆CIP数据核字(2018)第211586号

策划编辑：王翌泮
责任编辑：石　可
封面设计：郑明东

许家雄　著

数学的学习与理解

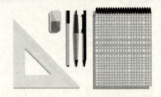

出版发行：云南大学出版社
印　　装：昆明市五华区珵煜教育印务有限公司
开　　本：787mm×1092mm　1/16
印　　张：12.75
字　　数：280千
版　　次：2018年9月第1版
印　　次：2018年9月第1次印刷
书　　号：ISBN 978-7-5482-3525-5
定　　价：49.80元

社　　址：昆明市一二一大街182号（云南大学东陆校区英华园内）
邮　　编：650091
电　　话：0871-65033244 65031071
网　　址：http://www.ynup.com
E-mail：market@ynup.com

若发现本书有印装质量问题，请与印厂联系调换，联系电话：0871-64167045。

内容提要

在知识经济时代，仅仅记住陈述性知识和程序性知识是不够的，重要的是对知识的深刻理解，并在理解知识的基础上生成新的观点、新的理论和新的知识。正是基于对理解重要性的认识，"为理解而教，为掌握而学"已成为学界的共识。

本书主题为"数学的学习与理解"，反映了数学学习过程中理解的重要意义。

当前，学习理论研究正成为推动课堂教学改革向纵深发展的重要力量，只有在学习理论指导下的数学教育才能有效地促进学生的学习和理解，也只有建立在学习理论基础上的数学教育改革才能承担起培养具有创新精神和实践能力的人才的历史使命。基于这种认识，本书第一章对相关的学习理论进行了简要的梳理和综述，并进一步分析其在数学教学中的运用，以帮助我们在数学教学中有意识地汲取各种学习理论的合理成分，使我们能够比较全面地理解和把握学习的基本规律，从而为我们的数学教学实践提供科学的基础。

本书第二章在第一章的相关学习理论及数学教育实践基础上，总结了八项实现数学理解学习的基本策略，这八项基本策略是：数学知识情感化；数学知识条件化；数学知识过程化；数学知识问题化；数学知识结构化；数学知识策略化；数学知识反思化；数学知识反馈化。这八项基本策略所体现的数学学习的理解内涵与相关的学习理论的观点是完全符合的。《人是如何学习的》一书反复强调，新的学习理论的特色就在于强调理解性学习；强调理解是新的学习理论的基本特征。[①]

本书第三章则是促进学生数学理解学习的一些实践案例。

[①]　约翰·D. 布兰思福特等：《人是如何学习的：大脑、心理、经验及学校》，程可拉等译，华东师范大学出版社 2002 年版，第 18 页。

目　录

第一章　学习理论与数学教育

　　学习理论是研究人类与动物的行为特征和认知心理过程的一门应用性学科，是对学习规律和学习条件的系统阐述。它主要探讨学习的一些基本问题，如学习的性质、学习的动机、学习的条件、学习的过程、学习的迁移等，并对学习是如何发生的，为什么有的学习有效而有的学习无效等问题进行说明。各种学习理论从不同侧面为我们提供了探讨学习问题的视野，使我们能够比较全面地理解和把握学习的基本规律，从而为我们的课堂教学实践提供科学的基础。

　　另一方面，无论是行为主义学习理论、认知派学习理论、人本主义学习理论、建构主义学习理论，还是情境学习理论，都只不过是众多学习理论中的一个流派而已，它们在指导教学实践过程中都有正确的一面和各自的局限性。因为"我们的所有理论概念都带有一种'工具'的性质。它们归根结底来说都不外是一些工具，一些我们为了解决一些特定的问题而创造出来和要不断创造的工具。"①这，应该是我们对待各种学习理论的基本态度。

一、行为主义学习理论及其教育含义

　　行为主义学习理论是学习理论的主要流派之一。美国心理学家约翰·华生在 20 世纪初创立的行为主义学习理论，在桑代克、斯金纳等主要代表人物的影响下，在 20 世纪 70 年代以前曾长期在教育心理学界占据着主导的地位，斯金纳更是将行为主义学习理论推向了高峰，他提出了操作性条件反射学说，并完善和发展了强化理论。他根据操作性条件作用原理设计的教学机器和程序教学曾经风靡全球。有学者总结出了影响世界教育百年的六个心理学实验，其中就

---

　　① 　恩斯特·卡西尔：《人文科学的逻辑》，关之尹译，上海译文出版社 2004 年版，第 43 页。

有两个是关于行为主义的心理学实验：一个是与条件反射理论有关的"小阿尔伯特实验"，另一个是与及时反馈理论有关的"定位速效实验"。

行为主义是20世纪初机能主义和深受达尔文进化论影响的动物心理学研究发展的直接产物。行为主义认为人类和动物的行为之间不存在质的差别。正如华生所言："行为就是有机体用以适应环境刺激的各种躯体反应的组合，有的表现在外表，有的隐藏在内部，人和动物没有什么差别，都遵循同样的规律。"行为主义学者的基本假设是：行为是学习者对环境刺激所做出的反应，同时认为复杂的行为可以归结为简单行为的简单组合。行为主义主张心理学的研究不应使用内省法，而是要采用客观的实验方法去研究可见的行为。行为主义者认为，学习是刺激与反应之间的联结，学习是在刺激情境与行为反应之间形成一定联结的过程。

就行为主义的学习理论而言，桑代克和斯金纳做出了最为突出的贡献。下面我们对桑代克和斯金纳的行为主义学习理论做一简要的介绍。

（一）桑代克学习理论

桑代克是美国著名心理学家、学习理论家，他对动物及人类的学习、教学原理和学习迁移进行了深入的研究，被誉为"教育心理学之父"。

桑代克的学习理论是在一系列动物实验基础上发展起来的，他曾设计了一种迷笼，把一只猫关在笼子里，猫必须在笼内做完按压开关、抓绳子和扣环这三种不同反应之后，笼门才会自动打开。桑代克观察发现，猫被放进笼子后变得焦躁不安，企图从任何空隙中逃出迷笼，它东抓抓、西碰碰，这里咬一下那里按一下，在这种乱抓乱碰的挣扎中，猫偶尔会抓住绳子和扣环并碰到按压开关使笼门打开。经过反复尝试后，猫在笼中乱碰乱撞的随机行为逐渐减少，成功打开笼门的概率则逐渐增多，最后只要把猫一放进笼子里，它就立即以确定的方式去按压开关、抓绳子和扣环进而顺利打开笼门。桑代克根据这个实验，认为猫是经过反复尝试不断减少错误之后学会打开笼门的。进而他认为动物的学习就是在刺激和反应之间形成联结的过程，而且人类的学习和动物的学习之间本质是相同的。据此，桑代克建立了以"刺激—反应联结"和"尝试—错误"为内核的学习理论即试误说。其主要观点是，学习的本质是在刺激和反应之间形成联结，而这种联结是通过不断尝试错误得以建立的。也就是说，人类和动物的学习，是一种渐进的、不断尝试和摒除错误，直到最终形成刺激—反应联结的过程。

桑代克就他的"尝试—错误"学习理论提出了三条规律：准备律、练习律和效果律。准备律是指学习者在学习之前的预备定势；练习律又分为应用律和失用律，是指一个联结因重复使用(练习)而得到增强，因荒废失用(不练习)而减弱；效果律是指"凡是在一定的情景内引起满意之感的动作，就会和那一情境发生联系，其结果当这种情境再现时，这一动作就会比以前更易于重现。反之，凡是在一定的情景内引起不适之感的动作，就会和那一情境发生分裂，其结果当这种情境再现时，这一动作就会比以前更难于重现。"

桑代克"尝试—错误"学习理论的教育含义：即便是21世纪的今天，桑代克的学习理论对现代课堂教学仍有积极的意义。比如"大运动量训练"仍然是提高学生知识技能的重要途径；让学生主动去思考问题、分析问题和尝试解决问题，有利于培养学生的创新能力；"失败是成功之母"，每个人的学习、每个人的成长就是由无数个"尝试—错误""反馈—纠正"这样的过程构成。即使是对现代计算机辅助教学而言，也仍然有着一定的指导意义。

(二)斯金纳学习理论

斯金纳是行为主义学派最负盛名的代表人物，与桑代克的学习理论相比，斯金纳更为突出地强调了"强化"的概念。他提出了操作性条件反射理论。他认为条件反射分为反应性条件反射和操作性条件反射，前者是由确定的刺激物引起的反应，重点在于刺激；后者则是由操作引发的反应再予以强化。斯金纳认为学习主要涉及操作性条件行为，而操作性条件行为的形成主要取决于强化。

斯金纳用他的"斯金纳箱"进行了著名的操作性条件反射实验。"斯金纳箱"内有和杠杆相连接的食物储存器，一旦杠杆被压食物储存器就会自动掉下一颗食物到箱子里面。一只饥饿的白鼠被放进箱里，白鼠可以自由地在箱里走动和探索，在反复的探索过程中，白鼠终究会偶然地按压到连接的食物储存器的杠杆，由于这个按压杠杆的动作导致了食物出现，这样若干次后，就形成了操作性条件反射，白鼠获得的食物就是"正强化物"，因为它能增强白鼠按压杠杆的反应概率。如果白鼠按压杠杆时导致了电击，那么电击的刺激便是"负强化物"，它将导致白鼠按压杠杆的反应迅速减少，而一旦这个"负强化物"从情境中被排除时，便可增强该反应发生的概率。

斯金纳在实证研究基础上，根据"刺激—反应—反馈"原理，构建了他的学习理论。斯金纳认为，学习就是行为的塑造。教师的作用并非传授知识，而是使学生养成正确的行为，也即通过对学习环境的设置、课程材料的设计和学生行为的管理以提高某些合适行为发生的概率形成强化性的后果。斯金纳提出了有效教学的基本原则：教学目标越具体、越精准越好；小步骤呈现学习材料；对学习者的任何反应积极予以反馈；学习者自定步调学习；在教学中应循序渐进，由浅入深，由简到繁，以保证把学生在学习过程中产生的错误率降到最低限度。结合他的"强化列联"思想，斯金纳还提出了"程序教学"和"教学机器"设计。

斯金纳的学习理论在20世纪五六十年代在教育界一直占据着主导地位，他的理论对于采取班级教学尤其是大班额教学形式的课堂教学有着重要的指导意义，即便对我们今天的课堂教学仍有积极的指导意义。

(三)行为主义学习理论的局限性

行为主义学习理论在历史上有很大的影响，直到今天仍有积极的意义，但它所依据的行为心理学原理没有考虑动物和人类学习存在的重要的质的区别，它只强调外部刺激而完全忽视学习者的内部心理过程，片面强调环境和教育的作用，忽视了学习者的主观能动性。就"程序教学而言"，它只是注重对题材的分析和对教材的研究，缺少必要的综合，忽视了如何使学生实现从整体上认识事物。特别是在当今的知识经济时代，行为主义学习理论的局限性更加凸显。

二、格式塔顿悟学习理论及其教育含义

"格式塔"是德语"gestalt"的译音，"完形"的意思。所以，格式塔心理学又叫完形心理学，是现代心理学的主要流派之一，该学派的主要代表人物是柯勒、考夫卡和韦特海默。

格式塔顿悟学习理论是目前学习心理学最重要的学习理论之一，格式塔学派关于问题解决和创造性思维方面的研究，对于我国当下正在进行的以培养学生核心素养和创新能力为目标的教育改革更是有着积极的指导意义。

(一)格式塔顿悟学习理论在问题解决中的应用

格式塔顿悟学习理论认为，学习和问题解决主要不是试误的过程，而是顿悟。顿悟是指学习者突然知觉到问题情境中的目标和达到目标的手段和途径之间的关系，是通过学习者的"知觉重组"，即在感知事物整体结构基础上重新组织或重新构建有关事物的"结构"（"完形""格式塔"）而实现的。也就是说学习和问题解决的本质是主体利用已有的知识经验在理解情境中事物整体结构基础上不断构造"完形"的过程，是学习者对于事物的整体性的"知觉重组"。问题解决的关键在于学习者对于事物的整体性的"认知框架"的灵活转换。而实现"认知框架"的灵活转换的条件有二，一是理解，即对当前问题整体结构的把握；二是知识经验，即解决当前问题所必需的"策略性知识"和"知识模块"。

以下我们通过波利亚《数学的发现》中的一个例子来说明"知觉重组"也即"认知框架"的转换在问题解决过程中的意义。

问题①：三个圆 M、N、K 具有相同的半径 R，并通过同一点 O。此外，M 和 K 相交于点 A，M 和 N 相交于点 B，N 和 K 相交于点 C，如图 1-1 所示。求证：A、B、C 三点确定的圆 e 的半径也是 R。

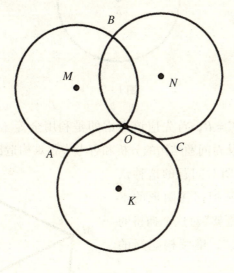

图 1-1

分析：要证通过 A、B、C 三点的圆 e 的半径也是 R，就是要证 $eA = eB = eC = R$。为了探究解题的途径，结合已知条件，首先应该把 MO、MA、MB、NO、NB、NC 以及 KO、KA、KC 依次连结起来，同时，由于连心线具有垂直平分相交弦（平分相交弧）的性质，因此也应该考虑连结 MN、MK 和 KN，如果需要用到相交弦的性质，还得连结 OA、OB、OC。因为要证明的是过三点 A、B、C 的圆 e 的半径也是 R，因而把 A、B、C 三点连结起来也是理所当然的尝试。

---

① 乔治·波利亚：《数学的发现》，刘景麟等译，科学出版社 2006 年版，第 229 页。

这样我们便得到一张挤满线段和圆弧的图形，如图1－2所示。

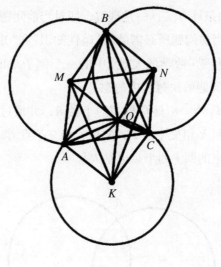

图1－2

要证 $eA = eB = eC = R$，首先应该考虑的是利用全等三角形性质直接证明 $eA = eB = eC = R$。但从对问题结构的分析和思考中很难构造出这样的"完形"（全等三角形），也即说明对问题的这种认知还没能准确理解和把握住图形的本质，需要转换"认知框架"对这个拥挤的图形进行"知觉重组"，继续构建新的"完形"。

"如果你按通常的方式去看它，它是一个图像，可是如果你转换到另一个位置再换一种特殊方式去看它，那么另一个图像就会突然闪现在你面前。"①最后，波利亚从这张拥挤的图形中提取到了一个熟悉的"完形"，由边长都是 R 的三个菱形构成的"完形"，如图1－3所

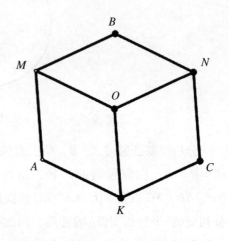

图1－3

① 乔治·波利亚：《数学的发现》，刘景麟等译，科学出版社2006年版，第230页。

示。这样，原问题便可转换为如下表征：已知菱形 *MAKO*、*MONB*、*OKCN*，如图 1 – 3 所示，它们的边长都等于 *R*，那么存在一点 *e*，使得 $eA = eB = eC = R$。

在图 1 – 3 的基础上，波利亚继续构建新的"完形"（如图 1 – 4）——一个平行六面体十二条棱的投影图，通过两图比较知道，图 1 – 3 可以看成一个不透明的平行六面体的投影图，它是平行六面体十二条棱的投影图的一部分，理解了这两个"完形"的关系，那么原来的问题便得证了。因为，根据立体几何知识，如果一个平行六面体投影中可见的九条棱都等于 *R*，那么由看不见的第八个顶点所引出的三条棱也一定等于 *R*，这第八个顶点就是所求的通过 *A*、*B*、*C* 三点的圆的圆心 *e*，且 $eA = eB = eC = R$。问题得证。

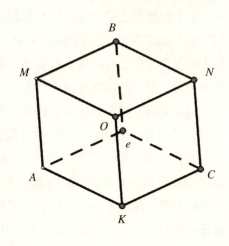

图 1 – 4

事实上，构造事物的"完形"往往具有多种可能的途径或方向，波利亚所构造的"完形"只是问题空间的其中一种表征。转换"认知框架"对这个拥挤的图形进行"知觉重组"的再探索，在这张拥挤的图形中还可以提取到另一个熟悉的"完形"：Δ*MNK* 和 Δ*ABC*，如图 1 – 5 所示。由于 Δ*MNK* 的外接圆 *O* 的半径为 $OM = ON = OK = R$，只要证明 Δ*ABC* 和 Δ*MNK* 全等，那么 Δ*ABC* 的外接圆半径也为 *R*，这样原问题也得到解决。为了证明 Δ*ABC* 和 Δ*MNK* 全等，还得继续从拥挤的图形中提取（构造）三个新的"完形"——Δ*MNO* 和 Δ*ACK*；Δ*MKO* 和 Δ*BCN*；Δ*KNO* 和 Δ*ABM*。

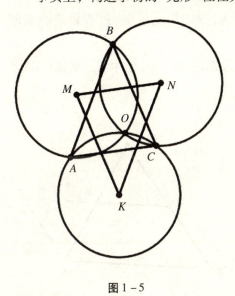

图 1 – 5

易证 Δ*MNO* ≌ Δ*ACK*，Δ*MKO* ≌ Δ*BCN*，Δ*KNO* ≌ Δ*ABM*。从而有 *MN* = *AC*，

$MK = BC$，$KN = AB$，所以 $\triangle MNK \cong \triangle ABC$，也即 $\triangle ABC$ 外接圆的半径也是 R，原问题得证。

以上解题过程是主体在已有知识经验基础上对问题结构的理解而构建出不同"完形"而实现的，而问题的"完形"不是固定不变的，当一个"完形"构建了之后主体又会根据已有的知识经验和问题解决的需要而不断产生新的"完形"，直到问题得以解决。这就是格式塔关于问题解决的"知觉重组"原理。

也就是说，问题解决的过程就是学习者在已有知识经验基础上不断地构建"完形"的过程，而问题中往往没有现成的"完形"，这个"完形"也不是固定不变的，并且"完形"的演变具有多种可能的途径或方向。因此，对"完形"的选择以及对"完形"演变的多种可能的途径或方向的把控，是决定学习者能否成功解决问题的关键。从这个意义上说，为了提高学生分析问题、解决问题的能力，教师在解题教学中，要注意引导学生从不同角度、不同层面去构建问题的"完形"，探究问题的不同解法。同时，由于所构建的"完形"并不能保证相应的解题活动就能成功，因此，要培养学生在构建"完形"过程中的自我意识、自我评价和自我调节能力，不断提高学生的元认知水平，使学生在不断转换"认知框架"的过程中实现对问题的"知觉重组"，并体悟不同"完形"之间的异同。

下面以三角形中位线定理的证明为例，对"知觉重组"过程做进一步的分析。

如图 1 - 6 所示，在 $\triangle ABC$ 中，D、E 分别是 AB、AC 的中点，求证：$DE /\!/ BC$，且 $DE = \dfrac{1}{2}BC$。

分析：从问题的基本关系出发，可引导学生从"旋转变换""平移变换""翻折变换"和"等积变换"四个角度去构建问题的"完形"，而从某一个角度出发又会演变出多种可能的"完形"。因此，要注意引导学生对各种可能的"完形"做出清醒的评估，并根据实际情况对"完形"做出必要的调整。

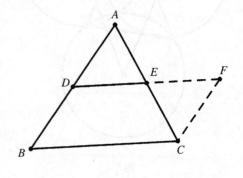

图 1 - 6

解法一，构建"完形"一（利用旋转变换）：如图 1 - 6，延长 DE 到 F，使 $EF = DE$。然后根据 E 是 DF 和 AC 的中点的条件，通过证明 $\triangle ADE$ 和 $\triangle CFE$ 全等，或者证明 $ADCF$ 是平行四边形，再证 $BCFD$ 是平行四边形，从而证得：$DE /\!/ BC$，且 $DE = \frac{1}{2}BC$。

引导学生对"完形"一的构建过程进行追问、反思：

第一，证明"线段和、差、倍、分"关系的通法是"接"和"截"。以上是利用"接"的方法，即在线段 DE 上接上线段 EF，然后证明 $DF = BC$，从而证得 $DE = \frac{1}{2}BC$。但在线段的"接"法上又有两种选择，可以是间接"接"法：使 $EF = DE$，再证 $DF = BC$；也可以是直接"接"法：使 $DF = BC$，然后证明 $EF = DE$。但这里构建的"完形"采用的是间接"接"法，而不是（其实也不能）用直接"接"法，为什么？

第二，上述解法是通过延长 DE 到 F，使 $EF = DE$ 这样间接"接"的方法来证明的，实际上还可以通过平移的方法来构建"完形"：如图 1-7，延长 DE 到 F，使 $CF /\!/ AB$。然后再证明 $\triangle ADE \cong \triangle CFE$ 以及 $BCFD$ 是平行四边形，则问题得证。

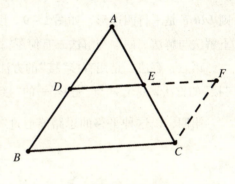

图 1-7

第三，既然证明"线段和、差、倍、分"关系的通法有"接"和"截"两种，那么在这里为什么不能通过"截"的方法来证明 $DE /\!/ BC$，且 $DE = \frac{1}{2}BC$ 呢？比如，

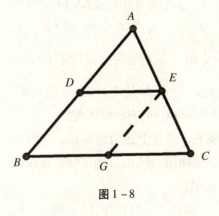

图 1-8

如图 1-8，在 BC 上直接"截" $BG = DE$，再证 $GC = BG$；或者先在 BC 上间接"截" $BG = GC$，然后证明 $DE = BG$，从而得 $DE = \frac{1}{2}BC$；又或者这样间接"截"：过点 E 作 $EG /\!/ AB$，然后再证 $DE = BG = GC$。

解法二，构建"完形"二（利用平移变换）：如图 1-9，过 AB 的中点 D 作 $DF /\!/ BC$ 交 AC 于 E'，且 $DF = BC$，则 $DBCF$

是平行四边形。下面只要证明 $\triangle ADE'$ 和 $\triangle CFE'$ 全等，或者证明 $ADCF$ 是平行四边形，便可证得 E' 是 AC 边的中点，且：$DE' \parallel BC$，$DE' = E'F = \dfrac{1}{2}BC$。

对"完形"二构建过程的追问反思：

第一，"完形"二是先过中点 D 作 $DF \parallel BC$，后证 E' 是 AC 的中点，这种把问题的条件和结论逆用的作法为什么可行？较之解法一其优劣之处何在？

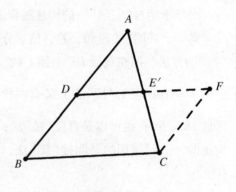

图 1-9

第二，实际上"完形"二还可以通过另一种平移变换来构建：过 AB 的中点 D 作 $DF \parallel BC$ 交 AC 于 E'，且 $CF \parallel AB$，则 $DBCF$ 是平行四边形，如图 1-9。以下解法与解法二同。与解法二有何逻辑关系？

第三，解法二是用直接"接"的方法来证明的，而不是（其实也不能）用间接"接"的方法，这恰好与"完形"一的"接"法相反！为什么？

第四，以这种平移的思路能通过"截"的方法来证明 $DE' = E'F = \dfrac{1}{2}BC$ 吗？

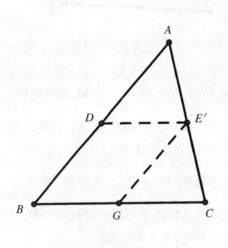

图 1-10

答案是肯定的，而且是用直接"截"的方法。具体证明如下：过 AB 的中点 D 作 $DE' \parallel BC$，"截" $BG = DE'$（或作 $E'G \parallel AB$），如图 1-10。则 $BGE'D$ 是平行四边形，然后再证 $\triangle ADE' \cong \triangle E'GC$，从而证得 $AE' = E'C$，$GC = BG = DE'$，即 $DE' = \dfrac{1}{2}BC$。这里是用直接"截"的方法证明的，为什么又不能用间接"截"（"截" $BG = GC$）的方法证明呢？

第五，对比上述两种解法，为什么解法一只能用"接"的方法证明，而解法二却既能用"接"的方法，也能用"截"的方法证明？

解法三，构建"完形"三（利用翻折变换）：如图 1-11，作 $AF \perp BC$ 于 F，

连 DF、EF，则 DF、EF 分别是 $Rt\triangle ABF$ 和 $Rt\triangle ACF$ 斜边上的中线，所以 $DF = AD = DB$，$EF = AE = EC$，则 DE 垂直平分 AF，所以 $DE /\!/ BC$。作 $DG \perp BC$ 于 G，$EH \perp BC$ 于 H，则 $BG = GF$，$FH = HC$，进而有 $DE = GH = \dfrac{1}{2}BC$。

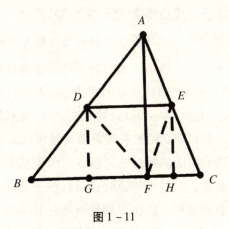

图 1－11

解法四：构建"完形"四（利用等积变换）：如图 1－12，连 BE、CD，则 $S_{\triangle ADE} = S_{\triangle BDE}$，$S_{\triangle ADE} = S_{\triangle CDE}$，所以 $S_{\triangle BDE} = S_{\triangle CDE}$，可推出 $DE /\!/ BC$。又 $S_{\triangle BDC} = S_{\triangle ADC}$，所以 $S_{\triangle BDC} = \dfrac{1}{2}S_{\triangle CDE}$，则 $DE = \dfrac{1}{2}BC$。

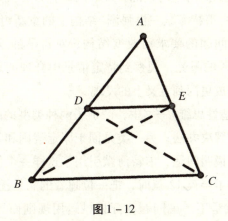

图 1－12

对上述四种解法的追问和反思：以上四种构建"完形"的方法，其思维的逻辑基础是什么？是否存在更为有效的构建"完形"的途径？为什么是从"旋转变换""平移变换""翻折变换"和"等积变换"这四个角度去构建问题的"完形"？这其实涉及对几何学的本质理解问题：几何学是研究空间形式在某种变换下的不变性质，欧氏几何是研究图形在刚体运动下的不变性质，而旋转变换、平移变换、翻折变换和等积变换则是刚体变换的基本形式。从上述解题分析可知，几何变换是一种重要的数学解题的方法思路，从这个意义上说，在已有知识经验基础上把握住问题的本质是成功构建问题"完形"的关键。

(二)格式塔顿悟学习理论在培养学生创新思维能力方面的应用

格式塔学派的主要代表人物韦特海默对创造性思维进行了深入的研究，他的代表作《创造性思维》一书，对什么是创造性思维和怎样进行创造性思维进行系统的阐述，书中不乏创造性解决问题的案例。韦特海默认为创造性思维就是打破原有的思维框框，通过重新组织或者重新构建事物的"完形"而实现的。在他看来，对情景、目的和解决问题的途径等各方面相互关系的新的理解是创造性地解决问题的根本要素，而过去的经验也只有在一个有组织的知识整体中才能获得意义并得到有效的使用。他在案例分析研究的基础上总结了创造性解决问题的要点：不要为习惯所束缚所蒙蔽；不能像奴隶一般重复所学过的东西；进行思维时，脑子不要太机械化；不要有片面的态度，不要注意琐碎方面的东西，也不要进行零敲碎打的运算；但是，要自由地观察全局，设法发现问题与情境怎样互相联系，设法深入、发现并找出问题的形式与任务之间的内在联系；在最好的情况下，接触到情境的根源，冲破困难，将有规则的问题结构上的特点揭示得一清二楚。[①] 韦特海默一再强调"结构上的重新组织"在创造性思维中的重要意义。"根据问题的要求而改变结构，对科学的发展来说是极为重要的。""用新的、更深入的眼光，观察到特定情景中合理的重新组织、重新定向的因素，会导致或组成更深刻意义上的发现。"[②]

韦特海默在《创造性思维》一书中，区别了两种类型的问题解决办法：一类是具有创造性的问题解决办法；另一类是囿于固定规则和机械程式的解决问题的办法。为了进一步说明问题，韦特海默引用了这样一个例子，在医院病房值夜班的一位护士，到了半夜12点时，把一位睡着的病号摇醒说："先生，该起来吃安眠药了。"这就是不考虑问题实际机械运用规则而导致愚蠢行为的一个事例。

---

① 韦特海默：《创造性思维》，林崇基译，教育科学出版社1987年版，第113-114页。
② 韦特海默：《创造性思维》，林崇基译，教育科学出版社1987年版，第140-141页。

以下通过四个案例，说明"结构上的重新组织"在培养学生创新思维能力方面的具体应用。

案例 1：对结构的整体把握

问题 1，鸡兔同笼问题：今有鸡兔同笼，上有三十五头，下有九十四足，问鸡兔各几何？

分析：该问题的方程解法通常是这样的，设笼中有鸡 x 只、兔 y 只，依题意得：$\begin{cases} x+y=35 & ① \\ 2x+4y=94 & ② \end{cases}$，然后通过"代入消元法"或者"加减消元法"分别消去 x 或 y，解得 $\begin{cases} x=23 \\ y=12 \end{cases}$。如果引导学生从整体上把握问题的结构，把 $x+y=35$ 看成一个整体，然后整体代入方程②：$2(x+y)+2y=94$，易求得 $y=12$。这就是创新的解法，这就是创新思维。而创新是源于对结构的整体把握。再引导学生对上述两种不同的消元方法加以对比和反思，势必能加深学生对二元一次方程解法的深刻理解。

众所周知，鸡兔同笼问题有几种非常巧妙的解法，比如"抬腿法"（鸡都收起一只脚，兔子则收起前腿）、"假设法"（假设 35 个头都是鸡的，或者都是兔子的），但这些巧妙解法的本质都是对结构的整体把握，都能从方程组 $\begin{cases} x+y=35 & ① \\ 2x+4y=94 & ② \end{cases}$ 的"整体消元"解法中找到依据。比如，"抬腿法"的本质是，由方程②两边除以 2，得 $x+2y=47$……③（鸡、兔都抬腿后剩下 47 条腿），把 $x+y=35$ 整体代入③，得 $y=12$（剩下 47 条腿减去 35 个头数便得到兔子的数目）。又比如"假设法"：假设笼中 35 个头都是兔子，则应有 $4\times35=140$ 条腿，但笼中实有 94 条腿，假设的情况比实际情况多了 $140-94=46$ 条腿，增加的原因是把一只鸡当作兔子时，要增加 2 只脚，所以有鸡 $46\div2=23$ 只。而假设法的方程背景则是，把方程②变形为：$4(x+y)-2x=94$……③，把 $x+y=35$ 整体代入③，得 $2x=4(x+y)-94$，则 $x=23$。

案例 2：结构的重组

问题 2，已知 $x\in[0,1]$ 时，不等式 $x^2\sin\alpha+(1-x)^2\cos\alpha-x(1-x)>0$ 恒

成立，求 α 的取值范围。

分析：常规思路是把不等式转化为关于 x 的二次不等式：$(\sin\alpha + \cos\alpha + 1)$ $x^2 - (2\cos\alpha + 1)x + \cos\alpha > 0$，要使不等式恒成立，须 $\Delta = b^2 - 4ac < 0$，即 $(2\cos\alpha + 1)^2 - 4(\sin\alpha\cos\alpha + \cos^2\alpha + \cos\alpha) < 0$，显然要解这个三角不等式比较困难。引导学生重新审视问题的结构，对二次不等式的结构进行重组，原不等式可转化为：$\dfrac{x^2}{(1-x)^2}\sin\alpha - \dfrac{x}{1-x} + \cos\alpha > 0$，若令 $\dfrac{x}{1-x} = p$，则原不等式可转化为：$(\sin\alpha)p^2 - p + \cos\alpha > 0$。至此，原不等式恒成立问题便转化为：须 $\cos\alpha > 0$，且 $\sin\alpha > 0$，且 $\sin 2\alpha > \dfrac{1}{2}$。而这个三角不等式组很容易求解。

案例 3：结构的变换

问题 3，求函数 $y = \sqrt{x^2 + 2x + 10} + \sqrt{x^2 - 4x + 8}$ 的最小值。

分析：直接求函数 y 的最小值显然比较困难，但通过引导学生对函数的结构实施变形：$y = \sqrt{(x+1)^2 + (0-3)^2}$ $+ \sqrt{(x-2)^2 + (0-2)^2}$，则函数的几何意义便凸显出来，这就是在 x 轴上求一点 $P(x, 0)$，使点 P 到点 $A(-1, 3)$ 和 $B(2, 2)$ 的距离的和最短。这用几何中的"牧童饮马"原理很容易解决。这就是"数"与"形"之间的灵活变换，是"数形结合"思想在解题中的灵活应用。

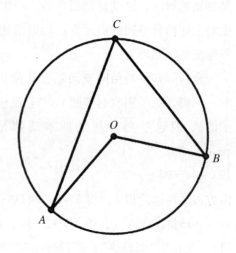

图 1 - 13

案例 4：结构的具体化

问题 4，探究圆周角和圆心角的关系：如图 1 - 13，在圆 O 中，∠ACB、∠AOB 分别是 $\overset{\frown}{AB}$ 所对的圆周角和圆心角，探求 ∠ACB 和 ∠AOB 之间的关系。

从当前的结构（图 1 - 13）实在看不出 ∠ACB 和 ∠AOB 之间有什么关系。根据韦特海默创造性思维的理论，"在没有适当观点的情况下，需要改变结构。常常有这样的情况：初步的观点还缺乏适当的深度，还不够清晰；或者可能没有充分发现情境蕴含的要求。在这种情况下，要解决问题，主要要求使情境进一步明朗化或具体化。"①也就是说，为了使问题结构进一步清晰，可以采取特殊化的策略，将∠ACB 和∠AOB 置于特殊的位置。比如，如图 1-14，使 AC 经过圆心 O，如图 1-14 所示。至此，问题便十分明朗了，显然∠ACB = $\frac{1}{2}$∠AOB。

于是，便有这样的猜想："同弧所对的圆周角等于它所对圆心角的一半。"这就是圆周角定理。当然，对这个由特殊结构得出的猜想需要经过证明才能成为圆周角定理。这里要强调的是，对问题结

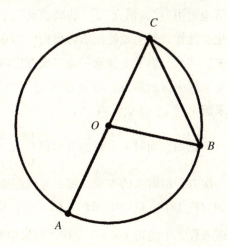

图 1-14

构特殊化不仅使原本模糊的问题变得清晰、明朗，更重要的，我们可以通过由一般到特殊的转化使猜想（圆周角定理）得到证明。

总之，根据韦特海默关于创造性思维的理论，严格的机械训练会导致学生的思想麻木不仁，唯有引导学生自由地探索、灵活地思考，才能促进创造性思维发展。

顿悟学习的核心是要把握事物的本质，而不是无关的细节。韦特海默认为，学校学习的目的，是要把习得的内容迁移到校外情景中去。通过机械记忆习得的内容，只能被用于非常具体的情境中去，只有通过顿悟理解的内容才能成为学生知识技能的一部分，随时可用于任何情境中的类似的问题上去。②

就拿上述问题 1 中的二元一次方程组 $\begin{cases} x + y = 35 & ① \\ 2x + 4y = 94 & ② \end{cases}$ 的解法来说。由方程①得：$y = 35 - x$，代入方程②得：$2x + 4(35 - x) = 94$。这样的"代入消元法"以及"加减消元法"，都不是二元一次方程组解法的本质。把二元一次方程组的求解问题转化为一元一次方程问题才是二元一次方程组解法的本质，而"代入消

---

① 韦特海默：《创造性思维》，林崇基译，教育科学出版社 1987 年版，第 141-142 页。
② 施良方：《学习论》，人民教育出版社 2001 年版，第 145-146 页。

元法"和"加减消元法"只是实施转化的两种手段而已。学生只有把握住二元一次方程组解法的这个本质，才不会生搬硬套地按某种程式机械地解题，而是灵活地运用"代入消元"或"加减消元"或"整体消元"等这些方法对方程组实施转化。这样，学生就能把所习得的内容迁移到求三元一次方程组的解的新情景中去。甚至，当学生探索一元二次方程的解法时，也会从"二元转化为一元"的转化思想中得到启发，进而设法把"一元二次方程"转化为"一元一次方程"进行求解。

比如，面对一个新的方程组 $\begin{cases} x^2 + 6y + y^2 = 92 & ① \\ x^2 + y^2 = 80 & ② \end{cases}$，如果学生理解了二元一次方程组解法的本质，那么他就能够通过整体代入的方式把 $x^2 + y^2 = 80$ 代入到方程①中，从而得到 $80 + 6y = 92$，从而可求出 $y = 2$。再把 $y = 2$ 代入方程②或方程①中便得 $x = \pm 2\sqrt{19}$。如果学生没有把握二元一次方程组解法的本质的话，那么面对这样的新问题就束手无策了。

也就是说，在教学过程中，只有引导学生把握事物的本质，才能实现举一反三，触类旁通，进而促进学生创新能力的发展。

三、布鲁纳认知结构学习理论及其教育含义

布鲁纳是美国著名的认知心理学家和教育家，是当代认知心理学派和结构主义教育思想的代表人物，引领 20 世纪 60 年代的教育改革。他十分关注学校教育和学生的学习问题，强调学习理论和教学理论在数学上的应用。他所构建的认知结构学习理论对我们今天的数学课堂教学仍有着深刻的意义。

布鲁纳提出了一个著名而又富有争议的论点："任何学科的任何知识都可以用智力上忠实的方式教给任何阶段的任何儿童。"而发现学习则是最有效的学习方式。

(一)布鲁纳关于儿童认知发展的基本规律和发现学习模式

布鲁纳认为儿童的认知过程要经历一个从"实物操作"到"表象操作"再到"符号操作"的过程。实物操作是学生通过动手操作获取感性知识的过程。表象操作是实物操作过程在人脑中的反映和再现的过程。符号操作则是运用公式、定理、定律、法则进行运算的过程。

布鲁纳对儿童认知发展规律的研究，成了他倡导的"发现学习"的认识论

基础。

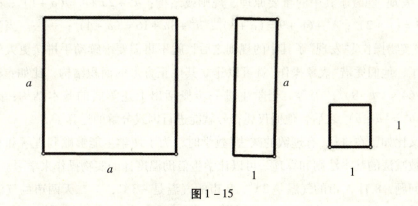

图 1-15

布鲁纳认为，教师的任务就是把知识转换成一种适应正在发展着的形式，以学生的认知发展顺序作为教学设计的模式，让学生进行发现学习。

布鲁纳设计了一个发现学习的经典例子(这个经典的例子在我国现行的不少初中教材中仍被引用)。教学任务是引导学生发现用完全平方和公式进行因式分解的规律，即：$a^2 + 2ab + b^2 = (a+b)^2$。先给一些如图 1-15 所示的正方形和长方形硬纸片让学生操作(实验)，其中较大的正方形纸片边长为 a，较小的正方形纸片边长为 1，长方形硬纸片的长为 a，宽为 1。让学生操作探究的问题是，能否拼出面积比 a^2 更大的正方形。因为学生早就具有拼接几何图形的经验，所以学生很快就会拼出一系列的正方形(如图 1-16)。然后，要求学生算出所拼得的正方形的面积。

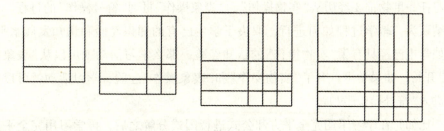

图 1-16

学生会很容易算出结果：$a^2 + 2a + 1$；$a^2 + 4a + 4$；$a^2 + 6a + 9$；$a^2 + 8a + 16$；……而有些学生则会得到另一种表示方式：$(a+1)^2$；$(a+2)^2$；$(a+3)^2$；

$(a+4)^2$；……在教师的启发、引导下，经过不断的探究、分析、对比，学生就能够"发现"隐藏于其中的重要原理、规则或结构：$a^2+2a+1=(a+1)^2$；$a^2+4a+4=(a+2)^2$；$a^2+6a+9=(a+3)^2$；$a^2+8a+16=(a+4)^2$；……。当学生经过"实物操作""发现"了其中的规则之后，就不再需要继续动手拼接更大的正方形了，他们凭借"表象操作"就可以建立其他正方形的面积结构，比如：$a^2+32a+64=(a+8)^2$，等等。当学生进一步概括出上述等式的基本结构：$a^2+2ab+b^2=(a+b)^2$ 之后，他们仅凭符号就能进行因式分解的运算了。

又比如，在进行"有理数的减法"教学时，为了使学生能够顺利理解和掌握有理数减法的基本法则和算理，可以让学生借助温度计的实物操作来学习。

问题：8 日 A 市的气温是 2℃，B 市的气温是 -3℃，第二天两市的气温都下降了 6℃，问：9 日 A 市和 B 市的气温是多少？A 市的气温比 B 市的气温高多少？借助温度计的实物操作，学生很容易得出 9 日 A 市的气温是 -4℃，而 B 市的气温是 -9℃，A 市的气温比 B 市的气温高 5℃。并依照已有的知识经验列出算式："$2-6=-4$"；"$-3-6=-9$"；"$-4-(-9)=5$"，运算结果的负数表示零下的意思，正数表示高出的意思。当学生从温度计的实物操作中悟出有理数减法的算理之后，他们无须再依赖对温度计的操作，仅凭表象操作就能列出减法算式。而当学生对上述案例的运算原理、法则（即"减去一个数等于加上这个数的相反数"）加以抽象、概括之后，仅凭符号操作就可以进行有理数的减法运算了。

需要注意的是，布鲁纳关于儿童认知发展的基本规律是从学生认识某一事物的整体过程来看，学生必须具有这几个方面的知识经验。但这并不是说学生学习任一事物都要经历从"实物操作"到"表象操作"再到"符号操作"的过程。布鲁纳认为，教学过程如何进行，取决于学生已有的知识经验和认知发展水平。假如学生已经具有了"实物操作"的认知经验，那么学习活动就可以从"表象操作"开始；如果学生具有了"实物操作"和"表象操作"经验，学习活动就可以直接进入"符号操作"过程。

比如，在学习了用完全平方和公式进行因式分解之后，再学习用完全平方差公式进行因式分解时，由于学生已经有了拼接更大正方形的"实物操作"经验，所以学习活动就可以从"表象操作"开始，引导学生在纸上画出面积比 a^2 更小的正方形。之后直接引导学生进入"符号操作"阶段得到因式分解的另一条法则：$a^2-2ab+b^2=(a-b)^2$。

又比如：学生已经学习掌握了"牧童饮马问题"的基本原理之后，在学生的知识结构中就有了"在直线上求一点 P，使其与直线外任意两点 A 和点 B 的连线之和最短"的问题模式。这样，当学生遇到如求解函数 $y = \sqrt{x^2 + 2x + 2} + \sqrt{(x^2 - 6x + 13)}$ 的最小值问题时，学习活动就可以直接进入"符号操作"的形式运算过程。即在引导学生深入理解问题结构的基础上，把求函数的最小值问题，转化为"牧童饮马问题"进行求解，即在 x 轴上求一点 $P(x, 0)$，使其与点 $A(-1, 1)$ 和点 $B(3, 2)$ 的连线之和最短。

布鲁纳的"发现学习"有四大基本特征：(1)强调学习的再发现过程。(2)强调直觉思维。布鲁纳十分强调直觉思维对学生学习和创造性思维发展的意义。他认为，直觉思维与逻辑思维不同，直觉思维的本质是映像或图像性的，因此，在课堂教学过程中教师要注意帮助学生形成丰富的想象。(3)强调内在动机。布鲁纳强调学习是学生积极主动的认知过程，因此，在课堂教学过程中教师要善于激发学生的学习兴趣和好奇心。(4)强调信息的提取。布鲁纳认为提取信息的关键在于信息的良好组织。

（二）布鲁纳关于教与学的四大原则

(1)动机原则。布鲁纳认为，学习是积极主动的过程，教师要善于激发学生的内在动机。(2)结构原则。布鲁纳强调要教给学生各门学科最基本的知识结构，他认为任何一门学科知识的学习其最终目的都是对题材结构的理解。(3)程序原则。布鲁纳认为儿童智慧发展的程序是：从"实物操作"模式到"表象操作"模式再到"符号操作"模式三个阶段，它是儿童学习任何一门学科的最佳程式。因此教师在教学过程中应注意设计和选择最适合学生的教学程序。(4)强化原则。布鲁纳认为学生学习的效果，与教师适时的矫正性反馈正相关。因此，教师在教学过程中要注意对学生学习的及时评价和反馈，使学生通过反馈知道自己学习的结果，并使他们逐步形成自我矫正、检查和强化的意识和能力。

（三）布鲁纳关于知识结构的意义

布鲁纳认为，知识的学习就是在学生头脑中形成一定的知识结构，这种知识结构是由学科知识中的基本概念、基本原理以及基本思想方法构成。而掌握事物的结构，就是以使许多别的东西与它有意义地联系起来的方式去理解它。他说"不论我们选教什么学科，务必使学生理解该学科的基本结构。这是在运用知识方面的最低要求，这样才有助于学生解决在课堂外所遇到的问题和事件，或者日后课堂训练中所遇到的问题。经典的迁移问题的中心，与其说是单纯地掌握事实和技巧，不如说是教授和学习结构。"[1]学生"学到的观念越是基本，几乎归结为定义，则这些观念对新问题的适用性就越宽广。"[2]

布鲁纳从以下几个方面论述了掌握学科基本结构、基本原理的重要性。第一是"懂得基本原理可以使得学科更容易理解。"第二涉及人的记忆，"学习普遍的或基本的原理的目的，就在于保证记忆的丧失不是全部丧失，而遗留下来的东西将使我们在需要的时候得以把一件件事情重新构思起来。"第三，"领会基本的原理和观念，是通向适当的'训练迁移'的大道。"第四，"经常反复检查中小学教材的基本特性，能够缩小'高级'知识和'初级'知识之间的差距。"[3]

应用题教学是初中数学教学的重点和难点，难就难在学生在已知和未知条件之间不容易找到等量关系。突破这个难点的策略是，引导学生把握解决应用题问题的基本结构、基本原理。那么解决应用题问题的基本结构、基本原理是什么呢？就是"在相同的属性量中寻找（建立）等量关系"，也就是说，等量关系只能在相同的属性量中去寻找、去建立，这样就明确了解题的思路和方向。比如，以"工程问题"为例，"工程问题"涉及三个属性量：工作量、工作时间、工作效率。"工程问题"的等量关系只能从这三个属性量中去寻找和建立（甲工程队的工作量与乙工程队的工作量之间的等量关系；甲工程队的工作效率与乙工程队的工作效率之间的等量关系；甲工程队的工作时间与乙工程队的工作时间之间的等量关系）。就是说，"工程问题"有且只有三类等量关系，不存在第四类等量关系（如甲工程队的工作效率与乙工程队的工作时间不存在等量关系，因为工作效率与工作时间是两个不同的属性量）。至于甲工程队（或乙工程队）的工作量、工作时间、工作效率之间则存在"工作量＝工作效率×工作时间"这样的计算关系，不属于等量关系。只要学生把握了这个基本结构、基本原理，那么应用题问题自然就迎刃而解了。

案例1，某公司2016年的利润为3000万元。2017年收入比2016年增加了30%，支出比2016年减少了20%，2017年的利润为3800万元。问2016年的收

---

① 布鲁纳：《教育过程》，邵瑞珍译，文化教育出版社1984年版，第31－32页。
② 布鲁纳：《教育过程》，邵瑞珍译，文化教育出版社1984年版，第37页。
③ 布鲁纳：《教育过程》，邵瑞珍译，文化教育出版社1984年版，第41—43页。

入和支出是多少万元?

分析:该问题涉及三个属性量:收入、支出、利润(其中这三个属性量之间存在计算关系:利润＝收入－支出)。因此,可以从这两年的收入之间、支出之间和利润之间寻找、建立等量关系。

设 2016 年的收入为 x 万元,2017 年的收入为 y 万元,则利用收入、支出、利润之间的计算关系:利润＝收入－支出,可以算出 2016 年的支出为:$(x-3000)$ 万元,2017 年的支出为:$(y-3800)$ 万元。

下面我们从收入、支出、利润这三个属性量中寻找、建立等量关系:(1)利润:2017 年的利润(3800 万)＝2016 年的利润(3000 万)＋800 万,显然这个等量关系无实际意义(因为等式中没有未知数);(2)收入:2017 年收入(y)＝$(1+30\%)\times$2016 年收入(x),即 $y=x+0.3x$;(3)支出:2017 年支出比 2016 年减少了 20%,即:$(y-3800)=(x-3000)-(x-3000)\times0.2$。利用(2)、(3)两条等量关系便可得到关于 x、y 的二元一次方程组 $\begin{cases} y=x+0.3x \\ (y-3800)=(x-3000)-(x-3000)\times0.2 \end{cases}$,解之得 $x=12400$ 万元,$y=16120$ 万元。

案例 2,某体育馆的环行跑道长 400m,甲、乙两人分别以一定的速度练习长跑和骑自行车。如果反向而行,那么他们每隔 30 秒相遇一次。如果同向而行,那么每隔 80 秒乙就追上甲一次。甲、乙两人的速度分别是多少?[①]

分析:该问题涉及三个属性量:速度、路程、时间(其中这三个属性量之间存在计算关系:路程＝速度×时间)。因此,可以从"反向而行"及"同向而行"的运动过程中甲、乙两人的速度之间、路程之间和时间之间寻找、建立等量关系。

设甲的速度为 x 米/秒,乙的速度为 y 米/秒。

(1)甲、乙两人反向而行时,甲的速度为 x,时间为 30 秒,路程为 $30x$(路程通过计算关系:"路程＝速度×时间"算出);乙的速度为 y,时间为 30 秒,路程为 $30y$。

下面从三个属性量中建立等量关系:依题意甲的速度 x 和乙的速度 y 之间

---

① 章飞、王永会:《数学:义务教育教科书,八年级上册》,北京师范大学出版社 2014 年版,第 119 页。

没有等量关系；甲的时间 30 秒 = 乙的时间 30 秒，这个等量关系没有实际意义；甲的路程 $30x$ + 乙的路程 $30y = 400$，即 $30x + 30y = 400$……①。

（2）甲、乙两人同向而行时，甲的速度为 x，时间为 80 秒，路程为 $80x$；乙的速度为 y，时间为 80 秒，路程为 $80y$。同理，可通过路程这个属性量建立等量关系：甲的路程 $80x + 400$ = 乙的路程 $80y$，即 $80x + 400 = 80y$……②

解①、②组成的方程组得：$x = 4.17$，$y = 9.17$。

教育含义：布鲁纳认知结构学习理论对当前我国的教育教学工作仍具有积极的意义。为了促进学生的学习与理解，教师在教学过程中要注意培养学生对学习材料的兴趣，注重学生内部动机。改变教学方式，引导学生积极探究自主学习。注重学科基本结构，促进学习迁移。教师在培养学生逻辑思维的同时，要注意培养学生的直觉思维。

四、奥苏贝尔认知同化学习理论及其教育含义

奥苏贝尔是美国著名的认知派教育心理学家，他提出了独具特色的有意义学习理论，即认知同化学习理论。

奥苏贝尔在其名著《教育心理学》的扉页上写道：假如要我把所有的教育心理学内容浓缩为一条原理的话，那我会说：影响学习的最重要的、唯一的因素是学生已经知道了什么，弄清楚它，然后进行相应的教学。应该说，这条原理是奥苏贝尔认知同化学习理论的核心。他的学习理论是围绕这条原理而展开的。

（一）意义学习与机械学习，发现学习与接受学习

奥苏贝尔认为学生的学习应该尽可能有意义。为此，他从两个向度论述了意义学习与机械学习、发现学习与接受学习之间的辩证关系。

1. 意义学习与机械学习

奥苏贝尔认为意义学习是指新的学习材料与学习者认知结构中已有的适当观念建立起非人为的和实质性的联系，也即是新的学习材料获得心理意义。与之相反，机械学习则是指新的学习材料与学习者认知结构中已有的适当观念建立起人为的和非实质性的联系。

比如，对于 7×3，学生不但知道乘法运算的结果等于 21，而且要理解这是 3 个 7 相加，符号"$\times$"表示"求相同加数和的运算"。这表明学生认知结构中已有的知识观念（3 个 7 的和是 21）与新学习的乘法运算 7×3 建立了实质性的联

系，也即乘法运算获得了心理意义（"求相同加数和的运算"），这种学习就是意义学习。如果学生只是通过机械地背诵"九九乘法表"得到21这个结果，但对于"7×3"的真正意义并不理解，也即没能在新旧知识之间建立起非人为的和实质性的联系，这种学习就是机械学习。

只有当学生的学习是意义学习时，才能实现学习的迁移。如果学生理解了"$7 \times 3 = 21$"的意义，那么当他面对"$11 \times 3 = ?$"的运算时，他就知道这是"求3个11相加的和"的运算。如果学生只是通过机械地背诵"九九乘法表"得到21这个结果，那么当他面对"$11 \times 3 = ?$"时，就会无所适从，因为"九九乘法表"里并没有11×3等于几的条目。特别的，如果新的学习材料（即"$11 \times 3 = ?$"）与学生认知结构中已有的知识经验（加法的结合律、乘法的分配律）又建立起实质的联系，那么学生就能够进一步理解乘法竖式运算的基本算理：$11 \times 3 = (10 + 1) \times 3 = 10 \times 3 + 1 \times 3 = 30 + 3 = 33$。

2. 发现学习与接受学习

发现学习是指学习者经历知识的自我探索、发现过程，自己得出结论或找到问题解决方法的学习方式。接受学习是指学生通过教师呈现的材料来掌握现成知识的一种学习方式。

3. 接受学习与发现学习，机械学习与意义学习之间的关系

奥苏贝尔在教育心理学中最重要的一个贡献，是他关于有意义学习的论述。他认为，学生的学习如果有价值的话，应该尽可能地有意义。他认为无论是接受学习还是发现学习，要使学习有意义，学生都要经历将新的学习材料加以内化的过程，即把新的学习材料与学生已有的认知结构之间建立起非人为的、实质性的联系。不过前者的学习材料是教师以既定的形式传授给学生，而后者的学习内容需要学生自主去发现。为此，他仔细区分了有意义学习与机械学习之间的关系。奥苏贝尔指出，认为发现学习一定是有意义的，接受学习则一定是机械的，这是一种常见的错误认识。他认为，发现学习未必一定是有意义的，接受学习也未必就是机械学习，关键在于学习者能否在新的学习材料与已有的认知结构之间建立起非人为的、实质性的联系。如果教师启发、引导得法，学生主动接受，学有所得，这样的接受学习就是意义学习。即便是发现学习，如果学生只是机械地记住解决问题的程序步骤，而不知其所以然，这样的学习也

是机械学习。[①]

（二）认知结构

奥苏贝尔认为，当学生把新的学习材料与自己的认知结构建立起联系时，意义学习就发生了。所谓认知结构，是指学生已有的知识观念及其组织形式，它是由学生记忆中的事实、概念、命题、定理、法则等组成的。简单来说，认知结构就是学习者头脑中的知识结构。奥苏贝尔指出了影响意义学习的三种主要的认知结构变量：（1）认知结构中原有知识观念的可利用性；（2）认知结构中原有知识观念的可辨别性；（3）认知结构中原有知识观念的稳定性与清晰性。在奥苏贝尔看来，良好的认知结构是影响意义学习的最重要因素。

（三）意义学习的心理机制

同化是意义学习的内部心理机制。奥苏贝尔指出，学习者能否习得新知识，取决于学习者认知结构中是否具有对新知识起固定作用的知识观念。在奥苏贝尔看来，同化就是新学习材料通过与认知结构中具有起固定作用的知识观念发生相互作用，新知识被纳入学习者原来的认知结构。通过同化，一方面新知识被学习者所理解进而获得心理意义；另一方面则使原来的认知结构发生变化，形成了更广泛的联系。

奥苏贝尔把认知结构中具有起固定作用的知识观念叫作"先行组织者"。比如，学习"对数（对数的定义、对数的性质、对数的运算）"时，就可以把学生之前已经学习过的"平方根（平方根的定义、平方根的性质、二次根式的运算）"作为学习"对数"的"先行组织者"。因为这两者之间存在实质性的联系。具体地说，就 $x^2 = 3$ 而言，求 x 的运算叫作开平方，运算的结果记为 $x = \pm\sqrt{3}$。而对 $2^x = 3$ 来说，求 x 的运算叫作取对数，运算的结果记为 $x = \log_2 3$。两者的本质都是数学运算，只不过前者是开平方运算，而后者是对数运算。"$\sqrt{}$"是开平方的运算符号，而"log"是对数运算符号，就像"| |"是绝对值运算符号，而"×"是乘法运算符号（表示求相同加数和的运算）一样，而每一种运算都有其逻辑规定和运算法则及运算性质。

（四）意义学习的条件

奥苏贝尔认为，同时满足以下的三个条件，学习者才能实现意义学习。

---

① 许家雄：《我的教育观：为不教而教》，云南大学出版社 2017 年版，第 4 – 5 页。

1. 学习材料本身必须具有逻辑意义，是在学习者认知能力范围之内的，在学习者的心理上是可以理解的。如果学习材料本身没有逻辑意义，那么它是不能通过意义学习来掌握的。比如"九九乘法表"，尽管学生背诵的过程带有机械记忆的性质，但"九九乘法表"本身却是有逻辑意义的，因而当学生忘记了 8×7 等于多少时，他就可以依据乘法的意义(7 个 8 相加的和)推出 8×7 等于 56。

2. 学习者必须具有意义学习的心向。学习者是否具有意义学习的心向，决定着他所进行的是否是意义学习。具有意义学习心向的学生，就能够积极主动地把新学习材料与认知结构中原有的知识观念建立适当的联系。缺乏意义学习心向的学生，即使面对有逻辑意义的学习材料也不会积极主动地探究新旧知识之间的内在联系，而是被动的、机械地学习。

3. 学习者的认知结构中必须具有同化新学习材料的知识观念。当学习者已有的认知结构中存在可以与新学习材料发生意义联系的知识观念时，这些知识观念就会对学习、理解新的学习材料起固定作用，也即先行组织者作用。从而促使学习者达到对新学习材料的理解的目的，获得心理意义。

案例 1，$\frac{3}{10} + \frac{7}{100} = ?$，为什么分数的加减运算要通分？为什么不能是分子加分子，分母加分母？为了理解分数加减运算的意义，学生的认知结构中必须具有同化新知识的知识观念(即先行组织者)。这个先行组织者包括两个方面的内容，一是要理解分数的意义。分数的本质是计量单位，比如，如果把 1 看成是 1 米，那么 $\frac{1}{10}$ 相当于 1 分米，$\frac{3}{10}$ 相当于 3 分米，$\frac{7}{100}$ 则相当于 7 厘米。也就是说，$\frac{3}{10}$ 和 $\frac{7}{100}$ 是两个计量单位不同的量，因此只有把它们的单位化为相同时，才能进行加减。二是要理解掌握两个单位不同的分数化为统一单位的两种方法：大化小和最小公倍数等分法。比如(大化小)，把 $\frac{1}{10}$ 再进行 10 等分，每一等分就是 $\frac{1}{100}$，那么 $\frac{1}{10}$ 就是 10 个 $\frac{1}{100}$，即 $\frac{10}{100}$，而 $\frac{3}{10}$ 就是 $\frac{30}{100}$。这样 $\frac{3}{10} + \frac{7}{100} = \frac{30}{100} + \frac{7}{100} = \frac{37}{100}$。又比如，要把 $\frac{1}{5}$ 和 $\frac{1}{7}$ 化为相同的计量单位，就要用到最小公倍数等分法。先把 $\frac{1}{5}$ 进行 7 等分，那么每一等分就是 $\frac{1}{35}$，则 $\frac{1}{5}$ 就是 $\frac{7}{35}$；再把 $\frac{1}{7}$ 进行 5

等分，那么每一等分就是$\frac{1}{35}$，则$\frac{1}{7}$就是$\frac{5}{35}$。

只有当学生的认知结构中有了这些同化新学习材料的知识观念（即先行组织者）时，学生才能有意义地学习"$\frac{3}{10}+\frac{7}{100}=?$"。

案例 2，已知函数 $f(x-1)=x^2+x-3$，求函数 $f(x)$ 的解析式。

解题过程如下：设 $x-1=u$，则 $x=u+1$，代入 $f(x-1)=x^2+x-3$ 得 $f(u)=(u+1)^2+(u+1)-3=u^2+3u-1$，所以 $f(x)=x^2+3x-1$。解题过程十分简洁、流畅，很多学生也能看懂并记住其过程和方法。问题是学生知其所以然吗？设 $x-1=u$ 这一关键步骤是否有点突兀？如果学生没有理解其中的意义，仅靠机械地记住解题的过程和步骤，那么当面临新的问题，比如 $f(3)=?$ 时，学生就不能灵活地对变量 x 进行赋值求解。

为了让学生能透彻地理解上述问题的解题过程和方法，在讲解此问题之前应该首先向学生提供一个适当的对新知识起固着点的"先行组织者"，以使学生能顺利同化新的学习材料。

"先行组织者"：已知函数 $f(x)=x^2+3x-1$，求 $f(x-1)=?$

对于已经 $f(x)=x^2+3x-1$，求类似于 $f(3)$、$f(5)$、$f(a)$、$f(x-1)$ 这样的问题，学生是比较熟悉且容易理解的。比如求 $f(x-1)$ 的值，只需将 $x-1$ 代入 $f(x)=x^2+3x-1$，便可得 $f(x-1)=(x-1)^2+3(x-1)-1=x^2+x-3$。其本质就是赋值思想：当自变量 x 取不同的值时，相应的我们就得到不同的函数值 $f(x)$，理解了这一点，那么当学生面对一个新函数 $f(x-1)=x^2+x-3$，求 $f(3)$ 或 $f(a)$ 的函数值时，只要给自变量 x 适当的赋值便能求解。比如，设 $x=4$，则 $f(3)=4^2+4-3=17$；设 $x=a+1$，则 $f(a)=(a+1)^2+(a+1)-3=a^2+3a-1$。也即 $f(x)=x^2+3x-1$，若给 x 赋值（设 $x=3$），则 $f(3)=3^2+3\times3-1=17$。

如果学生理解了赋值思想，那么回过头再看案例 2 的解题过程，设 $x-1=u$，则 $x=u+1$，这一"换元"的关键步骤，其本质就是给自变量 x 赋值，仅此而已。

教育含义：无论是发现学习还是接受学习，教学最终必须落实到学生的意义学习上。只有意义学习才是科学的、生动活泼的、积极思维的、高质高效的学习。检验教学是不是科学有效，其标准就在于看它是否使学生产生意义学习，这是我们实行教学改革的指南。

五、布鲁姆掌握学习理论及其教育含义

布鲁姆是美国当代著名的教育心理学家，他的教育理论体系由"教育目标分类理论""教育评价理论"和"掌握学习理论"三部分组成。掌握学习理论是其整个教育理论的核心，教育目标分类理论和教育评价理论则共同成为掌握学习的理论基础。

20世纪70年代，"回归基础"教育运动席卷美国。布鲁姆针对美国当时学校教育只注重培养少数尖子学生而忽视大多数学生的情况，提出了"掌握学习理论"。该理论旨在改进课堂教学效果，大面积提高课堂教学质量。"掌握学习理论"经过"再实验，再研究"，不断得到完善和发展，并且在大范围的教学实践中获得巨大的成功，对世界各国的教育教学改革产生了广泛的影响，成为当今美国及世界上具有重要影响的学习理论，导致"为掌握而教""为掌握而学"成了世界流行的教育口号。

所谓"掌握学习"，就是在"只要提供足够的时间与适当的帮助，所有学生都能学好"的信念指导下，以班级集体授课为基础，辅之以经常、及时的反馈，为学生提供适当的帮助以及所需的足够的学习时间，从而使大多数学生掌握教学目标所规定的课程内容。该方法将学习内容分为单元，学生每次学习一个小的单元并参加单元考试，学生在掌握了目前的单元之后，才进入下一个单元的正式学习。其中，反馈—矫正是实施"掌握学习"最为关键的一步，通过反馈—矫正给学生及时提供良好的学习条件，使绝大多数学生对课程内容达到掌握水平。

布鲁姆对影响掌握学习的若干变量进行了深入的研究，他认为学生对新的学习任务的认知准备状态、情感准备状态以及教学质量即教学方法、教学内容与学习者程度的适切性，将决定掌握学习的结果。如果这三个变量均适宜的话，就能够使绝大多数学生的学习都达到掌握水平。掌握学习之所以获得成功，关键在于布鲁姆抓住了影响学生学习的这些主要变量。归结起来主要有以下五个方面。

(一)教师对学生的期望是实现掌握学习的重要外部因素

有这样一则故事，上课的第一天，一位教授对选修他的课的十位研究生宣布，期末考试要按照正态分布给他们评价学分。也就是说不管他们十个人怎样

努力最终都会有两个人不及格。这样，其中二位成绩比较差的研究生就打算退出这门功课的学习，而其他八位却希望他俩能留下来。因为这两人一走，他们八位中仍会有一到二人期末考试不及格。为了让这两人能留下来，这八位研究生就给他俩凑了不少钱，作为他俩接受不及格的补偿。这则故事有点特殊，却反映了我们传统教育中普遍存在的一个严重的问题。

传统教育中，许多教师总认为学生的智力水平和学业成绩是呈正态分布的。这样，他们在教学开始时就抱有一种固定化的预想：班上约有三分之一的学生能完全掌握老师所教的知识内容；三分之一左右的学生介于及格和不及格之间；另外三分之一的学生只能达到一般的水平。这样的预想通过教学与评价等渠道不断传递给学生，使学生在默然中理所当然地也接受了教师的这种预想和期望，最终导致学生的学业成绩与这种预期十分吻合。布鲁姆认为，这种固定化的预想，会抑制师生的学习抱负和创造力，减弱师生双方的志趣，削弱学生的学习动机，摧毁学生的自我形象和自我概念，限制了学生的发展。这是当今教育制度中十分有害的一面。

布鲁姆认为教师对学生的高期望是学生得以发展的一个重要条件。在布鲁姆看来，学生之间的智力差异的确存在，并呈正态分布。但是，布鲁姆要求教师不要夸大学生智力上的差异，要充分相信每个学生的学习潜能，要有每个学生都能学好的信念。布鲁姆认为，如果教师对所有学生采用同样的教法、并提供同样的学习时间，那么学生的学习成绩将会呈正态分布。但是，如果教学方法和学习时间能适切每个学生的需要，那么95%的学生都能掌握教学目标所规定的课程内容。也就是说，只要教师充分相信学生的学习潜能、对学生抱有积极的期望，采取适当的方法，同时为需要帮助的学生提供充足的学习时间和帮助，那么95%以上的学生都可以达到优良成绩。

(二)学生的情感准备状态是实现掌握学习的内在因素

布鲁姆非常强调学生的情感准备状态对掌握学习的意义，他的教育目标分类理论就把学生的学习目标分为认知目标、情感目标和动作技能目标。所谓情感准备状态，主要是指学生的学习兴趣、学习态度、学习动机以及对自身的看法。布鲁姆认为，情感准备状态在较大程度上影响或决定学生的学习成绩。那些对学习有浓厚兴趣、态度端正、能积极主动学习的学生会比那些没有兴趣、被动学习的学生学得更快更好。

(三)学生的认知准备状态是实现掌握学习的必要条件

作为一名认知心理学家，布鲁姆和其他认知心理学家一样十分强调已有的认知结构对学习的作用。布鲁姆经过深入研究，认为学生在学习结果上表现出的差异，都可以归结为在学习开始时原有的知识技能上的差异。他主张教师"在学期初的教学之前，要先进行诊断性评价，确定学生是否具备了先决技能、先决态度和先决习惯；鉴定学生对教学目标掌握的程度；辨别出哪些是天才和需要帮助的学生，然后提供预期性知识，使教学适合学生的需要和背景"。他强调在掌握学习的教学过程中，只有当学生对前面所学习的内容达到课程目标所规定的掌握标准之后，才能开始下一个学习单元的学习。由于学生后面获得的认知结构总是建立在之前适切的认知结构的基础之上，这样就保证了学生能顺利地进行学习。

(四)科学、精要的教学目标是实现掌握学习的前提条件

布鲁姆认为，要实现掌握学习，教师首先要能够界定掌握意味着什么。也就是说，教师必须准确把握所教学科的教学目标和教学内容，并使学生了解学习这门课程应该达到什么标准，这是实现掌握学习的一个先决条件。教师要把教学内容分解为一系列较小的学习单元，后一个单元的学习内容要建立在前一个单元的基础之上，同时根据教育目标理论设计单元教学目标。然后根据每个单元的教学目标编制好形成性测验。布鲁姆认为形成性测验可以为教师提供反馈，利用反馈信息可以帮助教师改进教学。

(五)适切的教学方法是实现掌握学习的重要条件

所谓适切的教学方法是指教学要适应每个学生的需要，要有助于学生对所学内容的理解。在布鲁姆看来，适切的教学方法就是教学内容各要素的呈现、解释以及程序结构对学生均臻最佳程度。这是实现掌握学习的重要条件。

(六)及时的"反馈—矫正"是实现掌握学习的关键因素

矫正和反馈是布鲁姆掌握学习策略的核心，也是掌握学习与传统教学的区别所在。在班级集体教学的情况下，总会有学生在学习中碰到困难和出现差错，这就需要教师及时给学生以反馈，并指导学生如何矫正错误。所谓反馈是指教师通过课堂提问和形成性测验等方式获得学生对目标掌握情况的信息。通过信息反馈教师可以了解学生学习的基本状况，知道哪些学生已经达成单元学习目

标，哪些学生在哪些方面还需要提供帮助。所谓矫正是指教师为学生提供的有关他们实现掌握学习需要的具体指导。对于已经达到掌握水平的学生而言，反馈可以起到强化的作用，能使学生确信他当前所采用的学习方式是有效的，从而可以增强学生的学习信心和进一步学习的动机。而对那些还没有达到掌握水平的学生来说，反馈可以使教师及时了解学生在学习过程中存在的问题和困难，并通过教师具体的帮助和个别指导，及时解决学生在学习过程中存在的问题和困难，使学生达到对知识的掌握水平并顺利进入下一步的学习。

教育涵义：掌握学习理论提出之后，迅速在世界范围内得到推广使用。它在解决班级教学与因材施教的矛盾，认识教师期望与学生学业成绩的关系，将教学评价引入教学过程的必要性以及教学反馈和矫正作用等方面，进行了一系列研究和探讨，为学界提供了成功的范例。直至今日，布鲁姆的"教育目标分类理论""教育评价理论"和"掌握学习理论"，对我国的教育教学改革仍有重大的指导意义。

六、建构主义学习理论及其教育含义

建构主义学习理论是我国基础教育课程改革的重要理论依据之一，也是我国教育工作者耳熟能详的教育理论。

建构主义理论是 20 世纪七八十年代以来逐渐发展起来的新的认知理论，它对世界各国的教育教学改革产生了深远的影响，成为当今世界上具有重要影响的认知理论，被誉为教育心理学中的一场革命。建构主义理论的主要代表人物是皮亚杰、科恩伯格、卡茨、斯腾伯格、维果斯基。

建构主义学习理论的核心观点是，认识是一种以主体已有的知识经验为基础的主动建构过程，即"主体是用他们已经知道和相信的知识经验去建构新知识和对新知识的理解。"有一个经典的儿童故事《鱼就是鱼》说明了这一点。从前有一条鱼，它很想知道陆地上发生的事情，无奈它离不开水，这个愿望一直无法实现。后来它与一只小蝌蚪成了好朋友，小蝌蚪变成青蛙后，跑到陆地上看到了人、鸟、奶牛等好多东西。青蛙回到水中之后就把它在陆地上看到的东西都告诉了鱼，鱼依据青蛙的描述，对每一样东西展开了想象，但每一样东西都带有鱼的形状：人是用鱼尾巴走路的鱼，鸟是一只长着翅膀的鱼，奶牛是长着乳

房的鱼。也就是说："鱼只能根据已有的知识经验来建构对新事物的认知。"①

这则故事是对建构主义学习理论最直观形象的诠释。

建构主义学习理论认为，学习是个体在已有知识经验基础上，在一定的社会文化情境中，通过协作互动而实现对知识的意义建构过程。"情境""协作""对话""意义建构"被认为是建构主义学习过程的四大要素。其中"意义建构"是学习的终极目标，"协作""对话"是学习的主要手段，而"情境"是学习过程中十分重要的条件，知识不可能脱离具体情境而抽象地存在。

按照建构主义学习理论，学生并不是知识的简单的被动接受者，而是知识的主动建构(既是对新信息的意义建构，又包含着对原有经验的改造和重组，这种建构是无法由他人来代替的)者；教师并非只是学生的管理者和纯粹的知识呈现者，他们更重要的还是学生学习的组织者、启发者、示范者、质疑者、促进者和合作者。因此在教学过程中，教师要深入研究和了解学生已有的知识经验和认知水平，并以此为基础组织教学，努力创设有助于学生主动建构知识的学习情境，使学生在实际情境中学习。同时，教师在教学过程中要为学生提供充分的、丰富的学习资源，注重组织和指导学生开展自主学习、合作学习和探究学习，加强学生之间的合作和交流，为学生提供更多的对话、沟通和反思的机会，促进其有意义学习。

这里要特别说明的是，建构主义就其本质而言主要是一种认识理论，我们不应将它等同于一般的心理学理论或教学理论。也就是说，"建构主义对于数学教育来说只是一种范式"(或者说，只是一种"宏大理论")，从而"为了有效指导教学实践，建构主义要依赖相伴的教学理论。"②

教育涵义：建构主义学习理论认为，学习是主体主动的建构过程，在知识的建构过程中主体已有的知识经验发挥着特别重要的作用，后者并处于不断的发展之中。建构主义学习理论不但强调学生的认知发展与学习过程密切相关，而且强调学生的主体作用以及对知识的主动发现、主动探究和意义的自主建构。这为当前的基础教育课程改革提供了有力的理论依据，对新课程的实施和教学方式的转变具有重要的指导意义。

---

① 许家雄：《我的教育观：为不教而教》，云南大学出版社 2017 年版，第 80 页。
② 郑毓信：《课改背景下的数学教育研究》，上海教育出版社 2012 年版，第 5 - 6 页。

七、情境学习理论及其教育含义

情境学习理论是由美国加利福尼亚大学伯克利分校的 J. 莱夫教授和从事学习研究的独立研究者 E. 温格于 20 世纪 90 年代提出的一种学习理论。该理论是继行为主义学习理论、认知主义学习理论、人本主义学习理论和建构主义学习理论之后的又一理论研究热点。

情境学习理论认为，学习不仅是个体的意义建构过程，更是一个实践性的、参与性的与他人、环境等相互作用的过程，是个体与群体之间的合作与互动的过程。J. 莱夫和 E. 温格认为，学习不能简单地视为把抽象的、去情境化的知识从一个人传递给另一个人，学习是一个社会性的实践过程，学习总是处于一个特定的情境中，知识是在特定的情境中由大家共同建构的。

简单地说，情境学习就是指在要学习的知识、技能的应用情境中进行学习。即是说，你要学习的知识、技能将实际运用在什么样的情境中，你就应当在什么样的情境中学习这些知识和技能。比如，你要学习游泳，你就应该在游泳池里（或河里）学习，而不是在教室，因为你以后游泳就是在游泳池里（或河里）。再比如，你要学习数学，就应该在"数学化"的过程中学习数学，因为"任何数学都是数学化的结果，没有数学化就没有数学，没有公理化就没有公理系统，没有形式化就没有形式体系。"

情境学习与传统的教学模式相比，更加重视让学习者在真实互动的情境中，在学习者、教育者的协商与沟通过程中主动获取知识。

J. 莱夫和 E. 温格在其论著《情景学习：合法的边缘性参与》中，提出了情境学习的新隐喻：学习是合法的参与实践共同体。其理论有三个核心概念和四个基本观点。三个核心概念：（1）认知学徒制、实践共同体、合法的边缘性参与。认知学徒制指的是采用师傅带徒弟的方式进行学习。在 J. 莱夫和 E. 温格看来，学习者认知如同学徒的学习，在一种真实的情境中不断得到生长和发展，也即认知的发展蕴含于学习之中。（2）所谓实践共同体是指一个相互依赖的学习系统，在这个系统中，"学习者的身份是不断进行再生产的，学习者沿着旁观者、参与者到成熟实践的示范者的轨迹前进，即从合法的边缘性参与者逐步到共同体中的核心成员，从新手到专家。在这一过程中，学习者的身份与共同体实践的意义密切相关，是在真实的学习实践活动中产生的，是逐步通过共同体中的参与获得身份发展和再生产的。"①。(3)关于合法的边缘性参与：J. 莱夫和 E. 温格认为，学习是实践共同体中合法的边缘性参与，也即是说学习者知识的获得是一个由周边参与渐进到核心的过程。所谓合法，是指学习者是实践共同体中"合法"的参与者，而不是被动的观察者，他们的学习活动在实践共同体工作的情境中进行；所谓边缘参与者，是指一个新手成为专家之前，他不可能参与实践共同体中的所有活动，只能是从部分的参与逐渐过渡到整体参与。在专家的指导和帮助下，学习者的知识技能不断增长直到完全掌握，也即由合法的边缘性参与者逐渐进入到实践共同体的核心，而专家在这个过程中对学习者的影响则逐渐减弱。

情境学习的四个基本观点：(1)知识是情境的，必须通过运用才能被人理解掌握。知识是人与环境相互作用的产物，无法从环境中单独剥离出来。简单地从书本中获取概念、规则和定理往往达不到预期的学习效果。也就是说，知识的获得必须是处在真实的情境中，如果把知识独立于情境之外，那么就会产生惰性知识，而非有用的健全的知识。(2)学习发生在真实的活动和与之相适应的社会文化情境之中。学校教育中构建的情境模式与真实世界有着截然不同的特质，学习者只有在真实的情境中学习才能充分理解和掌握知识。另外学习者不是静态、孤立的而是在特定的社会文化情境中进行学习，学习的过程是知识、活动与外在环境产生联结的过程，是个体与他人及环境相互作用的过程。(3)学习是实践共同体中合法的边缘性参与，也即是说学习者知识的获得是一个由周边参与渐进到核心的过程。(4)学习要通过群体之间的合作与交互才能得以实现。情境学习理论认为："知识的意义是人与人协调后产生的结果"。②在情境学习中，学习是通过与专家、同伴的相互对话、彼此互动、合作交流而在真实的情境中实现对知识技能的理解和掌握的。在合作学习过程中，学习者与专家、同伴之间的交流、争论和由此引发的认知冲突，有利于加深学习者对知识技能的理解和掌握。

情境学习理论对学校课堂教学的启示：(1)知识的获得必须是处在真实的情境中，如果把知识独立于情境之外，那么就会产生惰性知识。因此，教学内

---

① J. 莱夫、E. 温格：《情景学习：合法的边缘性参与》，王文静译，华东师范大学出版社 2004 年版，第 4 页。

② 韩玲玲等：《对情境学习理论的几点认知》，载《吉林粮食高等专科学校学报》，2004 年第 3 期，第 28 页。

容要取材于社会生活，要贴近学生的实际。学生的学习要强调动手操作、自主探究。学生应当有足够的时间和空间经历知识的自我探究过程。（2）学习发生在真实的活动和与之相适应的社会文化情境之中。因此，教师应创设适当的文化情境，以促进学生在真实的活动中构建知识的意义。（3）学习是实践共同体中合法的边缘性参与，在这个过程中教师要为学生创设一个和谐的教学环境，给学生提供足够的学习机会，并善于运用游戏、故事、实际活动等灵活的方式，让学生在对话中、在参与活动中发生有意义的学习。

八、斯法德数学"凝聚学习理论"及其教育含义

20 世纪 80 年代，数学家 Hiebert，Greeno，Thopson 指出，数学研究对象可以分为"过程"和"对象"两类。所谓过程是指数学公式、定理以及运算法则等操作性的程序。所谓对象是指数学中各个研究对象构成的结构关系。对于数学"过程"与"对象"的研究，从理论的角度看以色列著名数学家斯法德（A. Sfard）在这方面做出了突出的贡献。斯法德认为："数学中的许多概念（尤其是代数概念）既可看作是动态操作的过程，又可看作是一种静态的结构关系对象。可以将数学概念兼备具有的这两种性质称为概念的二重性。"也就是说，一个数学对象往往具有"过程"和"对象"双重属性。比如，面对"$7a + 2$"这样一个代数式，既可以看成是 7 与 a 相乘后再加上 2 的特定的计算过程，也可以看作是由 7、a、2 经运算关系组成的一个运算结果或一个代数对象，也代表一个函数。

斯法德指出："将一个数学对象，既看成一个过程，同时也看成一个对象，对于数学的深刻理解是必不可少的。""几乎所有的数学活动都可以看成关于同一数学概念的操作性观念（即过程性观念）与结构性观念（即对象性观念）的交互作用。为了求解一个复杂问题，解题者不断地从一个途径转向另一个途径，以便尽可能有效地使用他的知识。"①

学生在实际学习和运用概念时，要根据实际和需要灵活地转换认识的视界，将某个概念当作"过程"或"对象"（即需要当作"过程"时就当作"过程"，而需要当作"对象"时就当作"对象"）。如果学生在学习和运用数学概念时，混淆或忽视数学概念的二重性，就不可能从整体上把握和理解数学概念，致使出现错误。

比如，学生在初学解方程时，面对形如 $5x + 13 = 38$ 这样的方程，常会出现

---

① 郑毓信：《数学方法论的理论与实践》，广西教育出版社 2009 年版，第 141 页。

如下错误(如果单就结果而言, 也可以说是正确的): $5x + 13 = 38 - 13 = 25 \div 5 = 5$。而当要求学生去求解以下方程: $5x + 13 = 37 + 3x$ 时, 却表现出了较大的困难。这显然是因为学生的思维仍停留在算术水平上(即"过程性观念"), 还没有上升到"对象性观念", 即还没有真正理解方程的意义。具体地说, 学生在解方程 $5x + 13 = 38$ 时, 其求解思路是按照算术思维进行的: "一个数乘以 5, 再加上 13, 所得的数是 38, 求这个数是多少?"。而学生要顺利求解形如 $5x + 13 = 37 + 3x$ 这样的方程, 必须超越算术思维并真正理解方程的意义方可, 即其思维水平必须由"过程性观念"上升到"对象性观念"。也就是说, 解方程的关键在于要用"对象性观念"去看待方程, 它所表示的不再是一个动态的算术运算过程, 而是一个整体的"对象", 一个等量关系。只有立足于等量关系这样一种整体"对象"的认识, 学生才能真正理解解方程时所采取的"去分母""去括号""移项""合并同类项""两边同除以一次项系数"等各个解题步骤的合理性。当然, 要让学生实现由"过程性观念"到"对象性观念"的转换, 教师的引导和指导是必不可少的。

另一方面, 在求解方程时, 我们必须把相应的关系式, 如 $5x + 13 = 38$, 看成一个对象, 而不是一个算术的计算过程, 否则, 就会出现下面的过程性错误: $5x + 13 = 38 - 13 = 25 \div 5 = 5$。但是, 当我们求出了方程的解, 如 $x = 5$, 要检验其是否正确时, 又必须把 $x = 5$ 代入到原来的关系式中进行具体的计算, 而这个过程又是一种"过程性操作"。

又比如, 对于不等式: $a^2 + a + 2 \geqslant 0$, 只有既把它看成是一个解不等式的过程, 同时也看成一个对象——二次函数时, 才会真正理解不等式 $a^2 + a + 2 \geqslant 0$ 无实数解的本质。也即是说, 只有建立起不等式和函数之间的联系, 学生才会真正理解不等式的解的意义。

当学生通过类比一元一次方程求解的方法, 学习求解一元一次不等式时, 学生最容易出现错误或者说最不理解的地方是: 在不等式两边同乘或同除以一个负数, 应改变不等号的方向, 比如, 由 $-12x > 36$ 得 $x < -3$。究其原因, 是因为由方程向不等式过渡, 包含了认识上的"量的理解"到"函数的理解"的转换。也就是说, 只有既把 $-12x > 36$ 看成是一个解不等式的过程, 同时也看成一个对象——一次函数(减函数)时, 才会真正理解在不等式 $-12x > 36$ 两边同除以一个负数(-12), 不等号的方向要改变($x < -3$)的意义。

对分式运算的理解也是如此，为什么规定 $\dfrac{a}{b}+\dfrac{c}{d}=\dfrac{ad+bc}{bd}$，而不规定 $\dfrac{a}{b}+$ $\dfrac{c}{d}=\dfrac{a+c}{b+d}$？我们通常是从"度量单位的统一"这个角度来解释的。比如 $\dfrac{2}{5}+\dfrac{3}{4}$，可以看成是求 2 个 $\dfrac{1}{5}$ 单位与 3 个 $\dfrac{1}{4}$ 单位相加的和，由于 $\dfrac{2}{5}$ 和 $\dfrac{3}{4}$ 是两个不同的单位，这样只有把它们都统一为更小的相同单位后才能相加，即 $\dfrac{2}{5}=\dfrac{2\times4}{5\times4}$，$\dfrac{3}{4}=$ $\dfrac{3\times5}{4\times5}$，所以 $\dfrac{2}{5}+\dfrac{3}{4}=\dfrac{2\times4+3\times5}{5\times4}=\dfrac{23}{20}$。这仅是从"过程性操作"层面对分式运算的理解，如果能引导学生再从"对象性操作"（方程）的角度去认识分式运算，那么学生对分式运算的理解就会更加深刻。设 $\dfrac{a}{b}=x$，$\dfrac{c}{d}=y$，则 $bx=a$，$dy=c$。所以 $bd(x+y)=ad+bc$，因此 $x+y=\dfrac{ad+bc}{bd}$，即 $\dfrac{a}{b}+\dfrac{c}{d}=\dfrac{ad+bc}{bd}$。

众所周知，"数形结合"是重要的数学思想方法。从斯法德的"凝聚学习理论"来看，如果把"数"看作是动态操作的过程，那么"形"就是静态的结构关系对象。而"数形结合"思想正好体现了"将一个数学对象，既看成一个过程，同时也看成一个对象，对于数学的深刻理解是必不可少的"的意蕴。比如，已知 x，y，z，X，Y，Z 都是正数，且 $x+X=y+Y=z+Z=1$，求证：$xY+yZ+zX$ <1。面对这个问题，很多学生都束手

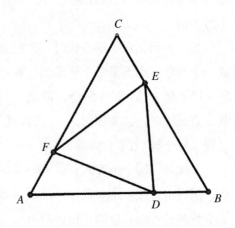

图 1 - 17

无策。主要是因为他们对不等式的证明问题习惯于"过程"方面的代数表征，而当熟悉的代数方法在解决这个问题遇到困难时，他们就束手无策了。如果从"结构""对象"方面来思考，把 x，y，z，X，Y，Z 看成是线段，则可将问题看作如下的几何"对象"：如图 1 - 17，在边长为 1 的正三角形 ABC 的 AB、BC、CA 边上分别取点 D、E、F，使 $CF=X$，$AD=Y$，$BE=Z$。因为 $AB=BC=CA=1$，所以 $FA=x$，$DB=y$，$EC=z$。又因为 $S_{\triangle FAD}+S_{\triangle DBE}+S_{\triangle ECF}<S_{\triangle ABC}$，由三角形面积公

式 $S_{\triangle ABC} = \frac{1}{2} AB \cdot BC \cdot \cos\angle ABC$ 可得，$xY + yZ + zX < 1$。

不但代数是这样，其实几何对象也具有"过程"和"对象"双重属性。比如，对于线段的垂直平分线，从"对象"的角度看，经过某一条线段的中点，并且垂直于这条线段的直线，叫作这条线段的垂直平分线；而从"过程"的角度看，到线段两个端点距离相等的点的轨迹称为线段的垂直平分线。

证明三角形的垂直平分线定理时，最简捷的方法是先作三角形两边的垂直平分线交于点 P，然后再证第三边的垂直平分线也经过点 P 便可。这恰恰是学生很难理解的地方，重要的原因是学生对线段的垂直平分线的认识更多是停留在"对象性操作"层面，他们往往缺乏对线段的垂直平分线的"过程"性认识。而要证第三边的垂直平分线也经过点 P，正需要根据"线段的垂直平分线是到线段两端距离相等的点的轨迹（集合）"这一"过程"性性质。

类似的下面现象在学生中也经常发生：如图 1 - 18，已知 $\angle CAD = \angle CBD$，$\angle ACD = \angle BCD$，求证：CE 是线段 AB 的垂直平分线。绝大多数学生都是首先证明 $\triangle ACD \cong \triangle BCD$，得到 $AC = BC$，$AD = BD$，$\angle ADC = \angle BDC$。然后再证明 $\triangle AED \cong \triangle BED$，推出 $AE = BE$，$\angle AED = \angle BED = 90°$，从而，证得 CE 是线段 AB 的垂直平分线。实际上，由 $\triangle ACD \cong \triangle BCD$，得到 $AC = BC$，$AD = BD$，便可推出 CE 是线段 AB 的垂直平分线。而再证明 $\triangle AED \cong \triangle BED$，推出 $AE = BE$，$\angle AED = \angle BED = 90°$，这一步骤纯属多余。之所以出现这样的现象，是因为学生对线段的垂直平分线的性质缺乏动态的"过程"性的认识。也就是说，"将一个几何对象，既看成一个对象，同时也

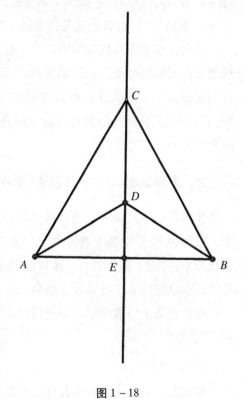

图 1 - 18

看成一个过程，对于几何对象的深刻理解是必不可少的。"

同样地，如果学生仅从结构（即对象）的视角认识几何图形，那么在寻找

"三角形任意两边之和大于第三边"的推理依据时，学生往往联想不到"两点之间线段最短"这一公理或基本事实。究其原因，绝不仅仅是因为初中一年级学生的逻辑推理能力欠缺的问题，更重要的是只有当学生从运动变化的观点、过程性的视角认识几何图形时，才能在"三角形任意两边之和大于第三边"和"两点之间线段最短"之间建立必然的联系。

如果说传统的欧氏几何是把几何图形看成一个对象，那么把几何变换引入欧氏几何则是把几何图形看成一个过程，只有把几何图形既看成一个对象，同时也看成一个过程，我们对欧氏几何才会有深刻的理解。

用运动变化的观点、几何变换的思想认知欧氏几何，有助于培养学生认识几何图形变化的内在联系和本质。一方面，几何变换本身及其应用过程也蕴含着丰富的数形结合、化归与转化以及建模等思想方法，蕴含着探索和发现的创造性活动。另一方面，"数学中的变换，不是无聊的游戏，而是解决问题的实际杠杆"（恩格斯），也就是说几何变换也是一种重要的数学解题方法。

因此，在初中几何教学中，要注意引导学生从"对象"和"过程"两个角度去探究几何图形的性质，用运动变化的观点、几何变换的思想认知欧氏几何。这样不仅能拓宽了学生认识欧氏几何的视野，也有利于学生在"对象性观念"和"过程性观念"之间不断转换过程中提升发现问题、提出问题、分析问题和解决问题的能力。

九、弗赖登塔尔数学"再创造"学习理论及其教育含义

弗赖登塔尔是国际上负有盛名的数学教育权威，荷兰数学家和数学教育学家，被称为 20 世纪数学教育之父。著名数学家加亨（Kahane）教授曾这样评价弗赖登塔尔："对于数学教育，本世纪的上半叶克莱茵（Fellx Klein）做出了不朽的贡献；本世纪的下半叶弗赖登塔尔（Hans Freudenthal）做出了卓越的贡献。"

弗赖登塔尔的数学学习理论可以概括为三个关键词："数学现实""数学化"和"再创造"。

（一）"数学现实"

弗赖登塔尔认为，数学教育即是现实的数学教育。所谓"数学现实"，是指数学来源于现实，存在于现实，应用于现实，而且每个学生有各自不同的"数学现实"。数学教育的任务就是帮助学生构造数学现实，并发展他们的数学现实。

数学教育的本质就是培养学生从已有的"数学现实"发展到更高层次的"数学现实"。

（二）"数学化"

所谓"数学化"，是指人们运用数学的思想和方法分析研究客观世界的各种具体现象并加以整理和组织的过程。简单地说，数学地组织现实世界的过程就是数学化。

弗赖登塔尔认为，任何数学都是数学化的结果，没有数学化就没有数学，没有公理化就没有公理系统，没有形式化就没有形式体系。弗赖登塔尔指出，与其说是学习数学，不如说是学习"数学化"；与其说是学习公理系统，不如说是学习"公理化"；与其说是学习形式体系，不如说是学习"形式化"。

数学化是一个过程，是一个由浅入深，不断发展的过程；是一个从由实际问题到数学问题，由具体问题到数学概念，由问题解决到进一步抽象化的全过程。

在弗赖登塔尔看来，数学化有两种形式：横向数学化和纵向数学化。横向数学化是指"把生活世界引向符号世界"，把实际问题转化为数学问题的数学化。其基本过程：引导学生发现实际问题中的数学成分，建立这些数学成分与学生已有知识经验的联系，通过不同方法使这些数学成分符号化、公式化和形式化。纵向数学化是指从符号到概念的数学化，即对已经符号化了的问题作进一步抽象化处理，对局部的数学材料进行整体的组织，注重数学知识内部的迁移和重构。简单来说，纵向数学化就是"符号的生成、重塑和被使用"。

示例1：在下列圆圈内填上适当的数字，使横竖四个等式均成立：

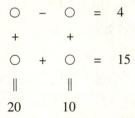

这是为七年级学生学习"用字母表示数"单元知识时设计的一个问题情境——填数字游戏。一开始，学生都是用尝试的方式求解，把一些数字放到每个圆圈内进行横竖式的加减运算，直到四个等式都成立。比如，如果在第一行的第一个圆圈填上8，则第一行的第二个圆圈应该填上4，而第二行的第一个圆

圈就应该填上 12。为了让第二行的等式成立，第二行的第二个圆圈就应该填上 3，但此时第二列的两个数相加（4 + 3）不等于 10，尝试失败。如果在第一行的第一个圆圈换填上 7，则第一行的第二个圆圈应该填上 3，而第二行的第一个圆圈就应该填上 13。为了让第二行的等式成立，第二行的第二个圆圈就应该填上 2，但此时第二列的两个数相加（3 + 2）不等于 10，尝试又失败了。

实际上，如果学生只是在整数的范围内反复尝试的话（一般的学生都能观察发现第一行的第一个圆圈所试填的数字肯定不小 4，且不大于 20）都不会成功。于是有的学生开始怀疑这个问题是否有解，也会有个别聪明的学生转而考虑用算术法求解。但是，由于用算术法求解的技巧性太强，即便是聪明的学生也不容易求得答案。

算术法求解的过程是这样：第一列与第二列的和数 30（20 + 10）是四个圆圈内的数字之和，第一行与第二行的和数 19（4 + 15）是三个圆圈内的数字之和减去第一行第二个圆圈内的数字。这两者之差 11（30 – 19）便是第一行第二个圆圈内的数字的 2 倍，因而可求得第一行第二个圆圈内的数字为 11 ÷ 2 = 5.5。至此容易求出另外三个数字依次为：9.5、10.5 和 4.5。

即使是给出了算术法的解题过程，一般学生也不容易理解。

现在的问题是，有没有更好的办法去解决这个问题呢？有，这个好办法就是用字母来表示数。首先让第一行的第一个圆圈内的数为 a，这个 a 可以代表任意一个数。这个圆圈填上数字 a 以后，则第一行第二个圆圈内的数字就应该是（$a - 4$），依次可推出第二行的两个数分别为（$20 - a$）、$10 - (a - 4)$。再由第二行的两个数之和为 15 得等式：$(20 - a) + 10 - (a - 4) = 15$，解得 $a = 9.5$。容易推出其余三个数依次为 5.5、10.5、4.5。

这就是用字母表示数的好处！

上述过程就是横向数学化。

示例 2：在学生掌握了乘方运算性质后，向学生提出如下两个问题：（1）面积是 4 的正方形边长是多少？（2）面积是 2 的正方形边长又是多少？若设正方形边长为 x，则对于问题（1）有 $x^2 = 4$；而对于问题（2）有 $x^2 = 2$。对于 $x^2 = 4$，利用乘方运算性质可知 $x = \pm 2$（当然边长只能取正数）；而对于 $x^2 = 2$ 这个等式而言，利用乘方运算性质不可能求出 x。于是就有了引进无理数（平方根）和开平方运算的必要性和必然性，即 $x = \pm \sqrt{2}$。上述由"面积是 2 的正方形边长是多少"这个问题，引出无理数概念和开平方运算，这个过程就是横向数学化。

进一步，由 $x^2 = 2$，求下列等式中 x 的值：$2x^2 = 4$；$(x+1)^2 = 2$；$x^2 + 2x - 1 = 0$。直至推出二元一次方程 $ax^2 + bx + c = 0$（$a \neq 0$）的求根公式 $x_{1,2} = \dfrac{-b \pm \sqrt{b^2 - 4ac}}{2a}$，这个过程就是纵向数学化。

更进一步，在引导学生观察、计算、反思的基础上，发现并通过论证得到二元一次方程 $ax^2 + bx + c = 0$（$a \neq 0$）两根的关系公式（即，韦达定理）：$x_1 + x_2 = -\dfrac{b}{a}$，$x_1 x_2 = \dfrac{c}{a}$。这个过程也是纵向数学化。

（三）"再创造"

弗赖登塔尔反复强调：学习数学的唯一正确的方法是实行"再创造"，也就是由学生本人把要学的东西自己去发现或创造出来；教师的任务是引导和帮助学生去进行这种再创造的工作，而不是把现成的知识灌输给学生。这是一种最自然、最有效的方法。说它最自然，是因为生物学上的"个体发展过程是群体发展过程的重现"这条原理在数学学习上也是成立的，即数学发展的历程也应在个人身上重现，这才符合人的认知规律。弗赖登塔尔指出，他所说的"再创造"是指应该使学生体验到：如果当时的人有幸具备了我们现在有了的知识，他们是怎样把那些知识创造出来的。说它是最有效，是因为只有通过自己的再创造而获得的知识才真正被掌握和可以灵活应用；更为重要的是，学习数学是一种活动，如同学习游泳一样，要在游泳中学会游泳，学生也必须在做数学中学习数学，在创造数学中学会数学。[①]

弗赖登塔尔还从另外一个角度论述了"再创造"学习方法的重要性。他指出，数学家在叙述自己创造的数学成果时往往都掩盖了创造的思维过程，只是把结果作为出发点，按逻辑演绎的程式把其他的要素、关系推导出来。如果学生不经过数学知识的再创造，那么他对所学的知识就不可能做到真正意义上的理解，更谈不上对数学知识的灵活运用了。

总之，在弗赖登塔尔看来，"再创造"是数学学习的基本方法，其核心是数学过程的再现。而"数学化"则是实现数学知识"再创造"的唯一途径。这就是弗

---

① 弗赖登塔尔：《作为教育任务的数学》，陈昌平、唐瑞芬等编译，上海教育出版社1995 年版，第 3 页。

赖登塔尔所说的名言：与其说是学习数学，不如说是学习"数学化"；与其说是学习公理系统，不如说是学习"公理化"；与其说是学习形式体系，不如说是学习"形式化"。也就是说，学生学习数学化的过程就是数学知识的再创造过程。

弗赖登塔尔认为，学生按照"再创造"来学数学至少有如下几点优势：第一，通过自身的探究活动获得的知识与能力比由别人灌输的掌握得快，理解得深刻，同时也善于灵活运用，同时还可以保持比较长久的记忆。第二，发现是一种乐趣，通过"再创造"进行学习能够引发学生的兴趣，激发学生的求知欲，诱发学生良好的学习动机。第三，通过"再创造"进行学习，能够进一步促使学生形成数学学习是一种人类活动的看法。

下面以平行四边形的学习为例，来说明"再创造"的学习过程。传统的几何教学是从组织好的研究对象开始，首先给平行四边形下定义，之后通过演绎推理出平行四边形的性质及判定定理。这样的"灌输"，学生不可能理解形式定义的目的和意义。几何教学应该从数学地组织几何图形的现象开始，我们可以设计这样的"再创造"学习过程：教师首先向学生展示一系列的平行四边形的实际例子和图形，告知学生这些图形都是平行四边形，然后让他们自己去观察、分析、比较和探究。在经过积极探究和反复思考后，他们就会发现平行四边形这种图形的许多共同性质，比如：对边平行、对边相等、对角相等、邻角互补、对角线互相平分、是中心对称图形、对角线交点是对称中心、对角线分成的四个三角形面积相等、可以分成四对全等三角形等。接着教师可以引导学生思考这些关系，最终他们会发现这些性质之间是密切联系的，可以由一个性质出发推出其他性质。在教师的进一步启发下，经过相互讨论交流，学生也就懂得了可以取其中一个性质作为平行四边形的定义，而以其为基本概念可演绎推出其他的性质，更进一步还能演绎推出平行四边形的判定方法（定理）。这是一个学习概念化的过程，也是学习公理化的过程。在这个"再创造"的学习过程中，学生不但掌握了给平行四边形的下定义的方法，而且同时也理解了形式定义的含义以及相关性与等价定义的概念。这样他们对定义的必要性、等价性及作用都会有深刻的体验，通过这样的"再创造"方式进行数学概念的学习，显然要比将一个现成的概念直接灌输给学生有效得多。

这就是数学学习的"再创造"过程，也是学习概念化、公理化、数学化的过程。

案例：角平分线性质定理。几乎所有的几何教材一开篇就直接给出了这个定理：三角形内角平分线分对边所得的两条线段和这个角的两边对应成比例。接着就是对这个定理予以证明。而传统的教学也只是按教材的顺序和内容照本宣科，顶多是在定理的证明中多演示了几种不同的方法。这样的教材编排和"灌输"教学，学生不可能理解定理的产生过程和意义。对学生来说，这个定理的出现太突如其来了，不知道是从何处蹦出来的，简直就像魔术师从他的帽子里掏出来一只兔子一样。

那么，"再创造"的学习过程应该怎样设计呢？其实，由特殊到一般就是数学化的一种重要方式。首先让学生观察如图 1 - 19 所示的等腰 RtΔABC 的顶角平分线 AD 具有哪些性质。经过观察和分析，学生会发现该图形有许多性质。比如，$BD = CD = AD = a$、$AB = AC = \sqrt{2}a$、$AD \perp BC$、$S_{\Delta ABD} = S_{\Delta ACD}$ 等。显然，

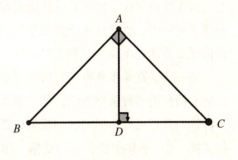

图 1 - 19

由图 1 - 19 得出的上述四个性质，对任意三角形的角平分线而言都不一定成立。也就是说这个"具体"的图形对学生"发现"角平分线性质定理似乎没有多大的帮助。因此有必要继续设计另一个介于图 1 - 19 与任意三角形之间的"具体"图形。如图 1 - 20 所示，在 RtΔABC 中，$\angle B = 90°$，$\angle BAC = 60°$，$\angle C = 30°$，AD 平分 $\angle BAC$。为了探寻角平分线 AD 具有的性质，引导学生先计算图形中一些线段的数量。设 $AB = b$，则容易推出 $AC = 2b$，$BD = \frac{\sqrt{3}}{3}b$，$AD = \frac{2\sqrt{3}}{3}b$，$CD = \frac{2\sqrt{3}}{3}b$，$S_{\Delta ABD} = \frac{\sqrt{3}}{6}b^2$，$S_{\Delta ACD} = \frac{\sqrt{3}}{3}b^2$。虽然图 1 - 20 也没有由图 1 - 19 得到的四个性质，但是如果引导学生把这两个图形的一些

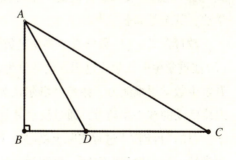

图 1 - 20

线段的数量关系加以比较分析，学生还是可以发现这两个图形之间存在的某些内在联系：对图 1 - 19，有 $\frac{AB}{BD} = \frac{AC}{CD} = \sqrt{2}$，或 $\frac{AB}{AC} = \frac{BD}{CD} = 1$；对图 1 - 20，有 $\frac{AB}{BD} =$

$\dfrac{AC}{CD} = \sqrt{3}$，或 $\dfrac{AB}{AC} = \dfrac{BD}{CD} = \dfrac{1}{2}$。也就是说，这两个图形中的四条线段 AB、BD、AC、CD 都对应成比例，尽管它们的比值不相同（对于比值不相同这点，学生应该比较好理解，因为毕竟是两个不同的图形）。而寻找变化中不变的因素正是数学研究的任务，也是数学研究的基本方法。于是一个关于三角形角平分线性质的猜想便自然生成，只要加以一般性的证明，一个由学生"再创造"的定理便产生了。由于亲身经历了角平分线性质定理的"再创造"过程，这样学生在获得对定理理解的同时，也学会了研究数学问题的基本方法，在思维能力、情感态度与价值观等方面也得到提升和发展。这个"再创造"过程就是"横向数学化"。

进一步，在学生获得三角形角平分线性质猜想的基础上，引导学生继续探究证明猜想的多种策略方法，让学生在探究证明定理的过程中体验解题策略的多样性，并通过对不同解法的反思，深刻理解不同解法背后的数学思想——几何变换思想（平移变换、对称变换、相似变换、等积变换）。这个过程就是"形式化"，也是"纵向数学化"。

弗赖登塔尔认为，"好的几何教学就应该如此，不仅对定义，而且对整个几何体系、公理化体系的建立也应该采用这种策略——学习组织一个题材，也学习什么是组织，学习具体对象的概念化，也学习什么是概念化。重要的是要带领学生理解数学过程，让他们有机会组织并发现各种结构与体系，而不是'填鸭式'的'硬塞'。要知道，泄漏一个可以由学生自己发现的秘密，那是'坏的'教学法，甚至是罪恶。"①

教育含义：（1）数学教学要立足数学现实，研究数学现实，超越数学现实。（2）注重学生的数学化过程，倡导学生自主学习，合作探究。（3）注重反思，提升学生数学思维能力。弗赖登塔尔认为，反思是一种重要的数学活动，是数学思维活动的核心和动力，通过反思才能实现数学学习的"再创造"。（4）学生数学学习的"再创造"过程实际上就是一个"做数学"的过程。这个过程强调学生的主动性、活动性和探究性，强调学生的知识经验、理解过程和积极反思，这是学生理解数学的重要条件。

---

① 弗赖登塔尔：《作为教育任务的数学》，陈昌平、唐瑞芬等编译，上海教育出版社 1995 年版，第 285 页。

十、"中国学习者悖论"与马登学习理论及其教育含义

20 世纪八九十年代，在许多关于数学教学与学业成就的比较研究中，研究者发现了一个令人费解的问题：一方面中国学生在国际奥林匹克数学竞赛及各类数学测试中，表现都优于西方学生，成绩总是名列前茅；另一方面，许多西方学者通过调查研究认为，中国的学习环境不太可能产生"好的学习"，即是说中国的教学环境不利于学生学习。在教学方式上存在许多问题和缺陷，属于"被动灌输"和"机械训练"的"机械学习"。一些西方学者甚至认为，中国数学教学是教师"控制性"的"灌输式"教学，学生完全处于被动学习地位，相当于一个受人尊敬的长者把知识传授给一个驯服的年轻人。由此得出的结论是中国数学教学不如西方先进。以上互相矛盾的两方面被称之为"中国学习者悖论"。

瑞典教育心理学家马登等一些学者认为，西方研究者之所以把"中国的学习者"描述成"机械学习者"，一方面是西方学者对中国传统文化缺乏了解和偏见；另一方面是因为西方研究者往往把理解和记忆看成两个对立的方面，把复现学习与机械学习相提并论。事实上有变化的重复学习也是有意义的学习，教师主导的接受性学习未必就是机械学习。马登进一步指出，中国的数学课堂，往往是从一个问题出发，引出不同问题及解法，也即一题多变、一题多解及多题一解。在马登看来，"多角度理解""有层次推进"的"变式教学"是中国数学教学的基本特征。

事实上，"中国式"的数学变式教学在本质上表现为两种形态："概念性变式"和"过程性变式"。所谓概念性变式是指通过概念对象和非概念对象的变异，突出概念的本质属性及其固有边界。通过概念性变式教学，有助于揭示概念的本质属性、界定概念的外延，有助于帮助学生体验和理解概念的本质。所谓过程性变式是指通过对数学活动过程的析离或分割，在前后知识之间进行适当的变式铺垫，通过铺垫建立适当的教学脚手架，帮助学生建立新旧知识的内在联系，从而促进学生在"最近发展区"的发展。通过过程性变式教学，有助于帮助学生建立前后知识的内在合理联系，形成良好的认知结构和探究数学问题的能力。

马登借助"鉴别"和"差异"两个概念提出了关于学习活动的"变异学习理论"：（1）学习就是鉴别。马登指出："以某种方式学习认识事物或现象，就是从对象中区分出一些主要的特征并将注意力同时聚焦于这些特征。"（2）鉴别依赖于对差异的认识。这就是马登所指出的"鉴别意味并仅仅意味着主体依据自己

先前的关于多多少少有所差异的对象的认知而从物质的、文化的或感觉的世界中辨认出、察觉到了某个特征。"(3)如果鉴别依赖于对差异的认识,那么主体所能同时体验到的关于对象的各个方面的变异维数就直接决定了可能的学习空间。这也就是说,"在各个情景下(学生)可能经验到什么样的变异应被看成对于学习活动的最大限制";进而,"教师应当通过变异维数的扩展引导学生更好地去认识对象的各个方面。"(4)与重复练习的数量相比,在教学中应当更加关注练习中所包含的变异的性质。(5)联系发展目标,从宏观的角度强调了所说的教学方法的重要性:今天的教育是为了帮助学生对未来做好准备,由于未来的社会显然不同于今天,并将具有更大的变异(不确定)性;因此,"我们就只有通过经验(体验)变异才能为未来的变异做好准备。"①

马登上述的"变异学习理论"对"中国式"数学变式教学做出了合理的解释。可以说有了马登的变异学习理论,我们就能更清楚地认识"中国式"变式教学的合理性,"中国式"变式教学也不再仅仅是一种经验之谈,进而也坚定了我们使用变式教学的信念和信心。

数学中的变式教学就是从不同的角度、不同的层面、不同的情形和不同的背景去分析数学中的问题,从不断变换问题的材料和思维方式中,得出不同知识之间存在的内在联系,把握问题的本质,进而提高学生的理解力,促进意义学习。

案例1,数学变式教学之一题多解。

问题1,如图1-21,已知 ΔABC 中,CD 是 AB 的中线,且 $CD = AD = BD$。求证,ΔABC 是直角三角形。

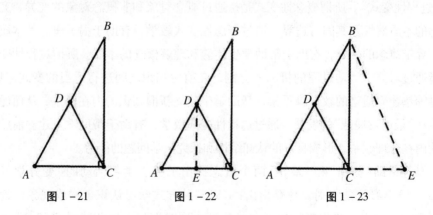

图1-21   图1-22   图1-23

① 许家雄:《现象图式学对物理教学的启示》,载《物理通报》2006 年第 2 期,第 26 页。

证法一："算垂直"（通过计算 ΔABC 三边的关系或角的度数来证明 ΔABC 是直角三角形）。设 $\angle ACD = x$，$\angle BCD = y$。因为 $CD = AD = BD$，所以 $\angle A = x$，$\angle B = y$。又因为三角形内角和等于 $180°$，所以有 $x + x + y + y = 180°$，则 $x + y = 90°$，即 $\angle ACB = 90°$，所以 ΔABC 是直角三角形。

证法二："构造法"（利用或构造直角三角形，通过全等、相似或平行等方式来证明 $\angle ACB = 90°$）。如图 $1-22$，作 $DE \perp AC$ 于 E。因为 $CD = AD$，所以 $AE = EC$。则 DE 是 ΔABC 的中位线，所以 $DE /\!/ BC$。故 $\angle ACB = \angle AED = 90°$，即 ΔABC 是直角三角形。

或：易证明 $\Delta ADE \backsim \Delta ABC$，则有 $\angle ACB = \angle AED = 90°$。

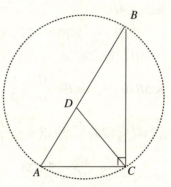

图 $1-24$

证法三："三线合一法"（利用等腰三角形的性质证垂直）。如图 $1-23$，延长 AC 到 E，使 $CE = AC$。则 CD 是 ΔABE 的中位线，所以 $CD = \dfrac{1}{2} BE$。又因为 $CD = AD = BD$，所以 $BA = BE$。可推出 $BC \perp AE$，即 ΔABC 是直角三角形。

或：利用"直径所对的圆周角是直角"的性质证垂直。如图 $1-24$，以点 D 为圆心，CD 长为半径作圆。因为 $CD = AD = BD$，则 AB 是所作辅助圆的直径，而且点 C 在圆周上，所以 $\angle ACB = 90°$。

证法四："矩形法"（通过构造出矩形，从而证明 $\angle ACB = 90°$）。如图 $1-25$，延长 CD 到 E，使 $DE = CD$。则四边形 $ACBE$ 是矩形，所以 $\angle ACB = 90°$，即 ΔABC 是直角三角形。

从上述的几种证法我们可以归纳出证垂直的基本思路和方法：利用或构造直角三角形，通过证全等或相似来证垂直；通过计算三角形的角或三边之间的关系来证垂直；构建直角，通过证平行从而同位角相等来证垂直；利用基本图形的性质来证垂直（比如等腰三角形"三线合一"，比如矩形四个角都

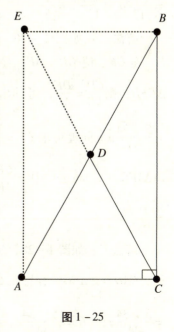

图 $1-25$

是直角，直径所对的圆周角是直角等）。

问题 2，如图 1－26，在 $\triangle ABC$ 中，$AD \perp AB$，$DC = \dfrac{1}{2}BD$，$\tan B = \dfrac{5}{3}$。求 $\tan \angle CAD$。

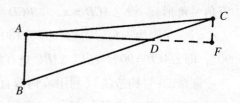

图 1－26

解法一：如图 1－27，过点 D 作 DE $\perp AD$。设 $DC = a$，则 $BD = 2a$。在 $Rt\triangle BAD$ 中，$\tan B = \dfrac{AD}{AB} = \dfrac{5}{3}$。设 $AB = 3x$，则 $AD = 5x$。由勾股定理得：$(3x)^2 + (2x)^2 = (2a)^2$，所以 $x = \dfrac{\sqrt{34}}{17}a$。则 $AB = \dfrac{3\sqrt{34}}{17}a$，$AD = \dfrac{5\sqrt{34}}{17}a$。易证 $\triangle DEC$ $\backsim \triangle BAC$，则 $\dfrac{DE}{AB} = \dfrac{CD}{CB}$，可推出 $DE = \dfrac{\sqrt{34}}{17}a$。在 $Rt\triangle ADE$ 中，$\tan \angle CAD = \dfrac{DE}{AD}$

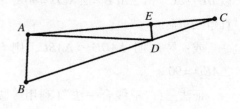

图 1－27

$= \dfrac{\sqrt{34}}{17}a \Big/ \dfrac{5\sqrt{34}}{17}a = \dfrac{1}{5}$。

解法二：如图 1－26，延长 AD 到 F，连 CF，使 $CF \perp AF$。显然 $\triangle ABD \backsim$ $\triangle CFD$，则 $\dfrac{CD}{BD} = \dfrac{DF}{AD}$，可推出 $DF = \dfrac{1}{2}AD$ $= \dfrac{5\sqrt{34}}{34}a$。同理可求 $CF = \dfrac{3\sqrt{34}}{34}a$。在 $Rt\triangle AFC$ 中，$\tan \angle CAD = \dfrac{CF}{AF} = \dfrac{CF}{AD + DF}$ $= \dfrac{1}{5}$。

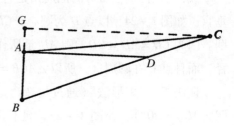

图 1－28

解法三：如图 1－28，延长 BA 到 G，连 CG，使 $AG \perp CG$。则 $AD \parallel CG$，从而 $\angle CAD = \angle ACG$。容易证 $\triangle BAD \backsim \triangle BGC$，则 $\dfrac{AD}{GC} = \dfrac{BD}{BC}$，$\dfrac{BA}{AG} = \dfrac{BD}{DC}$ 由此可求得 AG $= \dfrac{3\sqrt{34}}{34}a$，$CG = \dfrac{15\sqrt{34}}{34}a$。在 $Rt\triangle AGC$ 中，$\tan \angle CAD = \tan \angle ACG = \dfrac{AG}{CG} = \dfrac{1}{5}$。

解法四：如图 1-29，过点 D 作 DH
//AC，则有 $\angle CAD = \angle ADH$，$\dfrac{BH}{AH} = \dfrac{BD}{DC}$。

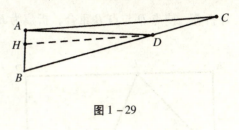

可推出 $AH = \dfrac{1}{3} AB = \dfrac{\sqrt{34}}{17} a$。在 $Rt\triangle DAH$

图 1-29

中，$\tan \angle CAD = \tan \angle ADH = \dfrac{AH}{AD} = \dfrac{1}{5}$。

对比上述几种解法可知，利用图形中的（或构造）直角三角形或相似三角形，然后通过勾股定理或相似三角形性质建立方程求解（或列式计算），是上述几种解法的共性。

总之，通过一题多解，引导学生多角度分析问题、解决问题，有利于学生掌握解决问题的多种方法以及各种知识、方法之间的关系，进而提高学生的思维品质和问题解决的能力。就学生的发展来说，解题活动（一题多解）的意义是要使学生在解决问题的过程中体会到解决问题策略的多样性，而每个学生对问题应该有自己的见解，并在这个基础上形成自己对问题的理解方式以及解决问题的策略和方法。这也应该是培养学生创新精神的基本途径。

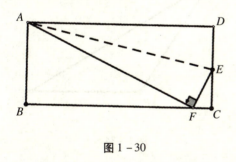

图 1-30

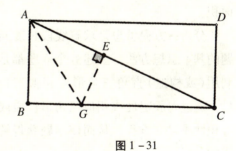

图 1-31

案例 2，数学变式教学之多题一解。

问题 1，如图 1-30，$ABCD$ 是长方形纸片，$AB = 4$，$AD = 5$。对该纸片进行折叠，使点 D 落在 BC 边上的点 F 处，求 DE。

问题 2，如图 1-31，$ABCD$ 是长方形纸片，$AB = 3$，$BC = 7$。沿长方纸片对角线折出折痕 BD，再绕点 D 折叠，使点 A 落在 BD 的 E 处，折痕为 DG。求 AG 的长。

问题 3，如图 1-32，$ABCD$ 是长方形纸片，$AB = 3$，$AD = 9$。将此长方形纸

片折叠，使点 D 与点 B 重合，折痕为 EF。则 $\triangle ABE$ 的面积为多少？

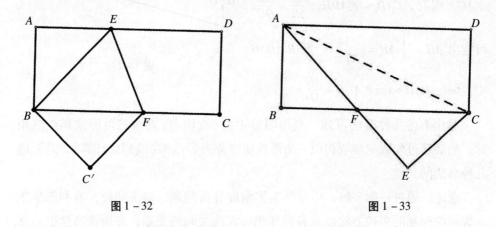

图 1 – 32   图 1 – 33

问题 4，如图 1 – 33，$ABCD$ 是长方形纸片，$AB = 3$，$AD = 4$。现将长方形纸片的一边 AD 沿着对角线 AC 折叠，点 D 落在点 E 处，AE 交 BC 于点 F。求重叠部分的 $\triangle ACF$ 的面积。

问题 5，如图 1 – 34，已知 $\triangle ABC$，$AB = 10$，$AC = 17$，$BC = 9$。求 $\triangle ABC$ 的面积。

分析：方程思想是求解线段长度问题的基本思想方法。上述五个问题都是利用（或构造）直角三角形或相似三角形，通过勾股定理或相似三角形性质或等积性质建立方程，从而使问题获得解决的。

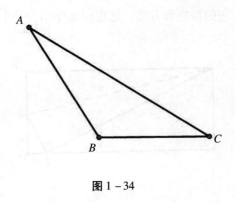

图 1 – 34

比如，问题 1 的解法如下：设 $DE = x$，则 $EF = x$，$EC = 4 - x$。在 Rt$\triangle ABF$ 中，$AB = 4$，$AF = AD = 5$，所以 $BF = 3$，$CF = 2$。在 Rt$\triangle ECF$ 中，$EF^2 = CF^2 + CE^2$，即 $x^2 = 2^2 + (4 - x)^2$。解之得：$x = \dfrac{5}{2}$。

或解为：易证明 $\triangle ABF \backsim \triangle FCE$，则 $\dfrac{AF}{AB} = \dfrac{FE}{FC}$，即 $\dfrac{5}{4} = \dfrac{x}{2}$，所以 $x = \dfrac{5}{2}$。

通过多题一解，可以加深学生对问题的本质理解，有利于学生把握问题的深层结构，提高学生解决一类问题的能力。

教育含义："中国式"的变式教学是中国教师在课堂教学中的创造。从表面上看，中国的大班教学、教师讲授为主的接受性学习容易给西方研究者一种教师为中心、学生被动机械学习的错觉。事实上，教师主导的课堂教学，通过特定的变式教学策略，学生依然可以积极主动地投入学习过程，获得意义学习。

变式是一种重要的思想方法，也是行之有效的教学方式。通过变式教学有利于提高学生分析问题、研究问题和解决问题的能力，有利于培养学生的思维品质和创新思维。

十一、"举一反三"的教育含义①

禅宗五祖弘忍在湖北黄梅开坛讲学时，手下有弟子五百余人，其中神秀是弘忍的得意弟子，是众僧公认的禅宗继承人。后来弘忍要在众弟子中寻找一位继承人，他要求众弟子都做一首偈子，谁做得好就把衣钵传给谁。众人看好的神秀写的偈子是："身是菩提树，心为明镜台。时时勤拂拭，勿使惹尘埃。"这首偈子强调的是修行的作用，是一种入世的心态。这种理解与禅宗的顿悟是不十分吻合的。惠能和尚是个不识字的火头僧，当时他听别人说了神秀的偈子，认为神秀还没有领悟到禅宗的真谛，于是他也做了一首偈子："菩提本无树，明镜亦非台。本来无一物，何处惹尘埃。"凭这首偈子，慧能就成了弘忍的接班人。为什么慧能凭这个偈子就成为禅宗六祖了呢？因为这个偈子很极致地将佛教的教义和特征表达了出来(本人认为，佛教教义的本质是"缘起性空""应无所住而生其心")，非常契合禅宗的理念，是一种出世的态度。这是禅宗里很高的境界，能领悟到这层境界的人，是有大智慧的人，成为接班人理所当然。

电影《教父》里有一句话："在一秒钟内看到本质的人和在半辈子也看不清一件事本质的人，自然是不一样的命运。"

鲧和禹治水的故事大家都耳熟能详。鲧治水之所以失败，根本原因是鲧不识水性，采用"堵截"的错误方法。而大禹识水性，他认识和掌握了水"善下"的特性，把握了"水往低处流""水因地而制流"的水的运动规律，因而他吸取了父亲鲧采用堵截方法治水的失败教训，因势利导，采用疏导治水的方法，疏通河道，拓宽峡口，使洪水顺畅地流入大海。鲧和禹自然是不一样的命运，鲧最后受到舜帝的责罚，而禹治理洪水有功，受舜禅让继承帝位，成为夏朝开国君王，

---

① 许家雄：《我的教育观：为不教而教》，云南大学出版社 2017 年版，第 67–78 页。

是中华民族的"禹神"。是的,能看清事物本质的人和看不清事物本质的人,自然是不一样的命运。

近年来,我国的教改运动风起云涌,波澜起伏,流派林立,名目繁多,你方唱罢我登场。变化万千的课堂模式,层出不穷的教学方法,花样不断翻新,令人眼花缭乱、目不暇接。其实,教学没有那么复杂,正如有学者所讲:"教学不需要流派,只需老老实实讲好。""没有模式就是模式。"正所谓"教学有法,教无定法,贵在得法。"从这个意义上说,一切理论、模式都是灰色的,唯有启发式教学永恒。因为,启发式教学是一切教学模式、教学方法的基础和根本,而各种各样的教学模式、教学方法无非都是启发式教学的衍生品,都是在启发式教学的基础上演变过来的。所谓万变不离其宗,这个宗,就是启发式教学,而启发式教学的祖师爷就是中国的孔子和古希腊的苏格拉底。

什么样的课堂是"高效课堂"?什么样的教学是"有效教学"?我的回答是:能够实现"举一反三"的课堂就是高效课堂,能够实现"举一反三"的教学就是有效教学。因为教学的根本目的是促进学生学习迁移,培养学生的知识迁移能力。

"一"是什么?"一"乃万物之始。《淮南子·诠言训》云:"一也者,万物之本也,无敌之道也。"老子曰:"道生一,一生二,二生三,三生万物。"而在英文中:"The Great One",则是指《圣经》中的上帝耶和华。"一"者,道也。《道枢真一篇》称:"芸芸万物,其变化之源,始生于一,终复于一,所以历万变而不穷。"《道德经》有云:"天得一以清,地得一以宁,神得一以灵,谷得一以盈,万物得一以生,侯王得一以为天下贞。"通俗地说,"一"就是事物的本质和发展规律。

人类是在认识世界和改造世界的过程中生存和发展的,认识世界的根本目的是为了改造世界。而认识世界,就是要认识事物的本质和发展规律,也就是认识事物的"一"和世界的"一"。只有这样,我们才能更好地改造世界。可以这样说,一部人类发展史,就是人类寻找和认识事物的"一"和世界的"一"的历史。

"真正的自由不是你想做什么就做什么,而是你不想做什么就不做什么。"这是康德对自由的深刻认识。"人是一切社会关系的总和。"这是马克思对人的本质的论断。"政治就是把我们的人搞得多多的,把敌人搞得少少的。"这是毛泽东关于政治的通俗而精辟的见解。子曰:"《诗》三百,一言以蔽之,曰:'思无邪'。"可谓一语道破天机。

　　就以科学发展来说，科学研究的目的就是要揭示事物的本质和内在的规律，《时间简史》说："科学研究的最终目的是提供描述整个宇宙的单一理论。"比如，牛顿在综合天文学和机械力学的基础上形成了统一的力学体系——牛顿经典力学，从力学上证明了自然界的统一性，这是人类认识自然的第一次大飞跃。爱因斯坦坚信自然规律的对称性和统一性，他的相对论改变了我们对空间和时间认知的概念，改变了人类对世界、对宇宙的认知。在狭义相对论中，爱因斯坦提出了著名的质能方程：$E = mc^2$，揭示了作为物质存在形式的空间和时间在本质上的统一性，揭示了力学运动和电磁运动的统一性，揭示了物质和运动的统一性，使人类对大自然的认识又深入了一步。而广义相对论则进一步揭示了时空、物质、运动和引力之间统一性，对于研究天体结构和演化以及宇宙结构和演化具有重要的意义。又比如，欧几里得（公元前 330—公元前 275 年）的《几何原本》是一部划时代的著作，它第一次把几何学建立在演绎体系上，它是用公理的方法建立起演绎体系的伟大典范。而解析几何的诞生则是数学史上一个伟大的里程碑。17 世纪法国数学家笛卡尔提出了坐标的概念，引入变量和函数概念，由此产生了用代数方法研究几何学的新学科：解析几何，实现了数与形的结合与沟通。19 世纪 70 年代，德国科学家克莱因、庞加莱、黎曼创立了非欧几何，非欧几何的出现，彻底改变了人们认为欧氏几何唯一地存在的观点，人们的思想得到了很大的解放，促进了物理学的发展，极大地推动了人类突破感官的局限对自然的更为深刻的认知。

　　举一反三，是孔子启发式教学思想的精髓，是指从一类事物推知其他事物。就具体的教学而言，"举一反三"中的"一"就是学生所要认识的事物的本质特征和内在规律，是进一步学习的"认知基础"，是学科的"基本结构"，是知识的基本原理，是所要研究的问题的"深层结构"，是解决一类问题的思想方法，是教与学过程中那"归于一"的"道"。

　　那么，我们的教学怎样才能做到"举一反三"呢？这里涉及教和学两个方面。一方面，教育者要能把握住"一"，并且善于去"举"这个"一"。前者是对教学内容和教学目标的准确把握，后面是对启发式教学的灵活运用。另一方面，受教育者能够积极主动去领悟教育者所举的"一"，进而达到"反"三和触类旁通的目的。这就是孔子所说的"不愤不启，不悱不发。举一隅不以三隅反，则不复也。"从这个意义上说，"循循善诱，举一反三。"是教学的至高境界。

　　从学习的心理学机制来说，"'举一反三'就是学习的迁移现象，其中包含了多种迁移成分。反映在先后学习内容的相互作用方面，举一反三既有顺向迁移，也有逆向迁移。反映在不同水平或程度方面，举一反三既有横向迁移，也有纵向迁移。"[①]

所谓横向迁移，是指在知识、技能和方法层面，老师举"一"学生便知"其三"的由此及彼的迁移。比如，在启发学生理解掌握了利用开平方运算的方法求方程 $x^2 = 8$ 的根后，学生就能够触类旁通地求解方程 $(x+3)^2 = 5$ 和 $x^2 - 4x - 10 = 0$ 的根。

所谓纵向迁移，是指个体在深刻理解掌握事物本质的基础上，超越事物本身，参悟到事物本性之外的东西的创新思维能力。它不是知识、技能和方法层面的类推，而是思维能力的跃升和迁移。比如，有一次，孔子向老子求教，当他们一起走到浩浩荡荡、浊浪翻滚的黄河边时，孔子感叹道："逝者如斯夫，不舍昼夜。"老子则指着滔滔的黄河对孔子说："上善若水，水善利万物而不争，处众人之所恶，此乃谦下之德也；故江河所以能为百谷王者，以其善下之，则能为百谷王。天下莫柔弱于水，而攻坚强者莫之能胜，此乃柔德也；故柔之胜刚，弱之胜强。因其无有，故能入于无间，由此可知不言之教，无为之益也。"孔子听后恍然大悟："先生此言，使我顿开茅塞也：众人处上，水独处下；众人处易，水独处险；众人处洁，水独处秽。所处尽人之所恶，夫谁与之争乎？此所以为上善也。"老子微笑着说："汝可教也！汝可切记，与世无争，则天下无人能与之争，此乃效法水德也。故圣者随时而行，贤者应事而变，智者无为而治，达者顺天而生。"在这里，两位圣人对水的认识都超越了水的本性。孔子从水中参悟出人生的意义：世事多变，人生苦短，时光易逝，所以要珍惜时间，要自强不息。而老子对水的认识更是超越时空，上升到哲学的高度，上升到"道"的境界。这就是举一反三的纵向迁移。再比如，《论语·八佾》载，子夏问曰："'巧笑倩兮，美目盼兮，素以为绚兮'，何谓也？"子曰："绘事后素。"曰："礼后乎？"子曰："起予者商也！始可与言《诗》已矣。"在这里，首先是孔子对'巧笑倩兮，美目盼兮，素以为绚兮'这首诗的意义有着深刻的理解（把握住了这首诗的"一"："绘事后素"），子夏在孔子的"一"的启发下，思虑豁然开朗，由"绘事后素"进一步联想，提出"礼后乎"这个关于"仁"和"礼"的关系问题，这显然超越了原有问题的本义，是子夏创造性思维的结果，属于举一反三的纵

---

① 朱永萍：《"举一反三"教学要义的当代意蕴》，载《教育探索》2012 年第 1 期，第 41 页。

向迁移。

布鲁纳认为："不论我们选教什么学科，务必使学生理解该学科的基本结构。这是在运用知识方面的最低要求，这样才有助于学生解决在课堂外所遇到的问题和事件，或者日后课堂训练中所遇到的问题。经典的迁移问题的中心，与其说是单纯地掌握事实和技巧，不如说是教授和学习结构。"①

从这个意义上说，"举一反三"是教学的至高境界。

有这样两个经典的"教学"故事。

故事一：在南北相对的两座大山上各有一座寺院。每天清早，两座寺院各自都派一个小和尚到山下的市场买菜。这两个小和尚年少气盛，互不服气，明里暗里经常较劲。有一天，南寺小和尚问对方："你到哪里去?"北寺小和尚答道："脚到哪里我就到哪里。"南寺小和尚听到他这样说，不知如何回答。回寺后他就向师傅请教，师傅说："下次碰到他的时候，你继续问他，如果他还是那样回答，你就反问他，如果没有脚，你到哪里去?"于是，第二天相遇时，南寺小和尚继续问："你到哪里去?"北寺小和尚却答道："风到哪里我就到哪里。"南寺小和尚一时语塞，无言以对。他只好又向师傅请教，师父对小和尚说："那你可以反问他，如果没有风，你到哪里去?"小和尚很是高兴，心里想明天一定能赢他。第三天他们又相遇时，南寺小和尚再问："你到哪里去?"北寺小和尚回答道："我到市场去。"南寺小和尚又无法再接下文。回到寺院，师傅语重心长地对他说道："别人的东西永远是别人的，只有自己悟出的东西才是自己的。"

故事二："关于道德的对话"——苏格拉底习惯到热闹的雅典市场去发表演说和与人辩论问题。一天，苏格拉底像平常一样来到市场，他一把拉住一个过路的人说："对不起，我有一问题弄不明白，向你请教。人人都说要做一个有道德的人，但道德究竟是什么?"那人回答说："忠诚老实，不欺骗别人，才是有道德的。"苏格拉底装作不懂的样子问："为什么和敌人作战时，欺骗敌人是符合道德的，但欺骗自己人就不道德了。"那人承认："欺骗敌人是符合道德的，但欺骗自己人就不道德了。"苏格拉底反驳道："当我军被敌人包围时，为了鼓舞士气，将领就欺骗士兵说，我们的援军已经到了，大家奋力突围吧，结果突围成功了。这种欺骗也不道德吗?"那人说："那是战争中出于无奈才这样做的，日常生活中这样做是不道德的。"苏格拉底又追问起来："假如你儿子生病了，

---

① 布鲁纳：《教育过程》，邵瑞珍译，文化教育出版社 1984 年版，第 31－32 页。

又不肯吃药，作为父亲，你欺骗他说，这不是药而是一种很好吃的东西，这也不道德吗？"那人只好承认："这种欺骗也是符合道德的。"苏格拉底并不满足又问道："不骗人是道德的，骗人也是道德的，那就是说道德不能用骗人与不骗人来说明，究竟用什么来说明它呢？还是请你告诉我吧！"那人想了想说："不知道道德就不能做到道德，知道了道德才能做到道德，这就是道德。"苏格拉底这才满意地笑起来，拉着那人的手说："你真是一个伟大的哲学家，你告诉了我关于道德的知识，使我弄清了一个长期困惑的问题。"[①]

"故事一"出现的问题与我们教学中存在的"学生一听就懂，一做就错"的问题是一样的，两者都是没能实现"举一反三"，触类旁通，也就是没有实现学习迁移。问题不仅仅是在学的方面(小和尚没能参悟出师傅的答题方法)，最大的问题是出在教的方面，也就是师傅没能把握住"两个小和尚暗自较劲"这个问题的"一"，或者说是师傅没有围绕问题的"一"来组织教学(为什么这样考？还会怎样考？应该怎样应考？)。换一句话说，师傅只是就题论题，只讲问题的答案，没有帮助小和尚把握问题的本质，也没有研究问题的变化及发展规律，更没有帮助小和尚探寻掌握解决问题之道。正因为"举"和把握"一"这两个环节都出现了问题，所以就不可能实现"反"三的结果。

在故事二中，首先，苏格拉底对道德这个问题有着深刻的理解，也就是说，苏格拉底把握住了道德这个问题的"一"，这样他才有可能在对话过程中围绕这个"一"不断变换问题的情境，揭示知识的发生和发展过程，启发引导对方在变化的问题情境中、在知识的发展过程中去理解、领悟问题的本质。正是因为苏格拉底在把握问题的"一"和"举"这两个环节都做得相当好，这样"过路的人"最后终于理解、领悟了什么是道德："不知道道德就不能做到道德，知道了道德才能做到道德，这就是道德。"从而实现了"反"三的结果。

启示：要实现教与学的举一反三，教育者首先要把握教材的"一"、问题的"一"、解决问题的方法的"一"；在把握"一"的基础上，教育者还要善于去"举"这个"一"；同时，在教育者的启发引导下受教育者能够积极主动去领会、体悟这个"一"。我们要追随孔子和苏格拉底，教学上，像孔子那样循循善诱，使学生欲罢不能；像苏格拉底那样创设创造性的问题情境，揭示知识的发生和发展过程，引导学生积极主动去探究。

---

① 许家雄：《举一反三，教学的至高境界》，载《广西教育》2010 年第 5B 期，第 48 页。

可以这样说，没有联系、没有变化，就没有举一反三的教学。在教学中，我们要善于引导学生理解知识的发生、发展过程，引导学生发现其中的基本规律。引导学生在知识之间进行比较，让学生在比较中发现其中的内在联系和共同规律。我们要引导学生把复杂的问题简单化，也要把简单的问题复杂化，把一般问题特殊化，也要把特殊问题一般化。我们要让学生学会多题一解，也要让学生学会一题多解、一题多变。只有这样，我们的教学才能实现举一反三。

马立平博士在她的关于中美小学数学教学比较研究的论著《小学数学的掌握和教学》中，从小学教师的数学知识层面和对数学的理解层面，对"中国小学生在数学能力国际比较研究中明显优于美国"这个问题进行了深入的比较研究。马立平博士用大量数据论证和解释了形成这种学习差异的根本原因："中国的小学教师比美国的小学教师能更好地理解数学。尽管美国教师在他们的中学和大学教育中学习了更多的高等数学，但是中国教师对小学所教的教学内容展现出更全面和深刻的理解，他们对所教的内容掌握得更深刻，更灵活，更具有适应性。"[1]"具有数学基础知识深刻理解的教师的教学具有关联度，鼓励多种方法解决给定的问题，重温和强化基本概念，有纵向的融会贯通。具有数学基础知识深刻理解的教师，能够向学生揭示和表示数学概念和步骤的连贯性。他们欣赏一个思想的不同侧面和一个问题的多种方法，以及它们的优势和不足。具有数学基础知识深刻理解的教师，掌握数学中的'简单而有用'的基本思想，并常常重温并强化它们。他们对整个小学数学课程有根本性的理解，这样就利于寻找任何机会复习学生以前学过的概念，或为他们以后要学习的概念打下基础。"[2]

马立平博士的研究不但坚定了我们关于"举一反三，教学的至高境界"的教学追求，而且也为我们在具体的教学中如何做到举一反三提供了许多建设性的帮助。

（一）把握"一"，是实现举一反三的前提

前面的论述已讲过，就教学而言，"一"就是学生所要认识的事物的本质特征和内在规律，是进一步学习的"认知基础"，是所要研究的问题的"深层结

---

① 马立平：《小学数学的掌握和教学》，李士锜、吴颖康等译，华东师范大学出版社2011年版，第10-19页。

② 马立平：《小学数学的掌握和教学》，李士锜、吴颖康等译，华东师范大学出版社2011年版，第118页。

构"，是解决一类问题的思想方法，是教与学过程中那"归于一"的"道"。而要真正把握教学过程中的这些"一"，绝不是一件容易的事情，非下苦功钻研不可。有些教学问题，即便是我们教了二三十年，未必就抓住了问题的"一"，也就是说，我们的教学很多时候是想当然的，是就事论事的，是没有教到点子上的。专家型教师和普通教师的区别在于，专家型教师能抓住问题的"一"，然后有的放矢地进行教学。

案例一："分数的加减法"

分数加减法的实质是什么？是两个计量单位的加减运算，它的"认知基础"是两个物体的长度相加减（比如：5 米 + 6 米 = ?；2 分米 + 18 厘米 = ?；5 分米 + 2 厘米 + 9 毫米 = ?）。既然是计量单位的加减运算，因此只有单位相同才能进行加减，单位不同时要先通分。通分的实质又是什么呢？是化为分母相同，而且通常是以大化小。通分的难点在哪里？如何突破？突破点在于启发学生理解形如"$\frac{1}{2} = \frac{2}{4}$"的分数相等的含义，它的"认知基础"是：1 个 1 米等于 10 个 1 分米，记为："1 米 = 10 分米"。

案例二："二元一次方程组的解法"

这个教学问题的"一"是什么？不是"代入消元法"，也不是"加减消元法"，而是"化归转化思想"，即把要解决的二元方程问题化归转化为简单的、已经掌握的一元方程问题来求解。"代入消元法"和"加减消元法"的作用是消元，是把"二元方程问题""化归转化"为"一元方程问题"的两种手段而已，它们之间的关系是"思想方法"与"手段"的关系，是形而上与形而下的关系。我们的教学只有把握住了"化归转化思想"这个"一"，那么当学生面对三元一次方程组这样的新问题时，学生才有可能举一反三，灵活解决新问题。

案例三："平方根和对数"

在教学中许多教师都是围绕平方根和对数的定义来进行教学的，"如果一个数 x 的平方等于 a，那么这个数 x 叫作 a 的平方根，记作：$x = \pm\sqrt{a}$。""如果 a 的 x 次方等于 $N(a > 0, a \neq 1)$ 那么数 x 叫作以 a 为底 N 的对数，记作 $x = \log_a N$。"这样教学的结果，大多数学生只是记住这两个玄之又玄的定义而并不理解"平方根和对数"的产生过程和实质。其实这问题的"一"是："平方根、对数"和"除法"一样，都是一种人为规定的"运算"，而"±"和"log"只不过是人为规定的运算符号而已。把握住了这个"一"，那么我们的教学只要围绕"运算规则"和"运算性质"来进行，学生自然会触类旁通、豁然开朗。

案例四："多题一解问题"

问题 1（2012 年高考题）已知正数 a，b，c 满足：$5c-3a \leqslant b \leqslant 4c-a$，$c\ln b \geqslant a + c\ln c$，求：$b/a$ 的取值范围；问题 2（2016 年高考题）已知函数 $f(x) = \ln x - ax$ 有两个零点 x_1、x_2（$x_2 > x_1$），证明：$x_2 \cdot x_1 > e^2$；问题 3，已知 $x/y = 2$，求：$\dfrac{3x^2 - xy + y^2}{x^2 + 3y^2}$ 的值；问题 4，已知 $x^2 - 5x + 1 = 0$，求 $x^2 + \dfrac{1}{x^2}$ 的值。

表面上看，这四个问题形式各异，内容不同，涉及的知识点也不一样。但解决这四个问题的思想方法却是一样的，都要用到数学的"减元转化思想"和"整体思想"。在问题 1 中，要把 $\dfrac{a}{c}$、$\dfrac{b}{c}$ 看成一个整体，同时，还要把 $\dfrac{b}{a}$ 转化为另一个整体：$\dfrac{b}{a} = \dfrac{b}{c} \cdot \dfrac{c}{a} = \dfrac{b}{c} : \dfrac{a}{c}$。这样，就把三元（$a$、$b$、$c$）问题减元转化为二元（$\dfrac{a}{c}$、$\dfrac{b}{c}$）问题；在问题 2 中，原问题等价于：证明 $\ln x_2 - \ln x_1 > \dfrac{2(x_2 - x_1)}{x_2 + x_1}$，也要把二元（$x_1$、$x_2$）问题减元转化为一元（$\dfrac{x_2}{x_1}$）问题，即 $\ln t > \dfrac{2(t-1)}{t+1}$，其中 $t = \dfrac{x_2}{x_1}$，$t > 1$；在问题 3 中，令 $x/y = t$，则原二元问题也转化为一元问题：$\dfrac{3x^2 - xy + y^2}{x^2 + 3y^2} = \dfrac{3t^2 - t + 1}{t^2 + 3}$；在问题 4 中，则要把 $(x^2 + 1)$ 和 $(x + \dfrac{1}{x})$ 看成一个整体来进行求解。

案例五："应用题教学"

"列方程解应用题"向来是中学教学的重点和难点，老师、学生都知道，应用题教学的"一"是"找等量关系列方程"。但问题是学生往往总找不到等量关系，究其原因是我们老师没能启发帮助学生找到解决问题的根本方法，即方法的"一"。这个"一"就是："等量关系只能在相同属性的量中找。"以"路程问题"

为例，路程问题有三个属性量：路程 s、速度 v、时间 t。那么等量关系只能在这三个属性量之间找到(甲的路程与乙的路程之间的等量关系，甲的速度与乙的速度之间的等量关系，甲的时间与乙的时间之间的等量关系。)也就是说有且至多只有三个等量关系，不可能出现第四个等量关系(不能用甲的路程与乙的速度之间建立等量关系，因为路程与速度是两个不同属性的量)。当然，路程 s、速度 v、时间 t，这三个属性量之间还有一个内部的计算关系：$v = \dfrac{s}{t}$，但这不是等量关系。只要点明了这些，那么所有应用题问题自然就迎刃而解了。

比如，"关于不等式应用方面的应用题"：现用载重为 16 吨的货车若干辆运送一批大米。如果每辆货车只装 8 吨大米，则剩下大米 40 吨；如果每辆货车装满 16 吨大米，那么最后一辆货车不空也不满。请问有多少辆货车运送这批大米？尽管这是一道不等式应用方面的应用题，但其解题思路与上所述是一样的，仍然是"在相同属性的量中去找等量(或不等)关系。"在这个问题中，有三个属性量：货车的载重量(8 吨/辆)、货车的数量、货车的运货量。由于只有一种货车，所以前两个属性量没有等量关系，等量关系只能从货车运货量这个属性量中去找，即想办法寻找货车的运货量(大米)与已经条件中的货物量(大米)之间的关系。若设运送大米的货车有 x 辆，则由已知条件可得：货物量(大米) $= 8x + 40$，依据"如果每辆货车装满 16 吨大米，那么最后一辆货车不空也不满"可得等量(不等)关系：$8x + 40 < 16x$，且 $8x + 40 > 16(x-1)$，解得：$5 < x < 7$。

案例六："把握问题的深层结构"

问题 1，解不等式：$x^2 - 2x - 3 > 0$；问题 2，已知关于 x 不等式 $mx + \dfrac{2}{3} < \sqrt{x}$ 的解为 $\{x \mid n < x < 4\}$，求 m，n 的值。问题 3(2015 年高考题)，已知函数 $f(x) = x^3 + ax^2 + b(a, b \in \mathbf{R})$。若 $b = c - a$(实数 c 是与 a 无关的常数)，当函数 $f(x)$ 有三个不同零点时，a 的取值范围恰好是 $(-\infty, -3) \cup (1, \dfrac{3}{2}) \cup (\dfrac{3}{2}, +\infty)$，求 c 的值。问题 4(2012 年高考题)已知函数 $f(x) = x^2 + ax + b(a, b \in \mathbf{R})$ 的值域为 $[0, +\infty)$，若关于 x 的不等式 $f(x) < c$ 的解集为 $(m, m+6)$，则实数 c 的值为____。

这四个问题的深层结构或者说问题的"一"是一样的，就是"函数、方程和

不等式的本质联系"，而在这三者的关系中"函数思想"则起着统领的作用，更具体的说，"根据函数的单调性，方程的根就是不等式解集的端点值，反之亦然。"把握住了这个"一"，上述问题及类似的问题便迎刃而解了。如问题 1，令 $x^2 - 2x - 3 = 0$，解得：$x_1 = -1$，$x_2 = 3$，根据函数 $y = x^2 - 2x - 3$ 的单调性，不等式 $x^2 - 2x - 3 > 0$ 的解为：$x < -1$，或 $x > 3$；对于问题 2，根据函数 $y = mx + \frac{2}{3} - \sqrt{x}$ 的单调性，及不等式的 $mx + \frac{2}{3} - \sqrt{x} < 0$ 的解为 $n < x < 4$，则端点的值 4 和 n 就是方程 $mx + \frac{2}{3} - \sqrt{x} = 0$ 的两个根，所以有：$4m + \frac{2}{3} - \sqrt{4} = 0$，$mn + \frac{2}{3} - \sqrt{n} = 0$，解得：$m = \frac{1}{3}$，$n = 1$ 或 4（舍去）；问题 3 与问题 2 的解法类似：对 $f(x)$ 求导知，它的两个极值点为 $x_1 = 0$，$x_2 = -\frac{2a}{3}$。则 $f(x)$ 有三个不同零点的充要条件是 $f(0) \cdot f(-\frac{2}{3}) < 0$，即 $(a - c)(\frac{4}{27}a^3 - a + c) > 0$。因为 a 的取值范围是 $(-\infty, -3) \cup (1, \frac{3}{2}) \cup (\frac{3}{2}, +\infty)$，这样根据"函数思想"有 $(a - c)(\frac{4}{27}a^3 - a + c) = m(a + 3)(a - 1)(a - \frac{3}{2})^2$（m > 0）。通过待定系数法解得 $c = 1$。对问题 4 而言，设方程 $x^2 + ax + b = c$ 的两根为 x_1、x_2，则 $|x_2 - x_1| = 6$，这是解题的关键所在。

(二)循循善诱，是实现举一反三的有效途径

在把握"一"的基础上，要做到教与学的"举一反三"，教育者还要善于去举这个"一"。教师在教学中应当很好地发挥启发者、引导者、质疑者和示范者的作用。在这方面，苏格拉底和孔子是我们的导师，我们要像苏格拉底和孔子那样上课：采用启发式教学，循循善诱。"君子之教，喻也。道而弗牵，强而弗抑，开而弗达。道而弗牵则和，强而弗抑则易，开而弗达则思。和、易以思，可谓善喻矣。"要做到循循善诱，具体在教学中就是要善举例、善提问、善比较、善优化。

第二章　数学的学习与理解

本章在相关学习理论及数学教育实践基础上，总结了八项实现数学理解学习的基本策略：数学知识情感化；数学知识条件化；数学知识过程化；数学知识问题化；数学知识结构化；数学知识策略化；数学知识反思化；数学知识反馈化。这八项基本策略所体现的数学学习的理解内涵与相关的学习理论的观点是完全符合的。《人是如何学习的》一书反复强调，新的学习理论的特色就在于强调理解性学习，强调理解是新的学习理论的基本特征。

一、数学知识情感化①

"功夫在诗外"，是宋朝大诗人陆游给他的儿子传授写诗的经验时写的一首诗中的一句。诗的大意是说，他最初作诗的时候，更多的是在技巧、形式和遣词造句上下功夫，到了中年之后才慢慢领悟到这样做是不对的、不全面的，写诗更应该注重意境和内容，应该反映人们的愿望和要求。"功夫在诗外"，也就是说一个人学习作诗，不能就诗学诗，更应该把功夫放在掌握渊博的知识，积极参加社会实践活动，开阔眼界上。

"功夫在诗外"，延伸到数学教学上，如何才能教好数学，如何才能让学生学好数学，数学外的功夫重不重要？我的体会是，太重要了。换句话说，功夫也在数学外。

情感是维持生命的动力，没有爱就没有教育。心理学研究表明，情感具有动力、强化、调节与催化作用，情感因素是影响教学质量的一个重要因素。情感具有感染和迁移功能，一个人对他人的情感会迁移到与他人有关的对象上去，"爱屋及乌"就是对情感的这一独特现象的生动概括。

---

① 许家雄：《功夫也在数学外》，原载《广西教育》2002 年第 6 期，第 8－9 页，有删改。

数学知识情感化是指在数学教学中，教师将知识与教学的形式、方法、师生关系以及教师本人的情感相结合，使数学教学"赋予情感"。教师尊重、理解、热爱学生的情感投射到学生心上，会唤起学生相应的情感共鸣，学生又会把对教师的热爱迁移到教师所教的功课上，从而激发学生对数学学习的兴趣。

第一章提到过，布鲁姆非常强调学生的情感准备状态对掌握学习的意义。所谓情感准备状态，主要是指学生的学习兴趣、学习态度、学习动机以及对自身的看法。布鲁姆认为，情感准备状态在较大程度上影响或决定学生的学习成绩。那些对学习有浓厚兴趣、态度端正、能积极主动学习的学生会比那些没有兴趣、被动学习的学生学得更快更好。

因此，数学教师不仅需要抽象思维、逻辑推理，还需要人文精神和诗情画意；不仅需要精确、严谨的数学概念，还需要以诗和学生对话，用情和学生谈心。非智力因素和智力因素同样重要，而诗歌是培养学生非智力因素的切入口，因为诗歌具有感染力、影响力和鼓动力。

过几天就要中考了，班中出现了一些灰色的暗潮：部分学生情绪低落，信心动摇；一些人茶饭不思，心理浮躁；有些人则开始怠慢复习，在星空中寻寻觅觅，寻找自己的"星座"——忙着设计毕业赠言。作为球迷的我深知，以这种心态走进赛场无疑是很危险的！如何让学生走出低迷的状态，挑起战斗的激情？如何让学生以百倍信心、高昂的斗志走进考场？如何让学生躁动的心再度绷紧，全力以赴搏击中考？我绞尽了脑汁，显然此时婆婆妈妈的说教是苍白无力的。怎么办？是桌面上的书签点燃了我的灵感。对，作一首"诗"送给每位同学，也算是给学生的毕业赠言吧——听，那战鼓已经擂响/明天，我们将要走进考场/自信，我们的名字/必胜，我们的信念/奋竞争，勇拼搏/六十五颗星星都将闪烁//我们挥起双拳说/我就是第一，第一就是我//我们对着太阳说/地球也会改变/命运自己把握//我们对着宇宙说/我们是六十五颗星星/胜利就是我们的星座……这是我第一次以诗和学生对话，出乎我的意料，这首小诗竟起到意想不到的效果，学生说她是"力量的源泉""冲锋的号角"，"她给我们以鞭策，给我们信心，给我们以极大的鼓舞"，"她是一注强心针、镇静剂，她鼓励我们以超然的姿态走向考场，走向光辉灿烂的明天……"

从此，我着力提高自己的人文素养，尝试写一些"打油诗"，用通俗的散文诗式的语言去营造一种情感氛围，使学生从中受到启发，得到激励，得到关爱，得到鼓舞，从而激发其学习兴趣、热情和激情，让学生爱屋及乌，进而爱学数学，乐学数学。

特选几个片断，以抛砖引玉。

教师给学生的第一印象至关重要，在第一堂课上我是这样向学生推销自己的：卑职姓许，名家雄，贵港人氏，今年三十又八矣，曾执教四年化学，八年数学，十年物理。不敢言第一，却是个想当元帅的士兵。为人哲学：恨我者我置之一笑，爱我者我终生感激。好文学书法，无人之时也哼一两句《同桌的你》。有缘与你相识，愿与你共享雾霭流岚彩霞，同担电闪风雷霹雳。

外出学习一个月，回到学校，即向学生倾诉殷殷思念：我们已久隔两地/是否有人把我想起/也许在一个月圆星稀的夜晚/有人想起我们的师生情谊//我们虽久隔两地/却时刻将你们想起/不止一次在梦中呼唤你们的名字/不止一次在风里翘盼你们成长的消息。

寓教于乐，在参加学生的周末晚会上，我即兴吟诵：今天，我们相聚在一起/明天，我们将要各奔南北东西/伸出手握住我们所有相识的日子/三年不长/人生不易/要好好把握/应轻轻珍惜//三年不长/风雨将把我们浇灌得青春粗壮/别抱怨数学枯燥，物理抽象，历史太悠长/不要说老师苛刻，考场无情，生活多惆怅/是骆驼就该踩响孤寂的旅途/是风帆就该踏破千层恶浪//无须用华丽的语言去装饰一个廉价的祝愿/只想用我的心紧握你们的手/51 班的朋友啊/前途珍重。

不经意间，师生的距离拉近了，师生关系自然就融洽了。亲其师，则乐其道也。

中学时代，学生需要的不是美人和美酒，需要的是"面壁十年图破壁，难酬蹈海亦英雄"的正能量。

我经常提醒学生：在这个人的问题比人还多的世界里，我们能渴望什么？唯有勤奋，唯有拼搏，唯有自强；落后就要挨打，自强才是硬道理；在海上航行，没有不受伤的船；要把握高中的每一分钟，全力以赴心中的梦……

针对一曝十寒的学生，我提出善意的忠告：要学习山间溪流/流向江/流向河/流向海/目标明确/昼夜不停//应效法海底珊瑚/日日积/月月累/年年长/矢志不移/终将长成。

在给迷上游戏机的学生的评语中，我委婉地写道：聪慧的你曾赢得了那么多赞誉，但中途却暂时迷失了自己，老师猜你并不想这样平庸度日，你本来就不是一个平庸的孩子。新一学期又将如期而至，老师坚信你定会重新把握好自己。

面对考试的成功与失败，我与学生共勉：段考的硝烟已经散去，任何璀璨与辉煌、失望与沮丧已成昨夜的星辰，聪明的人将把成功的喜悦与失败的痛苦浓缩、裂变成对未来的思索，他们又把目光盯向期考、盯向高考、盯向光辉灿烂的明天……

数学课堂上师生经过一番苦苦探索，终于得到问题答案时，我和学生会不约而同地大声朗读：衣带渐宽终不悔，为伊消得人憔悴；众里寻他千百度，蓦然回首，那人却在灯火阑珊处。

新学年伊始，我送给每个高一新生一张卡片，寄予一片深情和殷切期望：蓝湛湛的夜空缀满明亮的星/星星向我们眨起问询的眼睛/当你成为一名高中生的时候/有着怎样的心情//可曾意识到我们已经长大/可曾记住老师的关爱母亲的叮咛/可曾读懂父亲沉甸甸的目光/望子成龙，望女成凤，学有所成/可曾决心在未来的三年里/勤学苦练，生生不已，十年不鸣，一鸣惊人/可曾立志成为/公学的星，明天的星……

在学校艺术节，我和学生一起高唱班歌：南海之滨，羊台山下，活跃着一群年轻的生命；灿烂桃李，辛勤园丁，和春天一起放飞骄傲，放飞一个浪漫的憧憬；爱心化作细雨，浸润着渴盼知识的心灵；春风又绿江南，浸染了喷发生命的激情；继承团结进取的民族传统，发扬自强不息的中华精神。奋进，奋进，振兴祖国永不停！

在考前百日誓师大会上，我们的口号是：北京，我来了！面对考场，我们充满信心和希望：曾迎来了多少希望的早晨/曾奋斗了多少播种的春天/卧薪尝胆/一剑磨十年/几番汗水，几番熬煎/而今，剑出鞘/利剑所指/我们义无反顾/我们勇往直前//任重道远，我们快马加鞭/山重水复，我们万死不变/管它雄关漫道/管它恶浪滔天/没有什么能阻挡夸父追日的脚步/没有什么能熄灭愚公移山的信念/冲锋陷阵的征途上/已响彻舍我其谁的铮铮誓言/"十连冠"的光辉史册上/我们要续写更壮美的诗篇//使命！荣誉！奋斗！拼搏！/我们的目标一定要实现/我们的目标一定能实现。

诗教是一种有效的寓教于乐的教育形式，也是很受学生欢迎的教育方式。

考试，是个很严肃的话题，我是用诗意的语言向学生这样述说考试的——考试是国粹/在中国，每个人都要面对考试/逢进必考/这是国人的生存状态//考试是情结/考试是为实现一个庄严的目的而发生/考试维系了一代又一代人的苦苦追求/寄托着莘莘学子的殷切期盼//考试是学习/在考试中成长/在考试中学会考试/有成功后的自信/更有失败后的奋起//考试是机遇/它为平民子弟打开了一扇亮窗/成全着有志者的远大理想/是奋进者鱼跃龙门的弹射器//考试是挑战/它激发了蕴藏于心底的想象力/催化了与生俱来的强者意识/磨砺着勇者永不服输的斗志//考试是战斗/考场不同情眼泪/不在考试中倒下/就在考试中雄起//人生本身就是一场考试/让我们从容地与考试共舞/潇洒地面对考试/超越考试。

在国旗下讲话，我用诗歌唱响"公学人"：南海之滨，羊台山下/活跃着一群年青的生命/灿烂桃李，辛勤园丁/和春天一起放飞骄傲/放飞一个浪漫的憧憬//指点课堂/一展酷绝甜美的风采/澎湃着智慧的雪浪和青春的豪情//考场论剑/理性的思想碰撞/闪烁出满天灿灿的晨星//绿色学校/风景这边独好/高端办学/倾注了公学人的勃勃雄心//信步三峡平湖/厚积的势能期待狂泻的奔涌/南海滔滔/翻卷着我们波澜壮阔的心胸/纵论古今豪杰/昂首灿烂星空/看我少年公学/哪个不是英雄。

在中、高考备考动员大会上，我用诗警醒每一位同学：时刻准备着，你准备好了吗？——听，那战鼓已经擂响/明天，我们将要走进考场/让我们在这一时刻歌唱/让嘹亮的歌声伴我们走向远方/让我们在这一时刻欢笑/让豪迈的笑声把壮志烧得滚烫//也许，你犹豫过，还在观望/也许，你曾退缩，有过彷徨/也许，你流泪了，满心惆怅//但是/考场不同情眼泪/考场只相信自强/竞争的规则自古是/弱肉强食，败为寇，胜为王//请把眼泪咽进肚里/给自己/火的热烈/铁的意志/剑的信仰//我们的口号/勤学苦练，生生不已/十年不鸣，一鸣惊人/跨长江，过黄河/冲出亚洲，走向世界/是我们的共同理想//让我们一展巾帼的风采/用忠诚和汗水去拥抱明天的辉煌/让我们挥起男子汉的拳头/用无畏和智慧把胜利的战鼓擂响/让我们在这一时刻展望/让飞翔的脚步叩响金秋的乐章/让我们的心愿都开出绚丽的花朵/让我们的祝福都变成灿烂的阳光。

"为师者，传道授业解惑也。这其中，应以传道为先，即所谓先成人再成才。许家雄老师在贵港高中时所展现的精神力量确实比较强大，接触过的老师中，另一个比较好的是杨燕胜老师。这种所谓的传授精神及思想的"人师"是极容易分辨的，比如×××老师给人的感觉就完全不同(在此没有贬低任何人的意思)。另外，一直记得许家雄老师的某一次演讲中的'要到密西西比河去游泳，要到康河去钓鱼'，这可是激励我赴美留学的原始动力。""许家雄老师很有激情，很有感染力、感召力，至今仍难忘他在我读高一时的一次演讲：《明天的星》。寄语我们要努力成为贵港高中的星，中华的星，明天的星。而这至今想起来仍然鼓舞着我。""高中同学聚会，在同学们的要求下打电话给许家雄老师。感恩江南中学，多少年物是人非，不曾想许老师依然记得当年的我。这位国家跨世纪园丁工程骨干教师，数学特级教师，在数、理、化学科都有极深造诣的他却是个浪漫主义者，那些影响、激励我一生的诗句，永远不忘。""当初在江南中学高三补习班上学的时候，他就教我们数学。其实，从教学水平上讲，没有很特别的地方，起码对我来说没有什么特别，但很奇怪为什么每个人都说他好，似乎他的能力是被吹捧出来的。后来我想明白了，其实作为一名数学老师，他在贵港这个地方也算是独树一帜的，不管是谈吐还是举止，还有他那富有激情的诗歌和演讲，这也许就是他受欢迎的原因。袁腾飞、易中天都是因为出色幽默的言语才被大家喜欢的。在北京学习生活了多年之后，这种能说会道的人才见多了，也见怪不怪。北京人的'侃'是出了名的，我们学院的院长就是一口北京腔，只要他发表演讲，即使我们对话题不感兴趣，也不会觉得乏味。可一旦轮到学院书记发言，一口带着浓重山东方言的普通话，直说得我们昏昏欲睡。由此可见说话的艺术对一名老师来说，有多重要。"

这是本人无意中在网上搜到的以前的学生对我的一些"评价"，完全没有显摆自己的意思。只是想说明一个事实，要想做一名让学生喜爱的老师，要想让学生爱学数学、乐学数学、学好数学，数学教师的数学外的功夫太重要了，功夫也在数学外。

二、数学知识条件化

传统的教学观念对学习基本持"去情境"的观点，认为概括化的知识是学习的核心内容，这些内容可以从具体情境中抽象出来，让学生脱离具体情境进行学习，而所习得的概括化知识可以自然地迁移到各种具体情境中。但是，情境既是具体的，又是不断变化的，学生学习抽象概念和规则时如果不能适应情境的变化，那么获得的知识就难以灵活应用于解决现实世界中的真实问题。建构主义认为，知识是不能脱离活动情境而抽象地存在的，学习应该与情境化的实际活动结合起来。在建构主义看来：知识存在于具体的、情境性的、可感知的活动之中，概念、规则不是一套独立于情境的符号，它只有通过实际活动才能真正被人所理解；人的学习应该与情境化的实际活动联系在一起，在现实情境中所生成的实践性知识才是强有力的智慧；学习和理解的关键是形成对具体情境中的"所限"和"所给"的调适，即学习者能够理解该情境中的限制条件，理解其中的"条件—结果"关系并洞悉情境中所提供的支持条件。

学习科学对专家与新手的知识特征的研究表明，专家与新手在知识上有显著的差异，"专家能识别新手注意不到的信息特征和有意义的信息模式"、"专家的知识不能简化为一些孤立的事实或命题，而是融会于应用的情境，就是说，这些知识与一系列情境紧密联系。"①用认知科学家的话来说，专家的知识是"条件化"的。知识"条件化"是指知识与运用情境中的具体情景之间产生了联系。具体来说，"条件化"是指不仅懂得了所学的知识，而且能把所学的知识与一些具体的情境联系起来，更知道所学的知识在什么情景下有用，在什么情况下能用，真正做到"知识产生情境化"和"知识运用情境化"。

非条件化的知识常常指"惰性"的、"僵化"的知识，"惰性"的、"僵化"的知识只能在某些特定的情境中才能提取出来。比如只能在与当初学习知识时的类似情境中加以应用，而面对变化了的情境，便束手无策。大家都有过这样的经验，学生在课后可以解决一大堆习题，但面对考试中那些随机呈现的、没有明确出处的、从整门课程中提取出来的问题时，便无所适从，这就是知识没有条件化的具体表现。比如，学生学习了全等三角形的四个判定定理（SSS、SAS、ASA、AAS）后，都可以用这些定理去证明一些三角形全等的问题，但当学生面对"已知 $\triangle ABC$ 中，$AB=5$，$AC=8$，$\angle ACB=30°$，求 BC 的长"这样的问题时，许多学生压根就没把这个问题与全等三角形的判定定理联系起来，因而出现只有一解的错误。事实上，全等三角形的判定定理本质就是确定一个三角形的条件，即能确定一个三角的条件有四种情况：SSS、SAS、ASA 和 AAS。而上述的 $\triangle ABC$ 中，已知的条件是 SSA（$AB=5$，$AC=8$，$\angle ACB=30°$），不是 SAS，因此这个三角形 $\triangle ABC$ 是不确定的，通过画图可知 $\triangle ABC$ 应该有两种情况，进一步可求得 $BC=3+4\sqrt{3}$ 或 $BC=4\sqrt{3}-3$。也就是说，所学的知识只有做到了条件化，才能灵活地运用在各种相关的情境中。

知识"条件化"的概念对促进学生数学的学习与理解有积极的意义。"许多课程和教学无助于让学生的知识条件化：教科书在阐明数学或自然法则方面要

---

① 约翰·D. 布兰思福特等：《人是如何学习的》，程可拉、孙亚玲等译，华东师范大学出版社 2013 年版，第 27 页。

比说明这些法则何时会有利于解决问题更加直接明了。"[①]那么，我们如何帮助学生实现知识条件化，进而促进学生数学的学习与理解呢？

(一) 知识产生情境化

所谓知识产生情境化，是指在进行新知识的学习时，尽可能让学生将知识的学习与具体的情境联系起来，将所学的知识与该知识应用的"触发"条件结合起来，形成"如果……那么……"的"产生式"。这样，学生在具体的情境中建构和理解新知识的同时，也掌握了这些知识在什么条件下使用，从而实现知识的条件化。

比如，在学习"等式性质"时，就可以让学生在调节物理天平平衡的具体情境中建构、理解和认识新知，具体过程如下：在平衡的天平两端都加上(或减去)质量相同的物体，天平仍保持平衡；把平衡的天平两端的物体质量都扩大相同的倍数，天平仍保持平衡；把平衡的天平两端的物体质量平均分成相等的份数，两端各留下一份，天平仍保持平衡。学生从中便能感悟等式的重要性质："等式两边都加上(减去)同一个数，等式仍然成立。""等式两边都乘以一个数(或除以一个不为 0 的数)，等式仍然成立。"

又比如，求二次函数 $y = ax^2 + bx + c (a \neq 0)$ 的最大值或最小值时，不仅要让学生知道使用的方法是配方法和数形结合法，即 $y = ax^2 + bx + c = a\left(x + \dfrac{b}{2a}\right)^2 + \dfrac{4ac - b^2}{4a}$。更要让学生懂得函数 $y = ax^2 + bx + c (a \neq 0)$ 取得最大值、最小值的条件是：当 $a < 0$，且 $\left(x + \dfrac{b}{2a}\right)^2 = 0$，即 $x = -\dfrac{b}{2a}$ 时，函数 y 有最大值 $\dfrac{4ac - b^2}{4a}$；当 $a > 0$，且 $\left(x + \dfrac{b}{2a}\right)^2 = 0$，即 $x = -\dfrac{b}{2a}$ 时，函数 y 有最小值 $\dfrac{4ac - b^2}{4a}$。只有当学生把"用配方法求最值"的"运用方法"和"运用条件"结合起来存储在大脑之中，形成"如果……那么……"的认知结构时，才能实现知识的条件化。这样，当学生面对新情境中的问题，比如，"求函数 $y = x + \dfrac{1}{x}$，$x > 0$ 的最小值"时，才能灵活运用配方和数形结合法正确解决问题：$y = x + \dfrac{1}{x} = \left(\sqrt{x} - \dfrac{1}{\sqrt{x}}\right)^2 + 2$，当 $\sqrt{x} - \dfrac{1}{\sqrt{x}}$，

---

① 约翰·D. 布兰思福特等：《人是如何学习的》，程可拉、孙亚玲等译，华东师范大学出版社 2013 年版，第 38 页。

即 $x=1$ 时，函数 y 有最小值 2。否则就会出现如下的由于机械套用公式导致的差错：$y=x+\dfrac{1}{x}=\left(\sqrt{x}+\dfrac{1}{\sqrt{x}}\right)^2-2$，所以函数 y 有最小值 -2。

再比如，在进行一元二次方程 $(ax^2+bx+c=0,\ a\neq0)$ 求根公式及根与系数关系的教学时，不仅要让学生知道求根公式：$x_{1,2}=\dfrac{-b\pm\sqrt{b^2-4ac}}{2a}$，其中 $b^2-4ac\geq0$；根与系数的关系式：$x_1+x_2=-\dfrac{b}{a}$，$x_1\cdot x_2=\dfrac{c}{a}$。更重要的是要引导学生弄清楚其来龙去脉，公式是怎样得来的？适用的条件是什么？$a\neq0$ 和 $b^2-4ac\geq0$ 的本质含义是什么？等等。这样将知识与应用知识的"触发"条件结合起来，使知识条件化，从而实现对知识的真正理解。这样，当学生面对下面所列举的问题时，才不会出现错误：若 x_1、x_2 是方程 $x^2-x+\dfrac{3}{2}k-\dfrac{1}{2}=0$ 的两个实数根，且 $x_1+x_2<x_1\cdot x_2+4$，求实数 k 的取值范围。

知识没有实现条件化的学生往往错解为：由方程 $x^2-x+\dfrac{3}{2}k-\dfrac{1}{2}=0$，得 $x_1+x_2=1$，$x_1\cdot x_2=\dfrac{3}{2}k-\dfrac{1}{2}$，代入 $x_1+x_2<x_1\cdot x_2+4$，得 $1<\dfrac{3}{2}k-\dfrac{1}{2}+4$，解之得 $k>-\dfrac{5}{3}$。导致错误的原因是学生忽视了一元二次方程根与系数关系成立的前提条件是方程须有实数根，而方程有实数根的条件是 $\Delta\geq0$，即 $(-1)^2-4\times1\times\left(\dfrac{3}{2}k-\dfrac{1}{2}\right)\geq0$，即 $k\leq\dfrac{1}{2}$。也就是说正确的答案应该是 $-\dfrac{5}{3}<k\leq\dfrac{1}{2}$。

学生在学习知识时，只有同时附以大量的"如果""那么"的"产生式"，才会使知识变成活的知识，从而使自己在再次面临这些条件时，能够有效地提取这些知识并加以灵活运用。

（二）知识运用情境化

学习、掌握知识的目的是运用，理解知识的标志也是运用。所谓知识运用情境化，是指为了提高学生运用知识的能力，在学习和获取知识时，要让学生把知识与运用知识的具体情境联系起来，特别要与学习这个知识的迥然不同的情境联系起来，即引导学生在尽可能多的情况下运用所学的知识。在通常的数学教学中，我们更多地重视知识意义上和逻辑上的内在联系而忽视了知识与具体应用情景的联系，导致了很多学生在运用知识时束手无策。因此，在学习知识和问题解决时，要引导学生在具体应用情景中概括知识和方法运用的条件，概括何时、何地和怎样使用这一知识和方法，从而实现知识的条件化。

比如，学完三角形的三边关系之后，除了让学生完成课本的一些常规练习外，还应引导学生在与课本迥然不同的实际情境中灵活运用所学的知识。比如就可向学生提出这样的问题：李健同学说自己的步子大，一步就能走三四米，你们相信吗？通过问题的解决，学生对三角形的三边关系的理解就会更加深刻。

再比如，证明线段（角）的"和、差、倍、分"问题是几何教学的重点和难点，而证明线段（角）"和、差、倍、分"问题的通法是"接"和"截"。而在线段（角）的"接"法上又有两种选择，可以是间接"接"法，也可以是直接"接"法。这些方法到底该怎样使用，必须引导学生在具体的应用情景中加以对比、概括和体悟，进而实现证明方法的条件化。

应用情景 1，如图 2-1，ΔABC 中，$AB = AC$，CE 是 AB 边上的高，D 是 BC 边上任意一点，$DF \perp AB$，$DG \perp AC$。求证：$CE = DF + DG$。

分析（这里仅探讨"接"的方法）：要证 $DF + DG = CE$，可考虑把线段 DF 和 DG 先"接"成一条线段，再证这条线段等于 CE。

直接"接"法 1：延长 FD 到 H，使 $DH = DG$。首先证 $\Delta DCH \cong \Delta DCG$（SAS），再证四边形 $FHCE$ 是矩形，从而得 $CE = DF + DG = DF + DG$。

直接"接"法 2，延长 FD 到 H，使 $FH = EC$。首先证四边形 $FHCE$ 是矩形，再证 $\Delta DCH \cong \Delta DCG$（AAS），从而得 $DH = DG$，进而得 $DF + DG = CE$。

间接"接"法 1，延长 FD 到 H，使 $CH \perp FH$，首先证四边形 $FHCE$ 是矩形，可得 $FH = EC$，再证 $\Delta DCH \cong \Delta DCG$（AAS），从而得 $DH = DG$，进而得 $DF + DG = CE$。

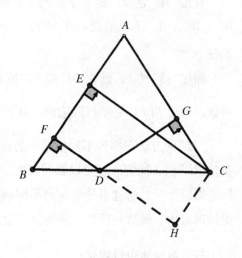

图 2-1

间接"接"法 2，延长 FD 到 H，使 $CH \parallel AB$，首先证四边形 $FHCE$ 是矩形，

可得 $FH = EC$，再证 $\Delta DCH \cong \Delta DCG(\text{AAS})$，从而得 $DH = DG$，进而得 $DF + DG = CE$。

从以上分析可知，该问题既可用直接"接"法证明，也可用间接"接"法证明。但不管采用哪种方法求解，都要和问题提供的其他条件结合起来加以灵活运用。

应用情景2(三角形中位线定理：三角形的中位线平行于第三边，并且等于第三边的一半)，如图 2 – 2，ΔABC 中，D、E 分别是 AB、AC 的中点，求证：$DE /\!/ BC$，且 $DE = \frac{1}{2}BC$。

分析：这里也仅仅是探讨用"接"的方法证明。

直接"接"法1：延长 DE 到 F，使 $EF = DE$，连 CF。首先证 $\Delta EAD \cong \Delta ECF$（SAS），再证四边形 $BCFD$ 是平行四边形，从而得 $DE /\!/ BC$，且 $DE = \frac{1}{2}BC$。

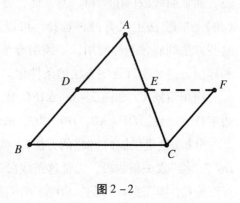

图 2 – 2

直接"接"法2：延长 DE 到 F，使 $DF = BC$，连 CF。至此，不能再往下推证。

间接"接"法1，延长 DE 到 F，使 $CF /\!/ AB$。首先证 $\Delta EAD \cong \Delta ECF(\text{AAS})$，再证四边形 $BCFD$ 是平行四边形，从而得 $DE /\!/ BC$，且 $DE = \frac{1}{2}BC$。

"接"的方法在两种不同情景中的运用有何异同？为什么在情景 1 中，使用直接"接"法 2 能使问题得以顺利解决，而在情景 2 中，直接"接"法 2 却不能使问题得以证明？通过引导学生对不同解法以及同一解法在不同情景中的运用情况加以对比、概括和反思，进而促进学生把知识条件化。

三、数学知识过程化

有学者说过："一般的教师教知识，优秀的教师教过程。"教学活动本质是师生积极参与、交往互动、共同发展的过程，是使学生真正体悟到数学知识的形成和发展的动态过程，教师是教学活动的组织者、引导者和合作者。《全日制义务教育数学课程标准（修改稿）》在关于课程目标的阐释中，大量使用了"经历""体验""探索"等过程性目标动词，强调"学生应当有足够的时间和空间经历观察、实验、猜想、探究、计算、推理、验证等活动过程"，充分突显了过程教学的意义。

所谓数学知识过程化，简单地说就是在数学学习过程中，要让学生经历知识的发生和发展过程，经历解决问题的探索过程，经历数学思想方法的概括过程，通过各种数学活动构建和理解数学知识，这是促进学生数学学习与理解的重要途径。

伟大的数学教育家弗赖登塔尔反复强调：学习数学的唯一正确的方法是实行"再创造"，也就是由学生本人把要学的东西自己去发现或创造出来，教师的任务是引导和帮助学生去进行这种再创造的工作，而不是把现成的知识灌输给学生。弗赖登塔尔指出，数学家在叙述自己创造的数学成果时往往都掩盖了创造的思维过程，只是把结果作为出发点，按逻辑演绎的程式把其他的要素、关系推导出来。如果学生不经过数学知识的再创造过程，那么他对所学的知识就不可能做到真正意义上的理解，更谈不上对数学知识的灵活运用了。

"再创造"的核心是数学过程的再现，而"数学化"则是实现数学知识"再创造"的唯一途径。这就是弗赖登塔尔所说的：与其说是学习数学，不如说是学习"数学化"；与其说是学习公理系统，不如说是学习"公理化"；与其说是学习形式体系，不如说是学习"形式化"。也就是说，学生学习数学化的过程就是数学知识的再创造过程。

匈牙利数学教育家波利亚指出："学习数学知识的最佳途径是自己去发现，这种自我发现理解最深，也最容易把握其中的本质联系和内在规律。"苏联著名数学教育家托利亚尔也说过："数学教学是数学活动的教学，是思维活动的教学，而不仅是数学活动的结果——数学知识的教学。"

我国著名数学教育家华罗庚教授也曾指出："不要只给学生看做好了的饭，更要让学生看做饭的过程。数学教学要设法使课本知识'活'起来，要使学生领会到数学知识发生和发展的动态过程。如果忽视了知识的发生和发展过程，就等于割断了数学与现实世界的联系，就会挫伤学生学习数学的积极性。"[1]

---

① 李树臣、王华：《精心设计课堂教学，努力上好每一节课》，载《初中数学教与学》2016 年第 3 期，第 49 页。

那么，我们如何帮助学生实现知识过程化，进而促进学生数学的学习与理解呢？

事实上《全日制义务教育数学课程标准(修改稿)》在关于课程的实施建议中就为我们指明了路径："数学教学应根据具体的教学内容，注意使学生在获得间接经历的同时也能够有机会获得直接经验，即从学生实际出发，创设有助于学生自主学习的问题情境，为学生提供丰富多彩的学习素材，引导学生通过实践、思考、探索、交流等，获得数学的基础知识、基本技能、基本思想、基本活动经验，促进学生主动地学习，不断提高发现问题和提出问题的能力、分析问题和解决问题的能力。"①

因此，在教学中教师要认真研究教材，精心组织教学内容，在遵循学生认知发展规律的基础上，为学生构建一条从具体到抽象，从个别到一般，从简单到复杂，从片面到全面的思维通道，启发、引导学生开展类比、猜想、归纳、概括、特殊化和一般化等思维活动，使他们在课堂教学中有积极的思维参与，亲身经历具体的原始的数学思维过程，并从中获得发现的快乐，从而提高学习数学的兴趣和求知欲望。

在具体的教学中我们可以从以下三个方面着手：揭示知识建构过程，引导探究发现；剖析解题思维过程，优化思维品质；反思知识建构过程，概括思想方法。

(一)揭示知识建构过程，引导探究发现

过去的数学教学普遍存在重结论轻过程的现象，这样的教学使学生看不到数学知识的形成过程，学生学习数学知识的过程被歪曲甚至取消了，因此思维能力的培养也就成了"无源之水""无本之木"。我们应该加强知识过程和思维过程的教学，使数学的学习与理解落到实处。为此，我们必须挖掘教材，进行科学的引导、艺术的描述：知识是如何产生的？如何发展的？又如何从实际问题抽象成数学问题，并赋予抽象的数学符号和表达式？如何反映客观事物之间的内在联系？如果能挖掘知识的本质，揭示知识的发生和发展过程，便能促进学

---

① 中华人民共和国教育部：《全日制义务教育数学课程标准(修改稿)》，北京师范大学出版社 2011 年版，第 45 页。

生对知识的理解，启迪学生的智慧，教会学生思维的方法。[①]

袁隆平院士曾说过："读初中的时候，我很喜欢语文、外语，还有理化史地生，唯独不爱学数学，因为在学习负数乘负数的时候，我搞不清楚为什么两个负数相乘结果是正数，于是就去问数学老师，老师说你不用问那么多为什么，记住结论就行了。由此我得出结论，数学是不讲道理的。从此以后我对数学就完全失去了学习的兴趣。"

这就是"不讲道理""不讲过程"惹的祸。

那么负负得正这个道理应该怎样讲，才能让学生理解呢？我们可以通过以下两个方面引导学生经历知识的发生和发展过程，进而实现对知识的理解和掌握。

过程一，引导学生经历"由具体到抽象"的建构过程，理解算法意义。可引入一个"先行组织者"。初二年级 A 班有 28 名学生，分为甲、乙、丙、丁四个学习小组，每个小组 7 人。在一次全年级的数学考试中，甲学习小组每个人的成绩都是 91 分，乙学习小组每个人的成绩都是 79 分，年级平均分为 82 分。如果采用标准化计分法把年级平均分记为 0 分，则甲学习小组的总成绩为 63 分，乙学习小组的总成绩为 -21 分。如果把甲学习小组中的 2 个人调到丁学习小组去，那么甲学习小组的总成绩变化值为：$(-2) \times (-3) = 6$；而丁学习小组的总成绩变化值为：$2 \times 9 = 18$。若把乙学习小组中的 2 个人调到丙学习小组去，那么乙学习小组的总成绩变化值为：$2 \times (-3) = -6$；而丙学习小组的总成绩变化值为：$2 \times (-3) = -6$。显然负数表示总成绩比原来减少，正数表示总成绩比原来增加。而 $(-2) \times (-3) = 6$，则表示乙学习小组走了 2 个人（调进为正，调出为负，即 -2），每个人带走 -3 分，相对而言其总成绩反而增加了 6 分（原总成绩是 -21 分，走了 2 个人后总成绩变为 -15 分）。

过程二，引导学生经历"合情推理"过程，理解算法原理。让学生依次完成下面表格的填写：

问题 1：$2 + 3 = 5$；$2 + 2 = 4$；$2 + 1 = 3$；$2 + 0 = 2$；$2 + (-1) = $ ___；$2 + (-2) = $ ___；$2 + (-3) = $ ___。

问题 2：$2 - 3 = -1$；$2 - 2 = 0$；$2 - 1 = 1$；$2 - 0 = 2$；$2 - (-1) = $ ___；$2 - $

[①] 许家雄、吴海鹰：《构建培养创新能力的系统工程》，载《广西教育》2003 年第 1 期，第 34 页。

(−2) = ＿＿＿; 2 − (−3) = ＿＿＿。

问题3：(−2) × 3 = −6；(−2) × 2 = −4；(−2) × 1 = −2；(−2) × 0 = 0；(−2) × (−1) = ＿＿＿；(−2) × (−2) = ＿＿＿；(−2) × (−3) = ＿＿＿。

如果当年袁隆平院士能够经历上述知识产生过程的探索和思考，就不会认为数学是不讲道理并对数学失去学习兴趣的了。

又比如，关于"一次函数图像"的教学，其中有三大难点（也是重点），之一是由"数"（一次函数的解析式）到"形"（一次函数的图像）的转化，包括怎样画函数的图像；之二是为什么一次函数图像是一条直线？包括函数图像的完备性和纯粹性；之三是理解函数（图像）的性质。

如何突破教学难点？如何促进学生对一次函数图像的学习与理解？我们可以通过设计下面的过程教学来实现。

过程1，经历对函数表现形式的复习过程，引领学生进入本课所要研究的问题的思考。函数有三种表示形式：解析法、列表法、图像法。那么对于一次函数 $y = kx + b$（比如，$y = x$），我们如何用列表法和图像法表示？（学生应该都能够用列表法列出函数 $y = x$ 的对应关系），用列表法列出函数 $y = x$ 的对应关系有什么优点和不足？

过程2，经历对函数图像的再认识过程，体会"形"与"数"的联系，为以下"数"与"形"的转换做好铺垫。向学生提供一个前面学过的具体的函数图像，引导学生归纳概括"形"与"数"的对应关系：图像（曲线）由点构成，每一个点和一组坐标 (x, y) 相对应，每一组坐标 (x, y) 就是一对有序实数对。

过程3，经历一次函数 $y = kx + b$（比如，$y = x$）的列表法表示过程，体会自变量 x 与函数 y 的一一对应关系。

过程4，在过程2和过程3的基础上，引导学生经历"数"到"形"的转化过程，体会数形结合思想。对一次函数 $y = x$，由列表过程知，自变量每取一个值 x_1，函数 y 都有一个对应的值 $y_1 = x_1$，就得到一对有序实数对 (x_1, y_1)，对应的在平面直角坐标系中就可确定一个点，(x_1, y_1) 也就是这个点的坐标。自变量 x 可以取无数个值，这样，就可得到无数对有序实数对，在平面直角坐标系中就可确定无数个点，无个点所构成的线就是一次函数 $y = x$ 的图像。

过程5，经历描画一次函数 $y = x$ 图像的过程，理解、掌握画函数图像的步骤和方法，体会数形结合思想，初步理解函数图像的意义。

过程6，为什么一次函数 $y = x$ 图像是一条直线？经历特殊函数（$y = x$）图像

完备性和纯粹性的探索过程，初步理解为什么一次函数图像是一条直线，感受由具体到抽象的数学思想。由于一次函数 $y = x$ 的每一对有序实数对 (x, y)，都满足 $|x| = |y|$，根据角平分线的判定定理知，到角（直角）的两边距离相等的点 (x, y)，在角（直角）平分线上，因此函数 $y = x$ 图像是一条直线。反过来，由角平分线的性质定理知，函数 $y = x$ 的图像（直角平分线）上任一点的到角两边的距离都相等，即对直线上任一点的坐标 (x, y)，都有 $x = y$，即满足函数关系式 $y = x$。

过程 7，经历由特殊（$y = x$ 的图像）到一般（$y = x$ 的图像）的合情推理过程，体会数学研究的基本方法。

过程 8，经历探索函数性质的过程，进一步体会数形结合思想和数学研究的基本方法。（1）在同一坐标系中画出函数 $y = 2x$，$y = 2x + 3$ 的图像。（2）观察两个函数的图像，发现这两条直线有什么关系？据此，能得到什么结论？（3）（在学生猜想两条直线平行以后）引导学生进一步验证猜想。（4）启发学生运用演绎推理方法探究证明直线 $y = 2x$ 与直线 $y = 2x + 3$ 平行。（5）最后再引导学生探究证明一般形式的函数 $y = kx$ 与 $y = kx + b$ 具有平行关系。

在上述设计中，学生通过"观察、操作、讨论、猜想、归纳、推理"等活动，主动探究了一次函数的图像和性质，在这个过程中，学生不仅理解掌握了知识，也获得了研究数学问题的经验和方法。

（二）剖析解题思维过程，优化思维品质[①]

在解题教学中，许多教师采用"归纳方法规律"模式进行教学。这样的教学方法虽然能在短时间内提高学生的机械解题能力，却使学生错失了数学解题学习中基于问题结构分析的问题解决的思维决策过程。

加强分析问题和解决问题能力的培养和训练，优化思维品质既是当前中学数学教与学的首要任务，也是促进学生有效学习的重要途径。怎样完成好这个任务？我们可以从下面解题过程的思维分析中得到一些启示。

例：直线 $5x - py + 2 = 0 \, (p \epsilon \mathbf{R})$ 的倾斜角 $\alpha = $ ＿＿＿。

（1）思维水平比较低，对直线的斜率、倾斜角和反正切函数等基本概念理

解不透的学生会错解为：倾斜角 $\alpha = \arctan\left(\dfrac{5}{9}\right)$。

（2）经过老师的启发、指正和解释之后，大部分学生初步接受了下面的正确答案：当 $p = 0$ 时，$\alpha = \dfrac{\pi}{2}$；当 $p > 0$ 时，$\alpha = \arctan\left(\dfrac{5}{p}\right)$；当 $p < 0$ 时，$\alpha = \pi - \arctan\left(-\dfrac{5}{p}\right)$。

（3）当把直线方程变式为：$px - 5y + 2 = 0$，$3x + py - 3 = 0$，$px - (p+1)y - 3 = 0$ 等，再提出同样的问题时，又有很多学生出现错误。究其原因是学生的解题思维混乱所致，正确的思维过程是：

问题 1：直线 $5x - py + 2 = 0$ 有没有斜率？这要由参数 p 的取值情况决定，当 $p = 0$ 时，此时直线的斜率不存在（直线与 x 轴垂直），倾斜角 $\alpha = \dfrac{\pi}{2}$。

问题 2，直线有斜率时，斜率的表达式是什么？斜率的正负取值如何？这也要对参数 p 的取值做出讨论。

问题 3：当直线 $y = kx + b$ 的斜率中 $k \geqslant 0$ 时，倾斜角 α 的取值范围如何，怎样用"arctan"来表示？当直线的斜率 $k < 0$ 时，倾斜角 α 的取值范围又如何，又怎样用"arctan"来表示？这需要清楚倾斜角 α 的取值范围，以及 $k \geqslant 0$ 或 $k < 0$ 时"arctan k"的取值范围。

要说明的是，对上述问题的这些思考，仅达到"知其然"的要求，如果"不知其所以然"，则会扼杀学生思维活动中的积极因素。

问题 4：为什么对直线 $y = kx + b$，要按：①k 不存在时；②k 存在且 $k \geqslant 0$ 时；③k 存在且 $k < 0$ 时，进行分类讨论？

因为当 k 不存在时，直线与 x 轴垂直，倾斜角 $\alpha = \dfrac{\pi}{2}$，此时 $k = \tan\alpha$ 不成立。而当 k 存在时，$0 \leqslant \alpha < \dfrac{\pi}{2}$，斜率 k 和倾斜角 α 之间才有 $k = \tan\alpha$。因此，对斜率 k 必须分存在和不存在两类情况来讨论。

当 k 存在且 $k \geqslant 0$ 时，$0 \leqslant \alpha < \dfrac{\pi}{2}$，$k = \tan\alpha$，此时 $0 \leqslant \arctan k < \dfrac{\pi}{2}$，则 $\alpha = \arctan k$。

当 k 存在且 $k < 0$ 时，$\dfrac{\pi}{2} < \alpha < \pi$，仍有 $k = \tan\alpha$，但此时 $\alpha \neq \arctan k$。因为

根据反正切函数的定义知：$-\dfrac{\pi}{2}<\arctan x<\dfrac{\pi}{2}$，即当 $k<0$ 时，$-\dfrac{\pi}{2}<\arctan k<$

0，而此时 $\dfrac{\pi}{2}<\alpha<\pi$，所以 $\alpha\ne\arctan k$（比如，$\tan\left(-\dfrac{\pi}{4}\right)=-1$，$\tan\dfrac{3\pi}{4}=-1$，

但 $\arctan(-1)=\left(-\dfrac{\pi}{4}\ne\dfrac{3\pi}{4}\right)$。那么，由 $k=\tan\alpha$，怎样去求出此时的 α 呢？必

须转化为 $(\pi-\beta)$ 来求解，如图 2-3 所示，即 $\alpha=\pi-\beta$。而 $\tan\beta=\tan(\pi-\alpha)=$

$-\tan\alpha=-k$（是通过这样的转化，把 $k=\tan\alpha$ 这个条件用上的）。由于 $-k>0$，

所以 $\beta=\arctan(-k)$，从而 $\alpha=\pi-\beta=\pi-\arctan(-k)$。

问题 5：能否简化对参数 k 的分类讨论呢？

从对问题 4 的分析知，之所以要分
类讨论，是因为当 $k\geqslant0$ 时，由 $k=\tan\alpha$，
可直接得到 $\alpha=\arctan k$。但当 $k<0$ 时，
由 $k=\tan\alpha$，不能直接推出 $\alpha=\arctan k$。
而造成这种情况的根本原因是倾斜角 α
的取值范围 $(0\leqslant\alpha\leqslant\pi)$ 与反正切函数的
取值范围 $\left(-\dfrac{\pi}{2}<\arctan x<\dfrac{\pi}{2}\right)$ 不一致，
正是由于两者取值范围的不一致，才使
我们不得不对参数 k 进行分类讨论。

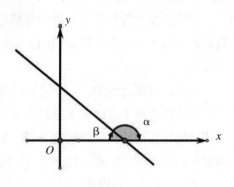

图 2-3

但是，我们知道反余切函数的取值范围是：$0<\text{arccot}x<\pi$，这和直线倾斜
角 α 的取值范围 $(0\leqslant\alpha\leqslant\pi)$ 基本一致，那么，我们可否用 $\text{arccot}x$ 来表示直线的
倾斜角 α，从而避开对参数 k 的讨论呢？答案是肯定的。由 $k=\tan\alpha=\dfrac{1}{\cot\alpha}$，则

$\cot\alpha=\dfrac{1}{k}$，所以 $\alpha=\text{arccot}\dfrac{1}{k}$。

回到上面的例题，则有直线 $5x-py+2=0(p\in\mathbf{R})$ 的倾斜角 $\alpha=\text{arccot}\dfrac{p}{5}$。

通过启发、引导学生对解题活动过程的深入剖析，使学生的思维活动从固
化的程式中解脱出来，从而使解题活动达到和谐完美的境界，体现了思维的严
谨性、灵活性和创新性。因此，引导学生对解题过程从逻辑结构上进行剖析和
再思考，是优化思维品质，促进学生有效学习的重要途径。

又比如，在"球的体积"的单元教学中，在教师的启发下学生通过探究得到

球的体积公式后，教师要不失时机引导学生对问题解决过程进行反思：球的体积公式的推导过程是怎样的？为什么要借助祖暅原理？构造几何辅助体的本质是什么？还有别的不同于课本的构造辅助体的方法吗？比如，能不能把截面积 $S(x) = \pi(R^2 - X^2) = \pi(R + X)(R - X)$，看成是某个矩形（课本是看成圆环）的面积？经过老师的点拨、引导，学生对问题的认识得到进一步的升华：与半球等积的几何辅助体有无穷多个。这就是思维的批判性，这就是创新。

(三)反思知识建构过程，概括思想方法

数学思想方法是对数学知识经过概括后产生的本质认识，是数学学习的精髓。数学思想方法蕴含在数学知识(概念、原理、定理等)的形成过程中。因此，在数学知识的教学中，教师要精心设计概念、原理、定理的教学过程，并有意识地引导学生在反思、归纳、总结的基础上，领悟、概括其中的数学思想方法。

比如，前面提到的"一次函数的概念、图像、性质和应用"，这个单元知识，就是蕴含着丰富的数学思想方法的教学素材，具体的教学中教师要充分利用函数的建模过程，帮助学生分析、概括其中的数学思想方法，让学生体验数学思想方法在问题解决和数学学习中的指导作用。

就"一次函数的概念、图像、性质和应用"这个内容而言，其所蕴含的数学思想方法有：模型思想、数形结合、一一对应、方程与曲线、函数思想、具体与抽象、特殊和一般、合情推理、归纳与演绎等。

此外，在帮助学生概括数学思想方法的同时，还要帮助学生梳理出"一次函数"的学习路径：函数定义→函数的表示方式→函数的图像→函数的性质→函数的应用。这样，当他们在后续再学习其他新的函数时，就可以运用学习"一次函数"的经验来进行学习，并建构前后衔接、逻辑连贯的知识体系。

当然，我们强调数学知识过程化，并不是说知识的结果不重要。也就是说，数学教学应该是过程与结果并重，并且要处理好过程与结果之间的辩证关系。为此，澳大利亚学者特纳就提出了"逆向设计模式"："以往西方的教师们总是设计许多有趣的活动，而没有看到有最终目标的大蓝图。在逆向设计模式中，教师要从预想得到的结果开始，决定教学活动和教学设计。""带着对结果的了解来开始，意味着带着对目标的清楚理解而开始，这意味着，要知道你要去哪，以便你能更好理解你现在在哪里，这样你迈出的步伐会一直朝向正确的方向。"①

另外，无论是让学生经历知识的发生和发展过程，或是经历解决问题的探索过程，或是经历数学思想方法的概括过程，设计的基本前提是，要符合学生的数学认知过程，要遵循学生的认知发展规律。

四、数学知识问题化

问题是数学的心脏，是数学活动的出发点和着眼点，是联系未知与已知、理论与实际的纽带和桥梁。数学的真正组成部分是数学问题，数学学习的核心是培养从数学的角度发现问题、提出问题以及分析问题和解决问题的能力。

数学知识问题化是指在课堂教学中，将数学知识通过问题的形式呈现给学生，让学生在分析问题和解决问题问题的过程中学习知识、获得新知，同时培养学生的问题意识。

苏格拉底是善于把知识问题化的启发式大师。他指出，哲学家和教师的任务并不是要臆造和传播真理，而是要做一个新生思想的"助产婆"。苏格拉底从不直接向学生传授具体的知识，他先向学生提出问题，学生回答错了，他也不直接指出错在哪里和为什么错，只是继续提出暗示性的补充问题，通过问题激发学生思考，共同寻找问题的答案。苏格拉底把这种通过不断提出问题，从辩论中弄清问题、获得新知的方法称作"精神助产术"。

在课堂教学中怎样实现数学知识问题化呢？以下是一些具体的做法。

（一）创设问题情境，引发新知探索

案例："方程教学"。通过设计下面两个问题，让学生在对问题的分析、思考和比较中认识到从算术到方程是数学的进步，体会方程是刻画现实世界数量关系的有效模型。

问题1，李军同学今年12岁，张老师年龄的3倍与李军年龄的和为90，请问张老师今年的年龄是多大？

（1）算术法：$(90 - 12) \div 3 = 26$。

（2）方程法：设张老师今年的年龄为 x 岁，依题意得：$3x + 12 = 90$，解

---

① 特纳：《东方的尝试学习与西方的引导探索学习》，载《人民教育》第 13 - 14 期，第 32 页。

得 $x = 26$。

引导学生讨论、概括两种解法的意义：列算式是一种逆向运算，算式中只能用已知数参与运算。列方程则是顺向运算，方程中已知数和未知数同时参加运算。

问题 2，丢番图墓志铭。墓志铭是这样写的：过路人，这里埋葬着丢番图，他生命的六分之一是童年；再过了一生的十二分之一后，他开始长胡须，又过了一生的七分之一后他结了婚；婚后五年他有了儿子，但可惜儿子的寿命只有父亲的一半，儿子死后，老人再活了四年就结束了余生。请算出丢番图去世时的年龄。

(1)算术法：丢番图的年龄 $= \dfrac{5 + 4}{1 - \dfrac{1}{6} - \dfrac{1}{12} - \dfrac{1}{7} - \dfrac{1}{2}} = 84$。

即便是给出了算术法的列式过程，一般学生也不容易理解。

(2)方程法：设丢番图的年龄为 x 岁，依题意得(未知和已知同时参加顺向运算)：$\dfrac{1}{6}x$(生命的六分之一) $+ \dfrac{1}{12}x$(一生的十二分之一) $+ \dfrac{1}{7}x$(一生的七分之一) $+ 5$(婚后五年) $+ \dfrac{1}{2}x$(儿子的寿命只有父亲的一半) $+ 4$(老人再活了四年) $= x$(一生)。解之得 $x = 84$。

再次引导学生讨论、概括两种解法的意义，并体会方程解法的优越性。

(二)通过问题把握本质结构

布鲁纳指出"不论我们选教什么学科，务必使学生理解该学科的基本结构。这是在运用知识方面的最低要求，这样才有助于学生解决在课堂外所遇到的问题和事件，或者日后课堂训练中所遇到的问题。经典的迁移问题的中心，与其说是单纯地掌握事实和技巧，不如说是教授和学习结构。"[①]

函数问题是初中学生学习的重点和难点，为了突破难点，教学中可以设计一些典型问题，通过帮助、引导学生对问题的分析、探究和解答，使他们有效把握函数的本质结构，实现学习的理解和迁移。

问题 1：A 城与 B 城相距 300 千米，甲、乙两车从 A 城出发匀速行驶至 B

---

① 布鲁纳：《教育过程》，邵瑞珍译，文化教育出版社 1984 年版，第 31 – 32 页。

城，在整个行驶过程中，甲、乙两车离开 A 城的距离 y(千米)与甲车行驶的时间 t(小时)之间的函数关系如图所示，根据图像信息解答下列问题：

(1)乙车出发比甲车晚出发多少时间？

(2)甲车出发 4 小时后离 A 城有多远？乙车出发 4 小时后离 A 城又有多远？

(3)乙车出发后多少时间追上甲车？

(4)求乙车出发多少时间，两车相距 50 千米？

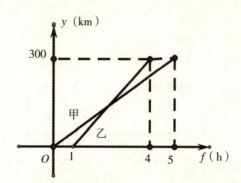

图 2 - 4

事实上，函数的本质结构就是"一一对应"。这包含两层含义，一是图像上任意一点的坐标(x, y)就是函数$y = f(x)$的一组对应值，利用这种对应关系可以直接由图像找到 x 与 y 的一些对应值，比如由图像可知，甲车行驶 5 小时后，它到达 B 城，而在甲车行驶 4 小时后，乙车到达 B 城。更重要的是，利用这种对应关系可以通过待定系数法求出函数的解析式。"一一对应"的另一层含义是，对于函数 $y = f(x)$，自变量 x 和函数 y 是一一对应的。换句话说就是知 x 便可求 y，反之，知 y 便可求 x。

具体到本问题而言，利用"一一对应"关系，通过待定系数法可分别求出甲车和乙车的函数关系：$y_甲 = 60t$；$y_乙 = 100t - 100$。而再通过"一一对应"关系，可求出问题(1)~(4)的解。问题(1)是知 y 求 t(当 $y_甲 = 0$ 时，$t_甲 = ?$；当 $y_乙 = 0$ 时，$t_乙 = ?$)；问题(2)是知 t 求 y(当 $t_甲 = 4$ 时，$y_甲 = ?$；当 $t_乙 = 5$ 时，$y_乙 = ?$)；问题(3)是知 y 求 t(当 $y_甲 - y_乙 = 50$，或 $y_乙 - y_甲 = 50$ 时，$t_甲 = t_乙 = ?$)；问题(4)是知 y 求 t(当 $y_甲 - y_乙 = 50$，或 $y_乙 - y_甲 = 50$ 时，$t = ?$)。

在对问题 1 进行分析、讨论、总结和反思的基础上，引导学生继续思考和解决问题 2。

问题 2：某蔬菜基地种植西红柿，由历年市场行情得知，从二月一日起的 300 天内，西红柿市场售价与上市时间的关系用图 2 - 5(1)的一条折线表示；西红柿的种植成本与上市时间的关系用图 2 - 5(2)的抛物线表示。

(1)写出图 2 - 5(1)所表示的市场售价与时间的函数关系式 $p = f(t)$；写出图 2 - 5(2)所表示的种植成本与时间的函数关系式 $Q = g(t)$；

(2)认定市场售价减去种植成本为纯收益，问何时上市的西红柿纯收益最大？

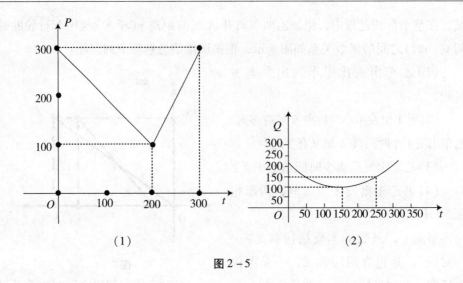

（1）

（2）

图 2-5

通过对问题 2 的探究，可进一步巩固和加深学生对函数"一一对应"本质结构的认识和理解。

（三）通过问题引发认知冲突

大家都有这样的经验，学生学习中出现的错误不能单纯依依靠正面示范和反复训练来纠正，只有通过学生的"认知冲突"和"自我否定"才能纠正错误。实践表明，适当的提问是引发学生"认知冲突"和"自我否定"的有效手段。

比如，学生在解一元二次方程 $ax^2 + bx + c = 0 (a \neq 0)$，或利用韦达定理解题时，往往忽视了一元二次方程有实根的前提条件（$\Delta = b^2 - 4ac \geq 0$）。另外，用配方法"$y = a(x - h)^2 + k$"求二次函数的最值时，也往往忽视了函数 y 的定义域和取得最值的条件 $x = h$，致使计算出现错误。我们通过设计以下的问题来一并纠正这些错误。

问题：已知 x_1、x_2 是方程 $x^2 - 2ax + 2a + 3 = 0$ 的实数根，求 $x_1^2 + x_2^2$ 的最小值。

学生往往错解为：因为 x_1、x_2 是方程 $x^2 - 2ax + 2a + 3 = 0$ 的实数根，所以 $x_1^2 + x_2^2 = (x_1 + x_2)^2 - 2x_1 x_2 = 4a^2 - 2(2a + 3) = 4\left(a - \dfrac{1}{2}\right)^2 - 7$。故当 $a = \dfrac{1}{2}$ 时，$x_1^2 + x_2^2$ 有最小值 -7。

上述解法中，忽略了二次函数 $x_1^2 + x_2^2 = 4\left(a - \dfrac{1}{2}\right)^2 - 7$ 中自变量 a 的取值范围。

我们可以通过适当的提问来引发学生"认知冲突"和"自我否定"。

问题：当 $a = \dfrac{1}{2}$ 时，求方程 $x^2 - 2ax + 2a + 3 = 0$ 的实数根。

事实上，当 $a = \dfrac{1}{2}$ 时，原方程变为：$x^2 - x + 4 = 0$，由求根公式得 $x_{1,2} = \dfrac{-b \pm \sqrt{b^2 - 4ac}}{2a} = \dfrac{1 \pm \sqrt{(-1)^2 - 4 \times 1 \times 4}}{2} = \dfrac{1 \pm \sqrt{-15}}{2}$，由于 $\sqrt{-15}$ 无意义，也即当 $a = \dfrac{1}{2}$ 时，方程 $x^2 - 2ax + 2a + 3 = 0$ 无实根。这也就意味着 a 不能取值 $\dfrac{1}{2}$，因此上述解法求得 $x_1^2 + x_2^2$ 的最小值是 -7 肯定是错误的。

因此，在涉及一元二次方程根的问题时，要首先考虑方程有实根的前提，而求二次函数的最值时必须明确自变量的取值范围。这就是解决这两类问题的"基本套路""序的思想"。

基于此，上述问题的正确解题思路应该是这样：

因为方程 $x^2 - 2ax + 2a + 3 = 0$ 有两个实数根，所以 $\Delta = b^2 - 4ac = 4a^2 - 8a - 12 \geq 0$，解得 $a \leq -1$ 或 $a \geq 3$。

由于 $x_1^2 + x_2^2 = (x_1 + x_2)^2 - 2x_1 x_2 = 4a^2 - 2(2a + 3) = 4\left(a - \dfrac{1}{2}\right)^2 - 7$，而 $a \leq -1$ 或 $a \geq 3$，所以当 $a = -1$ 时，$x_1^2 + x_2^2$ 取得最小值（可启发、引导学生结合二次函数的图像求出 $x_1^2 + x_2^2$ 的取值范围），且 $\left(x_1^2 + x_2^2\right)_{\min} = 4\left(a - \dfrac{1}{2}\right)^2 - 7 = 4\left(-1 - \dfrac{1}{2}\right)^2 - 7 = 2$。

（四）通过问题培养质疑精神

一个广泛流传的真实故事：许多年前一位外国教育心理学家到中国讲学，给当时在场的孩子们出了一道考题：一条船上有 78 头牛，28 只羊，问船长的年纪有多大？结果大部分学生给出的答案是 78 - 28 = 50 岁，只有个别学生认为此题根本无法解答。

这位外国教育心理家对认为船长的年纪是 50 岁的学生进行了调查，他们之所以得出 50 岁这个答案来，是因为他们的定势思维："课本和老师一定是对的，老师出的题目一定是能够解答的。"在这样的思维模式下，学生就想方设法去解这道"无解"之题。

的确，长期以来我们的学生严重缺乏质疑精神，普遍存在着学习过程中发现不了问题，提不出问题的现象。学生在做数学试题时，仅仅是利用已知条件进行一系列的逻辑推理，然后得到所要求解、证明的结论，但是，试题的条件是否存在矛盾，结论是否切合实际，推理过程本身是否严谨等，却少有学生去反思和质疑。针对这种情况，教师在教学中要有意识地设计一些问题，为学生的质疑问难提供机会。

比如，如图 2-6，在 $\triangle ABC$ 中，D 为 BC 边上的一点，$BA = BC$，$\angle DAB = \angle B$，$AD = AC$。$CD = 2$，$\triangle ADC$ 的周长为 14，求 AB 的长。参考答案：$AB = 8$。

因为题目有参考答案，当学生发现自己的计算结果与参考答案不同时，往往先是怀疑自己计算有误，但经过再次检查计算过程，特别是与其他同学交流讨论后，他们就会对题目的参考答案产生怀疑。在教师引导下，经过进一步分析、探究后，他们就会发现该问题的已知条件存在着自相矛盾的地方。

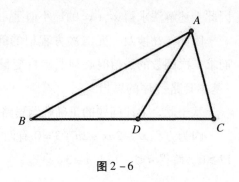

图 2-6

又比如，已知 $\text{Rt}\triangle ABC$ 斜边 $AB = 10$，斜边上的高 $CD = 6$，求这个 $\text{Rt}\triangle ABC$ 的面积。

当把这个题目随机编进一份初三期末测试题中对一个班的学生进行抽测时，全班学生的答案都是 30。

可引导学生从下面三个方面对该问题进行反思和质疑：①构造 $\text{Rt}\triangle ABC$ 的外接圆，则外接圆的半径 $R = \dfrac{AB}{2} = 5$，而 $R \geqslant CD$，因此 $CD = 6$ 不可能；②由勾股定理和等积原理得：$AB^2 = AC^2 + BC^2$，$\dfrac{AB \times CD}{2} = \dfrac{AC \times BC}{2}$，所以 $AC^4 - 100AC^2 + 3600 = 0$，由于 $\text{Rt}\triangle = b^2 - 4ac = 100^2 - 4 \times 3600 < 0$，因此原方程无解，即这样的直角三角形不存在。③根据射影定理得：$CD^2 = AD \times BD$，又 $AB = AD + BD$，所以 $AD^2 - 10AD + 36 = 0$，由于 $\text{Rt}\triangle = b^2 - 4ac = 100 - 4 \times 36 < 0$，因此原方程无解，即这样的直角三角形不存在。

（五）通过问题建构知识体系，掌握解决问题的方法

比如，如图 2-7，正方形 $ABCD$ 的边长为 4，$BE = EC = 2$，$CF = 1$。求证

$AE \perp EF$。

设计这个问题的目的，就是通过该问题的解决，使学生灵活掌握证明垂直的基本思路和基本方法：互余法，全等法，相似法，三线合一法，勾股定理逆定理法，中线法（如果三角形一边上的中线等于这边的一半，那么这个三角形是直角三角形），等等。

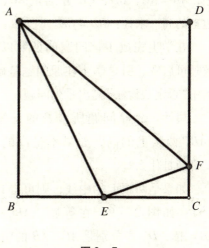

图 2-7

又比如：已知二次函数 $y = x^2 - 2x - 3$。（1）x 取何值时，$y = 0$，$y > 0$，$y < 0$？（2）解不等式：$x^2 - 2x - 3 > 0$；（3）$0 \leqslant x \leqslant 3$ 时，求 y 的取值范围；（4）$y \geqslant -3$ 时，求 x 的取值范围；（5）不等式 $x^2 + bx + c < 0$ 的解为 $-1 < x < 3$，求 b、c 的值。

通过上述几个问题，就把二次函数、二次方程和二次不等式之间的关系串通了起来。

（六）教给学生提出问题的方法

比如，在解题教学中，教师可通过实例引导学生从以下几个方面提出问题：已知条件是什么？要求的问题是什么？能否提出一个相似的问题？能否提出一个更容易着手解决的问题？一个更普遍的问题？一个更特殊的问题？你能解决问题的一部分吗？是否需要辅助问题？所选择的解题途径是否最好？有无新的发现？等等。

作为提出问题的一般方法，美国学者布朗在他的著作《提问的艺术》中给出了如下的提问法则：第一，确定出发点，这可以是任一已知命题、问题或概念等；第二，对已确定的对象进行分析，列举出它的各个"属性"；第三，就所列举的每一"属性"进行思考："如果这一属性不是这样的话，又可能是什么？"；第四，依据上述对于各种可能性的分析提出新的问题；第五，对所提的问题进行选择。这一方法被称为"否定假设法"。① 下面通过一个具体的例子对"否定假设法"予以说明。

---

① 郑毓信：《数学方法论的理论与实践》，广西教育出版社 2009 年版，第 110 页。

例：如图 2 - 8，在等腰 Rt△ABC 中，AB = AC，BD、CE 分别是 AC、AB 边上的高。求证：BD = CE。

在学生完成了该问题的证明以后，教师可启发、引导学生在原问题基础上运用"否定假设法"提出系列问题。

属性一，原问题所涉及的是等腰 △ABC 两腰上的高，如果不是高的话，又可能是什么？

如果是两腰上的中线，则可得到问题 1：如图 2 - 9，在等腰 △ABC 中，AB = AC，D、E 分别是 AC、AB 的中点，求证：BD = CE。

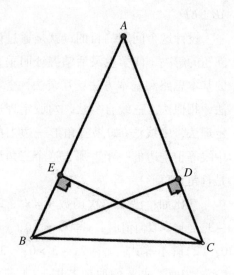

图 2 - 8

如果是两底角平分线，则可得到问题 2：如图 2 - 10，在等腰 △ABC 中，∠B、∠C 的平分线分别交 AC 于 D，交 AB 于 E。求证：BD = CE。

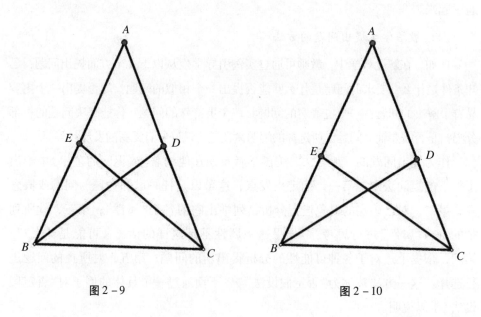

图 2 - 9   图 2 - 10

属性二，原问题要求证的是两腰上的高相等，如果不是这样的话，又可能是什么？

如果是角的话，则可得到问题 3：在等腰 $\triangle ABC$ 中，$AB = AC$，BD、CE 分别是 AC、AB 边上的高。求证：$\angle DBC = \angle ECB$。

属性三，原问题所涉及的图形是等腰三角形，如果不是这样的话，又可能是什么？

由于篇幅所限，这里就不再一一列举。

另外，归纳、类比、猜想、特殊化、一般化、引申、推广等方法是数学探索过程中常用的思想方法，也是帮助学生提出问题的重要方法。数学也正是在这种归纳、类比、特殊化、一般化、抽象、概括、引申、推广的过程中不断得到更新和发展。[①]

数学知识问题化既能充分发挥教师的主导作用，也有利于调动学生学习的主动性和积极性，是实现"双中心"（既以学生为中心，又以教师为中心）的一个重要途径。

五、数学知识结构化

在《庖丁解牛》中我们知道，庖丁解牛的刀子用了十九年了，宰牛数千头，而刀刃却像刚从磨刀石上磨出来一样锋利。原因何在？诚如庖丁所言："臣之所好者道也，进乎技矣"，"依乎天理"，"因其固然"。也就是说，庖丁的解牛技术之所以如此高超，是因为庖丁对牛的肌理结构了如指掌，他是顺着牛体的生理结构，依照事物变化的内在规律来解牛的。这就是结构的力量。

布鲁纳认为，知识的学习就是在学生头脑中形成一定的知识结构，这种知识结构是由学科知识中的基本概念、基本原理以及基本思想方法构成。他说"不论我们选教什么学科，务必使学生理解该学科的基本结构。这是在运用知识方面的最低要求，这样才有助于学生解决在课堂外所遇到的问题和事件，或者日后课堂训练中所遇到的问题。经典的迁移问题的中心，与其说是单纯地掌握事实和技巧，不如说是教授和学习结构。"[②]

所谓学科的基本结构就是学科的基本问题、基本原理和基本方法。比如，代数学的基本结构就是交换律、分配律和结合律。学生一旦掌握了这三个基本法则以及其所体现的思想方法，就能认识到要解的"新"方程完全不是新的，它

---

① 许家雄：《问题意识与创新精神的培养》，载《广西教育》2003 年第 4 期，第 37 页。
② 布鲁纳：《教育过程》，邵瑞珍译，文化教育出版社 1984 年版，第 31 – 32 页。

只不过是一个熟悉的题目变形罢了。

研究表明，专家和新手的知识组织是不一样的，新手头脑中的知识是零散的和孤立的，呈水平排列方式、列举方式，而"专家的知识不仅仅是对相关领域的事实和公式的罗列，相反它是围绕核心概念或'大观点'组织的，这些概念和观点引导他们去思考自己的领域。"同时，"专家根据解决问题的原理对问题进行分类，新手则根据表面特征对问题进行归类。"①

所谓数学知识结构化，是指在数学课堂教学中，引导、帮助学生将学习的知识内容进行归纳、抽象、概括，按系统化原则形成一定层次的网络结构。

知识结构化后，将形成以基本概念、基本原理和基本方法做支撑的结构化的知识，重点突出、逻辑简约、容易记忆和检索，具有迁移应用的作用，有利于促进学生学习的迁移，有利于学生思维能力的培养。

那么，数学课堂教学中如何做到数学知识结构化呢？

(一)引导学生掌握学科基本结构

举一反三是实现理解学习的至高境界，而达到这个境界的前提是教与学双方对"一"的把握。所谓"一"，就是学科的基本结构，是事物的本质和规律，是具有广泛迁移性的、能创造知识的、"含金量"较高的、处于核心地位的那些知识和方法。之所以要把握这个"一"，是因为学生学到的观念越基本，几乎归结为定义，则它对新问题的适应性越广。从这个意义上说，教学的过程就是寻找"一"的过程，教师的作用就是要引导学生去发现和把握"一"，而不是无关的细节，这是实现理解学习的必要条件。

比如，通过引导学生对平行四边形、矩形、菱形、正方形的相关性质进行整体思考，使学生进一步把握这些平面图形的基本结构——中心对称，所对应的研究方法就是旋转变换。这样，当学生从中心对称和旋转变换的高度去认识和研究这些图形的性质时，就可以将有关的性质及研究方法迁移到其他中心对称图形中去。

又比如，应用题教学是数学教学的重点，更是难点。难就难在学生总是找不到在已知数和未知数之间如何建立等量关系。究其原因是教师没能启发帮助学生把握解决问题的根本方法，即方法的"一"。这个"一"就是："等量关系只

① 约翰·D.布兰思福特等：《人是如何学习的》，程可拉、孙亚玲等译，华东师范大学出版社 2013 年版，第 33 页。

能在相同属性的量中找(通俗地说，单位相同的量才会有等量关系)。"以"工程问题"为例，工程问题有三个属性量：工作量、工作效率、工作时间。那么等量关系只能在这三个属性量之间找到(如甲的工作量与乙的工作量之间的等量关系，甲的工作效率与乙的工作效率之间的等量关系，甲的工作时间与乙的工作时间之间的等量关系)。也就是说有且至多只有三个等量关系，不可能出现第四个等量关系(如不能用甲的工作量与乙的工作时间之间建立等量关系，因为工作量与工作时间是两个不同属性的量)。当然，同一对象的三个属性量之间还有一个计算关系：工作量＝工作效率×工作时间，但这属于计算关系，不是等量关系。只要学生掌握了应用题的这个"基本结构"，那么所有应用题问题自然就迎刃而解了。

(二)加强数学知识的系统化

数学知识之间是相互联系的，学生理解知识就是要理解知识的内部联系。能力是什么？"能力就是系统化的知识和方法。"从这个意义上说，只要学生构建了系统化的知识和方法，就形成了数学思维的能力。判断学生是否理解了所学的知识，就要看他是否将所学的知识纳入一定的知识体系，进而形成网络在大脑中贮存备用。例如，学完一次函数、二次函数、一元一次方程、二元一次方程、一元一次不等式、一元二次方程、一元二次不等式后，可引导学生把这些知识进行系统化，并理清他们之间的逻辑关系。数学知识系统化，可以克服学生死记硬背，可使学生将某一具体知识纳入一个层次结构中去，把某一具体知识与相同层次的事物并列起来进行理解。

(三)多提指向知识结构的问题，促进学生知识的组织和结构化

研究表明，大多数教师在课堂上爱问一些书本上现成的，针对知识细节或具体事实或只有一种答案的问题，而较少提出书本上没有明确答案的需要对许多知识加以联系的开放性问题。显然，前一类问题不利于知识的结构化，只有后一类问题才会引发学生从知识的联系中进行深入思考，从而促进知识的组织和结构化。

比如，按以下流程："开始"→"输入 x"→"y 与 x 的关系式"→"输出 y"→"结束"。输入一个数据 x，依据 y 与 x 的关系式就会输出一个数据 y，这样就可以实现两组数据之间的转换。现要求使一组在 10~80 之间的数据，转换成另一组 10~80 之间的数据。试写出符合要求的函数表达式。

该问题十分开放，有利于促进学生从数形结合的角度、从多种函数的角度以及从函数不同性质的角度去思考和解决问题，进而促进相关知识的组织和结构化。

再比如，初三进行"圆"的复习时，就可以通过设置"如何测算圆的半径"这样一个问题来引导学生探究圆的知识结构。在教师的启发引导下，经过一系列探究活动，学生将会在自己的头脑里构建出关于圆的富有成效的认知结构。

(四)要帮助、指导学生学会归纳、总结、整理知识，优化认知结构

在教学中，教师要善于帮助、指导学生从不同角度，比如从知识产生的角度、从知识体系的角度、从知识功能的角度，或从解决问题的方法的角度等来总结知识、梳理知识。

比如，让学生思考这样一些问题：要证明 $AB \perp CD$，$AB = CD$，$\angle A = \angle B$，有哪些方法？可以用哪些定理？这是引导学生从知识功能的角度梳理知识结构。

又比如，通过问题解决帮助学生总结、归纳出求解导数问题的七大策略：连续求导及部分判断策略，分类讨论策略，部分否定策略，"罗必塔法则"求最值策略，参数分离策略，设而不求策略，数形结合策略。这是引导学生从解决问题的方法的角度梳理知识结构。

(五)加强数学研究方法的结构化，促进学生形成数学学习的研究范式

所谓加强数学研究方法的结构化，是指在加强数学知识系统化的同时，还要帮助学生掌握学习某个概念、命题或专题的具体研究过程与方法，掌握相似或并列的学习内容的类比研究。比如，对等腰三角形这样一个研究对象，要研究哪些内容(定义、性质、判定等)，这些内容之间按什么顺序展开研究，如何研究等。

又比如，学习平行四边形时，我们就可以引导学生类比研究三角形的基本思路、内容和方法构建平行四边形的研究构架："现实现象"→"平行四边形的定义"→"平行四边形的性质"→"平行四边形的判定"→"特殊的平行四边形的性质与判定"。

也就是说，学生在面对一个新的数学研究对象时，要有"整体观"，要让学生掌握研究对象的整体思路和获得概念、研究性质的基本过程与方法。

六、数学知识策略化

策略性知识是关于如何学习、如何思维的知识。它是如何运用陈述性知识

和程序性知识的技能，是调控自己学习过程的知识。只有掌握了策略性知识，才能有效地解决学习中的有关问题。比如，学生学习了数学概念、公式、法则和定理，却不会运用它们去解决实际问题，主要原因是缺乏相关的策略性知识。也就是说，只有掌握了策略性知识，学生才能学会求知、学会思维、学会解题、学会学习。

所谓数学知识策略化是指在数学课堂教学中，教师要引导、帮助学生学习和掌握如何求知、如何思维、如何解题、如何学习的策略性知识，并促使学生运用策略性知识对自己的学习过程和思维方法进行自我调控。

波利亚认为："学习数学就意味着解题"，考虑到数学学科的这个特点，因此本节着重介绍解决数学问题的有关策略问题。

数学问题的求解过程是一个通过严谨的逻辑推理与演算，逐步推算出答案的过程，这个过程蕴含着数学的思想方法和解题策略。全面理解和熟练掌握解决问题的数学思想和解题策略，是解决数学问题的关键所在。因此，在数学课堂教学中，教师的主要任务就是对各种数学问题中所蕴含的数学思想和解题策略加以提炼和总结，并将其系统地贯彻到教学过程中，指导学生的解题实践。

案例 1：关于 x 的方程 $\dfrac{3x+m}{x-4}=-2$ 的解为正数，求 m 的取值范围。

大部分学生第一次面对这个"新"问题的时候都显得束手无策，因此教学过程应该重在解题策略上的分析和指导。

(1) 从方程思想看：既然方程有解，我们不妨就把它当成一个方程来解，不过解出来的 x 必须满足两个条件，一是 x 必须是正数，二是 x 不能等于 4。为了满足这两个条件，m 的取值就受到一定的限制，这个限制就是它的取值范围。具体过程如下：

由 $\dfrac{3x+m}{x-4}=-2$，得 $3x+m=-2x+8$，解之得 $x=\dfrac{8-m}{5}$。由于解为正数，所以 $x>0$，因此 $\dfrac{8-m}{5}>0$，则 $m<8$。另外，x 不能等于 4，所以 $\dfrac{8-m}{5}\neq4$，则 $m\neq-12$。因此，m 的取值范围是：$m<8$ 且 $m\neq-12$。

(2) 从函数思想看：要求 m 的取值范围，就要设法找到 m 的函数关系，然后依据函数的性质（结合自变量的取值范围）求出 m 的值域（取值范围）。从已知条件看，显然 x 可看成是 m 的函数，也可以把 m 看成是 x 的函数。原方程可变为：$m = -2x + 8 - 3x = -5x + 8$，这是一个 $k < 0$ 的一次函数，又 $x > 0$ 且 $x \neq 4$，所以 m 的取值范围是：$m < 8$ 且 $m \neq -12$。

案例 2：定值问题的解题策略——"特殊化"。

所谓"定值问题"是指这样一类问题，当问题的某些量（条件）发生变化时，有一些量却没有发生变化，即这个量始终是一个不变的定值。

"定值问题"是中考考题中出现较多、难度较大、得分率偏低的题型之一，往往作为中考压轴题出现。定值问题之所以较难，难就难在考生不容易找到这个在变化中保持不变的定值量是多少，如果不能首先确定这个定值，那么后续的求证就没有目标。而即使找到定值，要证明在任意变化中某个量始终保持这个定值也是不容易的。比如，在凸四边形 $ABCD$ 中，四边长不断变化时，凸四边形的内角和是不是一个定值呢？又怎样初步确定这个定值是 $360°$ 的呢？确定定值是 $360°$ 后又怎样去证明呢？这正是此类问题的难点所在，也是我们在本案例中要探讨解决的问题。那么我们应该如何去确定这个变化中不变的定值，又如何去求证呢？解决问题的策略概括起来就是：特殊化，初步推断定值；一般化，确定求证途径。特殊化是一种重要的数学思想方法，即将一般性问题放在特殊的位置、特殊的关系、特殊的条件下去探求问题的解，为问题的一般化明确求解方向。① 下面结合一个具体的问题予以剖析。

问题：如图 2 – 11 所示，在矩形 $ABCD$ 中，$AB = 6$，$AD = 8$，G 是 AD 边上的动点，$GE \perp AC$ 于 E，$GF \perp BD$ 于 F，求 $GE + GF$ 的值。

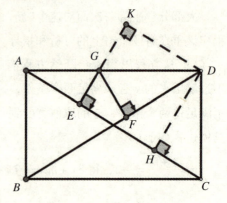

图 2 – 11

分析：该问题显然是"定值问题"，我们可按照前面概括的解题策略进行求解分析。

第一步：特殊化，初步推断定值。动点 G 在 AD 边上运动时，有三个位置是最特殊的，即 A 点、D 点和 AD 边上的中点。下面我们只选取 D 点来初步推断定值。

---

① 许家雄：《我的教育观：为不教而教》，云南大学出版社 2017 年版，第 124 页。

当 G 运动到 D 时，此时 $GE + GF$ 等于 DH（如图 2 - 11），易求得 $DH = \dfrac{24}{5}$，

于是我们初步推断，当点 G 在 AD 边上运动时始终有 $GE + GF = DH = \dfrac{24}{5}$。

第二步：一般化，确定求证途径。从第一步的分析可以看出，要证点 G 在 AD 边上运动时始终有 $GE + GF = \dfrac{24}{5}$，只需证明 $GE + GF = DH$ 便可。而要证 $GE + GF = DH$，可用"接"的方法，通过构造全等三角形来证明：延长 EG 到 K（如图 2 - 11），使 $EK \perp DK$，易证明 $\triangle DGK \cong \triangle DGF$，所以 $GK = GF$，再证四边形 $DKEH$ 是矩形，则 $DH = KE = GE + GF$。

案例 3：解决导数问题的解题策略。

授之以鱼，不如授之以渔。解题教学就应该以方法为统领，教给学生解决问题的根本方法，而不应该是考点的梳理和就题讲题。只有学生掌握了解决一类问题的通性通法，才能在不断变化的高考题型中把握问题本质，实现知识的迁移。导数问题是中学数学学习的重点和难点，也是高考命题的热点，在历届高考中，对导数的应用的考查都非常突出。就导数这个课题而言，要解决高考导数问题，需要掌握下面七大解题策略：连续求导及部分判断策略，分类讨论策略，部分否定策略，"罗必塔法则"求最值策略，参数分离策略，设而不求策略，数形结合策略。考生只要掌握了这七种策略方法，那么所有导数问题便迎刃而解了。

（1）连续求导及部分判断策略："连续求导"是指当一次求导后还不容易确定导函数的零点和正负值时，可以尝试连续求导直到比较容易确定导函数的零点和正负值，进而逆推出原函数的单调区间为止。其实，求导的作用就是通过对函数求导后，通过判断导函数的零点和正负值，从而确定函数的单调区间，进而求出函数的最值（值域）。因此，不管求导多少次都是同样道理。所谓"部分判断"，是指在研究函数的单调性时，对函数一次求导后仍无法判断导函数的零点和正负值，则需对导函数继续求导。但如果导函数的零点或正负值只与导函数中的部分因式有关，比如导函数 $f'(x) = e^{2-x}(1 - x + e^{x-1})$，$f'(x)$ 的零点或正负值只与部分因式 $(1 - x + e^{x-1})$ 有关，与因式 e^{2-x} 无关。这样，我们可采用"部分判断策略"引入 $g(x) = 1 - x + e^{x-1}$，实施二次求导得 $g'(x) = -1 + e^{x-1}$，易知 $x = 1$ 是导函数 $g'(x) = -1 + e^{x-1}$ 的零点，又 $g'(x)$ 在 $(1, +\infty)$ 上单调递

增。所以，当 $x \in (-\infty, 1)$ 时，$g'(x) < 0$，$g(x)$ 在区间 $(-\infty, 1)$ 上单调递减；当 $x \in (-\infty, 1)$ 时，$g'(x) > 0$，$g(x)$ 在区间 $(-\infty, 1)$ 上单调递增。故 $g(1) = 1$ 是 $g(x)$ 在区间 $(-\infty, +\infty)$ 上的最小值。从而 $g(x) > 0$，$x \in (-\infty, +\infty)$，也即 $f'(x) > 0$，$x \in (-\infty, +\infty)$。

（2）分类讨论策略：在高考的导数问题中，所研究的函数往往含有参数，由于参数取值不同会导致不同的结果，或者对于不同参数值要运用不同的求解方法，因而需要对参数进行分类讨论。对参数的分类讨论是解决问题最常见的、最重要的思想方法。

（3）部分否定策略：解决不等式 $f(x) \geq 0$（或 $f(x) \leq 0$）成立（或恒成立）求参数取值范围问题时，常用方法是根据函数单调性求出 $f(x)$ 的最值点 x_0，然后通过解不等式 $f_{\min}(x) = f(x_0) \geq 0$（或 $f_{\max}(x) = f(x_0) \leq 0$）求出参数的取值范围。若 x_0 求不出，或者 x_0 虽可求出但由于不等式 $f(x_0) \geq 0$ 过于繁杂不易求出参数的解，这时往往要用到"部分否定策略"。"部分否定法策略"是指，当参数 a 在某一取值范围时（比如 $a < 0$ 时），在函数 $f(x)$ 的定义域内存在部分值 x_k，使得不等式 $f(x_k) < 0$，从而，证得 $a < 0$ 时，$f(x) \geq 0$ 在定义域内并不恒成立，进而排除 $a < 0$ 的可能性。"部分否定策略"往往要和分类讨论合在一起使用。

（4）"罗必塔法则"求最值策略：对于形如① "$x \to 1$ 时，求 $f(x) = \dfrac{\ln x}{1-x}$ 的值；② $x \to 0$ 时，求 $g(x) = \dfrac{\sin x}{x}$ 的值"这样的问题，由于 $f(1) = \dfrac{0}{0}$，$g(0) = \dfrac{0}{0}$，所以运用高中的数学知识根本无法处理。要解决这样的问题，必须用到"罗必塔法则"。"罗必塔法则"是解决未定式 $\dfrac{0}{0}$ 和 $\dfrac{\infty}{\infty}$ 极限的强有力的工具。尽管"罗必塔法则"是属于高等数学的知识，但其规则比较简单，对高中生而言掌握它的应用要领并不困难，因此不妨补充一下这个法则，这样不仅可以让考生在解题过程中多一种选择，而且可以拓展学生的解题思维。

（5）参数分离策略：参数分离策略是指在一个数学问题中为了寻求某个参数（如 a）的取值范围，首先根据题意确定一个变量（如 t）及其取值范围，并设法找到 a 与 t 的关系式，然后再把这两个变量分离开来成为 $f(a) = g(t)$ 的形式，之后用函数的方法先求出 $g(t)$ 的值域，进而得到 $f(a)$ 的不等式，最后可解得 a 的取值范围。

通俗地说，在求解参数的取值范围问题时，如果直接研究含有参数的原始函数比较困难、繁杂时，可考虑利用题设条件先将所求参数和自变量分离，从而得到新的函数关系。由于新的函数式不含参数，这样研究起来就可避开烦琐的分类讨论和一些技巧很强的放缩变式等，直接由已知自变量的取值范围去求出新函数的值域便可。

参数分离法的最大特点是思路单一，方法简单，容易想到。从理论上讲，所研究的问题只要能够实现参数和自变量分离，都可以通过参数分离法予以解决。但是在利用参数分离法构造新函数时，很可能会发生新构造的函数比原来函数更复杂，这无形中会增加过程的计算量。但看似复杂的函数实际上都比较简单或者比较特殊，只要我们坚定信念，大多数问题都可以迎刃而解。

要说明的是，参数分离法也不能完全避开分类讨论，在实施参数与自变量分离的计算过程中，有时也要对自变量的取值进行分类讨论，但对自变量的分类讨论相比对参数的分类讨论而言要简单容易得多。

（6）设而不求策略："设而不求"是解决数学问题的一种重要思想方法，它的应用比较广泛。在这里特指求函数极值问题时，极值点 x_0（即导函数的零点）求不出来或者不须求出，而是根据极值点的性质和题目本身的特点，将未知的极值点 x_0 代换或消去，从而使问题得到顺利解决。

（7）数形结合策略：数形结合策略就是根据数与形之间的对应关系，通过数与形的相互转化来解决问题的思想。数形结合可以使复杂问题简单化，抽象问题具体化。原本通过抽象思维难以直接解决的问题借助数形结合就可以得到顺利解决。著名数学家华罗庚先生曾说过："数缺形时少直观，形少数时难入微。"这句话深刻地揭示了数形之间的辩证关系和数形结合的重要性。尤其是在解决不等式、函数和导数问题时，借助数形结合有助于学生抽象思维和形象思维的发展和优化解决问题的方法。比如：已知 $x + y = 18$，求 $\sqrt{x^2 + 9} + \sqrt{y^2 + 16}$ 的最小值。这个问题若用函数法直接求解，运算过程会很繁杂，计算量也很大。如果借助数形结合则问题就简单明了。导数作为一种工具，在判断函数的单调性过程中，通常就要借助数形结合来判断导函数的正、负值。此外，有些问题直接用函数法不易解决，但是转换思维角度，用数形结合法却能使问题迎刃而解。[①]

下面就以 2017 年的全国高考数学试题 II 卷为例，说明如何利用上述的解题策略去指导学生解决导数问题。

例 1（2017 年高考理科数学全国卷 II 第 21 题），已知函数 $f(x) = ax^2 - ax - x\ln x$，且 $f(x) \geqslant 0$。（1）求 a；（2）证明：$f(x)$ 存在唯一的极大值点 x_0，且 $e^{-2} < f(x_0) < 2^{-2}$。

分析：（1）$f(x) \geqslant 0 \Leftrightarrow g(x) = ax - a - \ln x \geqslant 0$，则 $g'(x) = \dfrac{a\left(x - \dfrac{1}{a}\right)}{x}$。由于 a 取不同的值会导致方程的类型、函数的性质以及零点的取值范围的不同，因此须对参数 a 分类讨论（分类讨论策略）。

①当 $a = 0$ 时，$g'(x) = -\dfrac{1}{x} < 0$，$g(x) = -\ln x$ 单调递减，要使 $g(x) \geqslant 0$ 恒成立，需 $g_{\min}(x) \geqslant 0$。由于 $g(x)$ 不存在最小值，因此要采用"部分否定策略"求解。因为 $g(e) = -\ln e = -1 < 0$，即存在 $x_k = e$ 时，$g(x_k) < 0$，也就是说，当 $a = 0$ 时，$g(x) \geqslant 0$ 不恒成立（通过"部分否定策略"，排除了 $a = 0$ 的可能性）。

②当 $a < 0$ 时，结合图像知，$g(x)$ 在 $(0, +\infty)$ 上单调递减，显然 $g_{\min}(x)$ 也不存在。同①一样，通过"部分否定策略"，也可排除 $a < 0$ 的可能性。

③当 $a > 0$ 时，结合图像知 $g(x)$ 在 $\left(0, \dfrac{1}{a}\right)$ 上单调递增，在 $\left(\dfrac{1}{a}, +\infty\right)$ 上单调递减，则 $g_{\min}(x) = g\left(\dfrac{1}{a}\right) = 1 - a + \ln a$。要使 $g(x) \geqslant 0$ 恒成立，须 $g_{\min}(x) \geqslant 0$，即 $1 - a + \ln a \geqslant 0$。属于"超越不等式"，须通过数形结合来求解。令 $h(a) = 1 - a + \ln a$，$h'(a) = \dfrac{1-a}{a}$，易知 $h(a)$ 在 $(0, 1)$ 上单调递增，在 $(1 + \infty)$ 上单调递减，则 $h_{\min}(a) = h(1) = 0$，所以 $1 - a + \ln a \geqslant 0$ 的解为 $a = 1$。

综上①、②、③得 $a = 1$。

上述求解过程用到了"分类讨论策略""数形结合策略""部分否定策略"。

问题（1）的另解：由于问题（1）中的参数 a 与 x 可以分离，因此可以用参数分离法求解。由 $ax - a - \ln x \geqslant 0$，得 $a(x - 1) \geqslant \ln x$。

---

① 许家雄：《我的教育观：为不教而教》，云南大学出版社 2017 年版，第 130—147 页。

（ⅰ）当 $x=1$ 时，$a \in \mathbf{R}$。

（ⅱ）当 $x \in (0, 1)$ 时，由 $a(x-1) \geqslant \ln x$，得 $a \leqslant \dfrac{\ln x}{x-1}$。令 $F(x)=\dfrac{\ln x}{x-1}$，则 $F'(x)=\dfrac{x-1-x\ln x}{x(x-1)^2}$。至此，仍无法判断 $F'(x)$ 的零点和正、负值，需采用"连续求导和部分判断策略"对因式 $(x-1-x\ln x)$ 继续求导。令 $J(x)=x-1-x\ln x$，则 $J'(x)=-\ln x$，$x \in (0, 1)$ 时，$J'(x)>0$，从而 $J(x)<J(1)=0$，可得 $F'(x)<0$，因此 $F(x)$ 在 $(0, 1)$ 单调递减，所以 $a \leqslant F_{\min}(x)=F(1)$。由于 $F(x)=\dfrac{\ln x}{x-1}$，当 $x=1$ 时，$F(x)$ 不存在，因此要用到"罗必塔法则"求出 $x \to 1$ 时，$F(x)$ 的值，即 $F_{\min}(x) \overset{\lim}{\underset{x \to 1}{=}} \dfrac{\ln x}{x} \overset{\lim}{\underset{x \to 1}{=}} \dfrac{(\ln x)'}{(x)'}=1$，所以 $a \leqslant 1$。

（ⅲ）当 $x \in (1, +\infty)$ 时，同理可求得：$a \geqslant 1$。

综上（ⅰ）、（ⅱ）、（ⅲ）得：$a=1$。

本解法用到了"参数分离策略""数形结合策略""分类讨论策略""连续求导和部分判断策略"和"罗必塔法则求最值策略"等五种策略。

（2）由（1）知 $a=1$，所以 $f(x)=x^2-x-x\ln x$，则 $f'(x)=2x-\ln x-2$。为了判断 $f'(x)$ 的零点和正负值，须采用"连续求导策略"。令 $H(x)=2x-\ln x-2$，则 $H'(x)=\dfrac{2\left(x-\dfrac{1}{2}\right)}{x}$。$H(x)$ 在 $\left(0, \dfrac{1}{2}\right)$ 上单调递减，在 $\left(\dfrac{1}{2}, +\infty\right)$ 上单调递增。

又 $H(\mathrm{e}^{-2})=2\mathrm{e}^{-2}+2-2>0$，$H\left(\dfrac{1}{2}\right)=1+\ln 2-2<0$，$H(1)=0$，所以 $H(x)$ 在 $\left(0, \dfrac{1}{2}\right)$ 上有唯一零点 x_0，在 $\left(\dfrac{1}{2}, +\infty\right)$ 上有唯一零点 $x=1$。当 $x \in (0, x_0)$ 时，$H(x)>0$，即 $f'(x)>0$；当 $x \in (x_0, 1)$ 时，$H(x)<0$，即 $f'(x)<0$；当 $x \in (0, x_0)$ 时，$H(x)>0$，即 $f'(x)>0$。所以函数 $f(x)$ 在 $(0, x_0)$ 单调递增，在 $(x_0, 1)$ 单调递减，在 $(1, +\infty)$ 单调递增。因此，$x=x_0$ 是 $f(x)$ 的唯一极大值点，且 $H(x_0)=0$，即 $2x_0-\ln x_0-2=0$，$x_0 \in \left(0, \dfrac{1}{2}\right)$。由于 $2x-\ln x_0-2=0$ 是个超越方程，因此无法求解出 x_0，我们只能用"设而不求策略"将未知的极值点 x_0 代换或消去。

由 $f(x_0)=x_0^2-x_0-x_0\ln x_0$，将 $2x_0-\ln x_0-2=0$ 代入上式，得 $f(x_0)=-x_0^2+$

x_0，因为 $x_0 \in \left(0, \dfrac{1}{2}\right)$，所以 $f(x_0) < \dfrac{1}{4}$。又因为 $e^{-1} \in \left(0, \dfrac{1}{2}\right)$，所以，$f(x_0) >$ $f(e^{-1}) = e^{-2}$。综上得：$e^{-2} < f(x_0) < 2^{-2}$。

问题（2）的解题过程用到了"连续求导策略""数形结合策略"和"设而不求策略"，而整个考题的解题过程用了全部七种解题策略。

例2（2017年高考文科数学全国卷Ⅱ第21题），设函数 $f(x) = (1 - x^2)e^x$，当 $x \geqslant 0$ 时，$f(x) \leqslant ax + 1$，求 a 的取值范围。

解法1（构造函数法）：由 $f(x) \leqslant ax + 1$，得 $(1 - x^2)e^x - ax - 1 \leqslant 0$，设 $F(x)$ $= (1 - x^2)e^x - ax - 1$，则 $F'(x) = -(x^2 + 2x - 1)e^x - a$（为了判断 $F'(x)$ 的零点和正负值，须采用"连续求导策略"对 $F'(x)$ 继续求导），$F''(x) = -(x^2 + 4x + 1)e^x$，当 $x \geqslant 0$ 时，$F''(x) = -(x^2 + 4x + 1)e^x < 0$，故 $F'(x)$ 在 $[0, \infty)$ 上单调递减，且 $F'(0) = 1 - a$。

当 $a \geqslant 1$ 时，$F'(x) \leqslant F'(0) \leqslant 0$，则 $F(x)$ 在 $[0, +\infty)$ 上单调递减，所以要使 $F(x) = (1 - x^2)e^x - ax - 1 \leqslant 0$ 恒成立，须 $F_{\max}(x) \leqslant 0$，解得 $a \in \mathbf{R}$，所以 $a \geqslant 1$。

当 $a < 1$ 时，$F'(0) = 1 - a > 0$，所以存在 $x_0 \in (0, +\infty)$ 使 $F'(x_0) = 0$，由此可推知 $F(x)$ 在 $(0, x_0)$ 上单调递增，在 $(x_0, +\infty)$ 上单调递减。要使 $F(x) = (1 - x^2)e^x - ax - 1 \leqslant 0$ 恒成立，须 $F_{\max}(x) \leqslant 0$，但由于 x_0 求不出，因而只能用到"部分否定策略"求解。因为 $F(0) = 0$，而 $F(x)$ 在 $(0, x_0)$ 上单调递增，所以存在 x_k，当 $x_k \in (0, x_0)$ 时，$F(x_k) > F(0) = 0$，即 $F(x) = (1 - x^2)e^x - ax - 1 \leqslant 0$ 不恒成立（通过"部分否定策略"，排除了 $a < 1$ 的可能性）。

综上，a 的取值范围是 $a \geqslant 1$。

上述解题过程用到了"连续求导策略""分类讨论策略""数形结合策略"和"部分否定策略"。

解法2（参数分离法）：由于问题中的参数 a 与 x 可以分离，因此可以用参数分离法求解。但由于实施参数分离时，自变量 x 取不同的值会导致不同的结果，因而也要对 x 的取值进行分类讨论。

当 $x = 0$ 时，由 $f(x) \leqslant ax + 1$，得 $(1 - 0)e^0 \leqslant a \times 0 + 1$，解得：$a \in \mathbf{R}$。

当 $x > 0$ 时，由 $f(x) \leqslant ax + 1$，得 $a \geqslant \dfrac{(1 - x^2)e^x - 1}{x}$。令 $g(x) =$ $\dfrac{(1 - x^2)e^x - 1}{x}$，则 $g'(x) = \dfrac{(-x^3 - x^2 + x - 1)e^x + 1}{x^2}$，采取"连续求导和部分判断

策略", 设 $h(x) = (-x^3 - x^2 + x - 1)e^x + 1$, 则 $h'(x) = -x(x^2 + 4x + 1)e^x < 0$。故 $h(x)$ 在 $(0, +\infty)$ 上单调递减, 所以 $h(x) < h(0) = 0$, 即 $g'(x) = \dfrac{(-x^3 - x^2 + x - 1)e^x + 1}{x^2} < 0$, 由此得 $g(x)$ 在 $(0, +\infty)$ 上单调递减。由"罗必塔法则"有 $g_{\max}(x) = g(0) \overset{\lim}{\underset{x \to 0}{=}} \dfrac{(1 - x^2)e^x - 1}{x} = 1$, 即 a 的取值范围是 $a \geq 1$。

上述解题过程用到了"参数分离策略""连续求导和部分判断策略""分类讨论策略""数形结合策略"和"罗必塔法则求最值策略"。

例3, 2018 年高考理科全国 Ⅰ 卷和 Ⅱ 卷的导数考题都要用到"连续求导及部分判断策略""分类讨论策略""数形结合策略"和"设而不求策略"。

全国 Ⅰ 卷: 已知函数 $f(x) = ae^x - \ln x - 1$, 证明: 当 $a \geq \dfrac{1}{e}$ 时, $f(x) \geq 0$。

分析: $f'(x) = ax - \dfrac{1}{x} = \dfrac{axe^x - 1}{x}$, 至此, 仍不能判断 $f'(x)$ 的零点和正负值, 须采用"连续求导及部分判断策略"。设 $h(x) = axe^x - 1$, 则 $h'(x) = ae^x(x + 1)$。当 $a \geq \dfrac{1}{e}$ 时, $h'(x) > 0$, 则 $h(x)$ 在 $(0, +\infty)$ 单调递增。由于 $h(0) = -1$, $h(2) > 0$, 所以存在 $x_0 \in (0, 2)$, 使 $h(x_0) = ax_0 e^{x_0} - 1 = 0$, 即 $f'(x_0) = 0$。可推出, $f(x)$ 在 $(0, x_0)$ 单调递减, 在 $(x_0, +\infty)$ 单调递增。所以, $f_{\min}(x) = f(x_0) = ae^{x_0} - \ln x_0 - 1$, 由于 x_0 所满足的方程 $ax_0 e^{x_0} - 1 = 0$ 是超越方程, x_0 无法求出, 所以要采用"设而不求策略"求解。

由 $ax_0 e^{x_0} - 1 = 0$ 可得: $ae^{x_0} = \dfrac{1}{x_0}$, $\ln x_0 = -\ln a - x_0$, 代入 $f_{\min}(x)$, 得 $f_{\min}(x) = ae^{x_0} - \ln x_0 - 1 = \dfrac{1}{x_0} + x_0 + \ln a - 1 \geq 1 + \ln a$。所以, 当 $a \geq \dfrac{1}{e}$ 时, $f_{\min}(x) \geq 0$, 因此 $f(x) \geq f_{\min}(x) \geq 0$。

全国 Ⅱ 卷: 已知函数 $f(x) = e^x - ax^2$, 若 $f(x)$ 在 $(0, +\infty)$ 只有一个零点, 求 a。

分析: $f'(x) = e^x - 2ax$, 连续求导得 $f''(x) = e^x - 2a$。

当 $a < 0$ 时, $f'(x) > 0$, $f(x)$ 在 $(0, +\infty)$ 单调递增, 又 $f(0) = 1$, 所以 $f(x)$ 在 $(0, +\infty)$ 没有零点。

当 $0 < a \leq \dfrac{e}{2}$ 时, $f'(x) > 0$, $f(x)$ 在 $(0, +\infty)$ 没有零点。

当 $a > \dfrac{e}{2}$ 时，存在 $x_{01} \in (0, 1)$，$x_{02} \in (1, +\infty)$，使 $e^{x_0} - 2ax_0 = 0$（属于超越方程，解不出 x_0），且 $f(x)$ 在 $(0, x_{01})$ 单调递增，在 (x_{01}, x_{02}) 单调递减，在 $(x_{02}, +\infty)$ 单调递增。由于 $f(0) = 1$，要使 $f(x)$ 在 $(0, +\infty)$ 只有一个零点，须 $f(x_0) = e^{x_0} - ax_0^2 = 0$，将 $e^{x_0} - 2ax_0 = 0$ 代入上式可求得：$a = \dfrac{e^2}{4}$。

总之，就导数这个课题而言，只要掌握了下面七大解题策略：（1）连续求导及部分判断策略；（2）分类讨论策略；（3）部分否定策略；（4）"罗必塔法则"求最值策略；（5）参数分离策略；（6）设而不求策略；（7）数形结合策略。那么所有导数问题便迎刃而解了。

案例 4：证明空间异面直线垂直的策略——"颠三倒四证垂直"

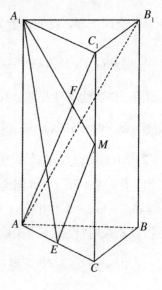

问题：在如图 2 - 12 所示的直三棱柱中，$\angle ACB = 90°$，$\angle BAC = 30°$，$BC = 1$，$AA_1 = \sqrt{6}$，M 是 $C_1 C$ 的中点。求证：$AB_1 \perp A_1 M$。

分析：证垂直，分为证明空间直线（异面直线）垂直和平面直线垂直。

证明空间两条异面直线垂直的方法主要有：① 三垂线定理；②线面垂直⇔线线垂直；③面面垂直。

证明平面内两条直线垂直的方法主要有：①全等（相似）证垂直；②勾股逆定理证垂直；③"互余"证垂直；④利用图形性质证垂直（比如利用等腰三角形三线合一性质等等）。

图 2 - 12

要证空间两条异面直线垂直，即 $AB_1 \perp A_1 M$，需通过证"线面垂直"，从而推得"线线垂直"。即要通过证明 AB_1 垂直于 $A_1 M$ 所在的某个平面（这条途径比较困难，为什么？），或倒过来证明 $A_1 M$ 垂直于 AB_1 所在的某个平面（比如，面 $AB_1 C_1$，为什么要选取面 $AB_1 C_1$ 呢？）。

而要证 $A_1 M \perp$ 面 $AB_1 C_1$，又要转化为证 $A_1 M$ 垂直于面 $AB_1 C_1$ 中的两条直线（宜选取 AC_1 和 $B_1 C_1$，为什么？）。

要证 $A_1 M \perp AC_1$，这已经是同一平面内的两条直线，可用证明平面直线垂直的方法去证明。

要证 $A_1M \perp B_1C_1$，由于这两条直线是异面直线，又需通过证"线面垂直"，从而推得"线线垂直"。即要通过证明 A_1M 垂直于 B_1C_1 所在的某个平面（这条途径比较困难，为什么？），或倒过来证明 B_1C_1 垂直于 A_1M 所在的某个平面（比如，面 A_1ACC_1，为什么要选取面 A_1ACC_1 呢？）。

要证 $B_1C_1 \perp$ 面 A_1ACC_1，又要转化为证 B_1C_1 垂直于面 A_1ACC_1 中的两条直线（宜选取 A_1C_1 和 CC_1，为什么？）。

要证 $B_1C_1 \perp A_1C_1$，这已经是同一平面内的两条直线，由已知条件便可证明。

至此，已证明 $A_1M \perp$ 面 AB_1C_1，从而推出：$A_1M \perp AB_1$，倒过来便是 $AB_1 \perp A_1M$。

小结：上述证明空间两条异面直线垂直的过程和方法可以用"颠三倒四"四个字来概括，简称"颠三倒四"证垂直。所谓"颠三倒四"证垂直，一方面是指，要证 $AB_1 \perp A_1M$，如果从 AB_1 出发去证明它垂直于 A_1M 有困难时，须倒过来考虑从 A_1M 出发去证明它垂直于 AB_1。另一方面是指，要证"两条异面直线垂直"，须通过证"线面垂直"，从而推出"线线垂直"；而要证"线面垂直"，又要转化为证"线线垂直"；而要证"线线垂直"，如果两条直线不是同一平面内的两条直线，又得转化为证"线面垂直"；而要证"线面垂直"，又要转化为证"线线垂直"……，就这样一直"颠来倒去"，直到转化为两条直线都在同一平面内为止。正因为要这样"颠来倒去"，所以简称"颠三倒四"证垂直。

从数学思想的角度来看，"颠三倒四"证垂直的实质就是"化归转化"思想，就是把空间（异面直线）问题转化为平面问题。

通过引导学生反思本问题的证明过程，使他们慢慢去体会和掌握"颠三倒四"证垂直的奥妙。

七、数学知识反思化

反思在认知心理学中属于元认知的概念范畴。元认知是主体对其认知活动的自我意识、自我监控和自我调节，简单说就是对自己认知过程的认知。它包括元认知知识、元认知体验和元认知监控。用元认知理论来描述，反思就是学习者对数学学习思维活动的过程进行回顾性的思索，以获取学习的经验或教训。建构主义认为：学习要在活动中进行建构，学习者要对自己的学习过程不断进行反省、概括和抽象。从理解学习的角度看，如果只做不想，不去反思，那么，不但错误的做法得不到纠正，而且合理完善的认知结构也得不到重新组合，从而阻碍了学生的理解。另外，从学科特点来看，数学本身的抽象性、严谨性，决定了正处于思维发展阶段的学生不可能一次性地理解和把握数学学习活动的本质。因此，教师在数学课堂教学中应督促学生经常对自己的学习活动过程进行反思，自己是如何想的，如何思维的，用了哪些思想、方法和技巧，旨在探寻前人和自己的思维轨迹，进一步洞察数学理论的本质，领会数学思想方法的精髓，以达到高层次的理解。①

大量的实证研究表明：学生学习活动的有效性依赖于学生的反思意识，即依赖于认知个体对自身学习活动的自我意识、自我评价和自我调节。如果学生具有较高的元认知水平，学生就能有效地对自己的学习过程保持清醒的自我意识，并通过自我评价及时地做出必要的调节，从而大大提高学习效率。②

示例1：三角形内心性质问题。如图2-13，三角形 ABC 的内角平分线 AD、BE、CF 相交于一点 O，这个点 O 就是三角形 ABC 的内切圆圆心，即三角形的内心。

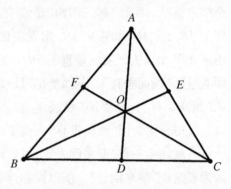

图2-13

这是一个很容易证明的定理。先作 $\angle A$ 和 $\angle B$ 的角平分线 AD、BE 相交于点 O，再看 $\angle C$ 的角平分线 CF 是否也通过点 O。这只要根据角平分线是到角两边距离相等的所有的点的集合这个性质便可得证。但如果学生是第一次碰到类似这样证明三线过一点的问题，还是会有些费解的，而且这简单的证明中还隐含着丰富的思想方法，因此有必要启发、引导学生对这个问题及证明过程进行反思。

第一，证明过程利用了线段相等的传递性，显示了普通传递性的能动作用。第二，证明过程涉及了对轨迹概念中原命题与逆命题、必要条件与充分条件、当且仅当等逻辑复杂关系的理解与运用。第三，证明过程利用了"三条直线共点"与"一条直线经过另两条直线的交点"的等价性，这点很重要，它说明数学

①　许家雄、莫海宁：《理解：学习的关键》，载《物理教师》2004 年第 8 期，第 3 页。
②　许家雄：《我的教育观：为不教而教》，云南大学出版社 2017 年版，第 85 页。

问题的表征形式是灵活多变的，也就是说数学问题的形式在一定条件下可以相互转化，这是化归转化思想的范例。第四，本问题要证的是"结合性质"（"三条直线共点"），而证明方法却要用到"度量性质"，这反映了几何性质内在的本质联系。第五，由此问题可推出三角形内切圆的几何作图方法，这就将逻辑证明问题与结构性问题贯通起来。

进一步还可以提出一系列问题：为什么角平分线是到角两边距离相等的点的轨迹？为什么三角形的内角平分线一定相交？事实上，"三条直线共点"与"一条直线与另两条相交直线有两个交点，且这两个交点重合"也是等价的，这也是证明"三条直线共点"的常用方法，这种方法与上述问题的证法有什么异同？

为了将学生的学习提升到一个更高的层级，还可以将"三角形内心"性质问题与"三角形外心""三角形重心""三角形垂心"性质等问题联系起来加以思考。通过对下列问题的反思可以使学生构建更加完善的知识结构和认知结构。

就这四个性质的证明而言，三角形内心性质与三角形外心性质的证明方法是相似的，其中三角形外心性质的证明可以类比上述内心性质的证明方法进行。要思考的问题是，上述内心性质的证明方法能迁移到"三角形重心""三角形垂心"性质的证明上吗？为什么？"三角形重心""三角形垂心"性质的证明又有哪些独特的方法？

此外，三角形垂心性质的证明则可以利用三角形外心性质来进行。如图 2–14，AD、BE、CF 是 $\triangle ABC$ 的三条高，过点 A、B、C 分别作 BC、AC、AB 的平行线线 GH、HI、GI。因为 $AG // BC$，$GC // AB$，所以四边形 $ABCG$ 是平行四边形，所以 $GC = AB$。同理得，$CI = AB$。因此，$GC = CI$。因为 $CF \perp GI$，所以 CF 是 GI 的垂直平分线。同理可证 AD、BE 分别是 GH、HI 的垂直平分线。

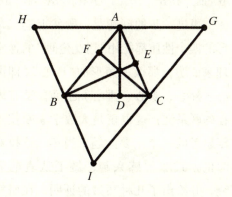

图 2–14

而 $\triangle GHI$ 的三条垂直平分线相交于一点，所以 AD、BE、CF 相交于一点。如果把上述过程逆过来，则三角形外心性质的证明就可以利用三角形垂心性质来进行。

上述四个性质都属"三线共点问题",那么有没有一种方法能同时证明这四个性质定理呢?答案是肯定的。这个方法就是"锡瓦定理"的逆定理(这个定理是这样的:如图 2 - 15,ΔABC 中,D、E、F 分别是 BC、CA、AB 边上的点,如果 $\dfrac{BD}{DC} \cdot \dfrac{CE}{EA} \cdot \dfrac{AF}{FB} = 1$,那么 AD、BE、CF 相交于一点)。而且这个定理是证明"三线共点"的有力工具。比如,用

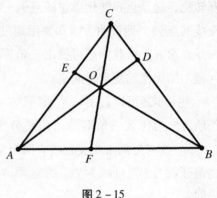

图 2 - 15

这个定理去证明三角形外心性质和三角重心性质时,简直就是显而易见的事情。即使用它去证明三角形垂心性质或三角形内心性质也很容易,下面就以证明三角形垂心性质为例做一个说明。

如图 2 - 16,ΔABC 中,因为 $AD \perp BC$,$BE \perp AC$,$CF \perp AB$。所以有 $\dfrac{BD}{DC} = \dfrac{AB\cos\angle ABC}{AC\cos\angle ACB}$,$\dfrac{CE}{EA} = \dfrac{BC\cos\angle ACB}{AB\cos\angle BAC}$,$\dfrac{AF}{FB} = \dfrac{AC\cos\angle BAC}{BC\cos\angle ABC}$。因此,$\dfrac{BD}{DC} \cdot \dfrac{CE}{EA} \cdot \dfrac{AF}{FB} = \dfrac{AB\cos\angle ABC}{AC\cos\angle ACB} \cdot \dfrac{BC\cos\angle ACB}{AB\cos\angle BAC} \cdot \dfrac{AC\cos\angle BAC}{BC\cos\angle ABC} = 1$。所以 AD、BE、CF 三线共点。

更进一步的问题是,既然上述三角形的四个性质都能用"锡瓦定理"的逆理来证明,那么三角形的"四心"(即内心、外心、重心、垂心)之间有没有内在的联系呢?这也正是大数学家欧拉当年思考的一个重要问题。当年,欧拉对海伦公式非常感兴趣,做了认真的研究,并给出了几种巧妙的证明。在研究海伦公式之后,欧拉就想:三边可以确

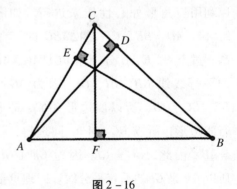

图 2 - 16

定一个三角形,三角形的面积也可以由三边来确定(即海伦公式:$s = \sqrt{p(p-1)(p-b)(p-c)}$,其中 a,b,c 分别为三角形三边长,$p = \dfrac{a+b+c}{2}$,s

为三角形面积），那么三角形的相关性质也应该可以用三边来表示。譬如能否利用三角形的三边来研究三角形的内心、外心、重心和垂心性质呢？经过一番努力探索，欧拉于 1747 年发现了欧拉线定理，即外心、重心和垂心的关系定理：锐角三角形的外心、重心和垂心三点共线（称作欧拉线），且重心到垂心的距离是重心到外心距离的两倍（设 O、G、H 分别是 ΔABC 的外心、重心和垂心，则 $OG = \dfrac{1}{3}OH$）。

值得注意的是，现代教育技术（动态几何软件）是帮助人们探索图形性质的强力工具。在引导学生探究三角形的内心、外心、重心、垂心之间的关系时，如果借助超级画板会有很多学生能发现欧拉线定理。事实上，正是凭借现代教育技术，近年来人们已经在三角形中找到了几千个具有特殊性质的几何点。

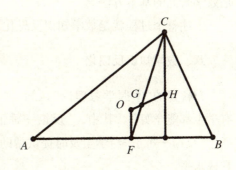

图 2 - 17

欧拉线定理的简要证明如下：如图 2 - 17，ΔABC 中，O 是 ΔABC 的内心，OF 垂直平分 AB。设 G 是 ΔABC 的重心，则有 $CG = 2GF$。连 OG 并延长到 H，使 $GH = 2OG$，连 CH。因为 $\angle CGH = \angle FGO$，所以 $\Delta CGH \backsim \Delta FGO$，则 $\angle GHC = \angle GOF$，所以 $CH /\!/ OF$，故 $CH \perp AB$。同理可证 $BH \perp AC$，即点 H 为 ΔABC 的垂心。所以，O、G、H 三点共线，且 $OG = \dfrac{1}{3}OH$。

值得一提的是，在高考试题中曾多次出现欧拉线定理的身影。比如，2002 年高考卷北京理科数学卷的第 21 题：已知 $O(0, 0)$，$B(1, 0)$，$C(b, c)$ 是三角形的三个顶点。（1）写出 ΔOBC 的重心 G，外心 F，垂心 H 的坐标，并证明 G、F、H 三点共线；（2）当直线 FH 与 OB 平行时，求顶点 C 的轨迹。再比如，2005 年高考全国理科数学卷第 15 题：已知 ΔABC 的外接圆的圆心为 O，两条边上的高的交点为 H，$\overrightarrow{OH} = m(\overrightarrow{OA} + \overrightarrow{OB} + \overrightarrow{OC})$，则实数 $m =$ _____。

当知道自己在无意中就把高考压轴题解决了的时候，学生的成就感油然而生，他们探究问题的兴趣更浓了，挑战困难的决心更大了，学好数学的信心和内在动力更足了。

不仅如此，经过深入研究，人们又得到了三角形的四心所具有的共同性质，简称为三角形的四心共性定理：设 O 是 ΔABC 的四心（即内心、外心、重心、垂心），直线 AO、BO、CO 与边 BC、CA、AB 分别相交于 D、E、F，则 $\dfrac{OD}{AD} + \dfrac{OE}{BE} + \dfrac{OF}{CF} = 1$。

寻找变化中不变的因素，探究事物的本质联系，正是数学研究的任务，也是数学研究的基本方法。

上述整个过程就是数学知识反思化。

八、数学知识反馈化

布鲁姆的"掌握学习理论"认为，"只要提供足够的时间与适当的帮助，所有学生都能学好"。其中，"反馈—矫正"是实施"掌握学习"最为关键的一步，通过"反馈—矫正"给学生及时提供帮助，可以让绝大多数学生对课程内容达到掌握水平。

在班级集体教学的情况下，总会有学生在学习中碰到困难和出现差错，这就需要教师及时给学生以反馈，并指导学生如何矫正错误。所谓反馈是指教师通过课堂提问和形成性测验等方式获得学生对目标掌握情况的信息。通过信息反馈教师可以了解学生学习的基本状况，知道哪些学生已经达成单元学习目标，哪些学生在哪些方面还需要提供帮助。所谓矫正是指教师为学生提供的有关他们实现掌握学习需要的具体指导。对于已经达到掌握水平的学生而言，反馈可以起到强化的作用，能使学生确信他当前所采用的学习方式是有效的，从而可以增强学生的学习信心和进一步学习的动机。而对那些还没有达到掌握水平的学生来说，反馈可以使教师及时了解学生在学习过程中存在的问题和困难，并通过教师具体的帮助和个别指导，及时解决学生在学习过程中存在的问题和困难，使学生达到对知识的掌握水平并顺利进入下一步的学习。

美国著名学者 Eric Jensen，LeAnn Nickelsen 在其论著《深度学习的 7 种有力策略》中，把"评价学生的学习"作为促进学生深度学习的七种有力策略之一，Eric Jensen LeAnn Nickelsen 指出："没有反馈几乎是不可能学会抽象的复杂认知技能的"，"反馈是优质课活动的组成部分"。①

著名学者约翰·哈蒂教授在他的论著《可见的学习：最大程度地促进学习》中总结了六个通往卓越教育的路标，其中之一便是"反馈"："使教和学可见，要求卓有成就的教师成为'评价者和活性剂'，教师要有丰富学识，理解所教的学科内容，为学生提供有意义的、适当的反馈。"②

特别的，约翰·哈蒂教授使用元分析的方法对 800 多项可能影响学生学业成就的因素按效应量的大小进行了排序，其中"形成性评价和反馈"的效应量是 0.9，列第四位，足见形成性评价和反馈对学生学习的重要意义。

所谓数学知识反馈化是指在数学课堂教学中，教师通过课堂提问、练习、测验等方式及时了解学生的学习情况，从学生的学习过程中捕捉错误的信息，暴露学生的思维障碍，并在剖析原因的基础上，及时调整教学方法。对学生的思维障碍，教师通过组织学生进行讨论探究，并对学生进行思维方法的指导，进而达到纠正错误促进学习的目的。

反馈对教师教学的作用：通过反馈的信息，教师可以及时发现数学课堂教学中存在的问题，对课堂的整体掌握更全面，从而及时补充或调整教学内容，改正教学方法，以达到最好的教学效果。

反馈对学生学习的作用：一方面，教师给予学生积极的反馈，可以提高学生的自我评价能力，充分调动学生学习的积极性，提高学生的学习信心以进一步参与任务；另一方面，对反馈中暴露出来的学生的错误和思维障碍，教师可通过"纠正性反馈"和"策略性反馈"予以纠正。"纠正性反馈"包括：指出回答是正确的或不确的、需要更多的或不同的回答、提供与任务有关的更多或不同的信息，以及建构更多的任务知识。③"策略性反馈"包括：帮助提供识别错误的相关策略、帮助提供知识与观点之间的联系、学习如何从错误中学习。

案例1：问题（1），已知等腰 ΔABC 中，$\angle A = \angle 80°$，求 $\angle B$ 和 $\angle C$。对这一题目，正确答案有两个，$\angle B = \angle C = 50°$ 或 $\angle B = 80°$，$\angle C = 20°$，而许多学

---

① Eric Jensen, LeAnn Nickelsen:《深度学习的 7 种有力策略》，温暖译，华东师范大学出版社 2010 年版，第 18 页。

② 约翰·哈蒂:《可见的学习：最大程度地促进学习》，金莺莲等译，教育科学出版社 2015 年版，第 22 – 23 页。

③ 约翰·哈蒂:《可见的学习：最大程度地促进学习》，金莺莲等译，教育科学出版社 2015 年版，第 133 页。

生得到的答案只有一个，$\angle B = \angle C = 50°$。造成错误的原因是学生误以为$\angle A$是$\Delta ABC$的顶角，从而导致漏解。此题要用到分类讨论思想和数形结合思想，即分$\angle A$是ΔABC的顶角和底角两种情况来讨论，并结合图形帮助分析和理解。

问题(2)，已知等腰三角形的两边长分别为6cm和13cm，求其周长。对这一题目，正确答案只有一个，32cm，但许多学生得到了两个答案，分别是32cm或25cm。导致错误的原因，一是受问题(1)的影响，形成思维定式；二是学生在思考问题时缺乏"序的思想"和"优先意识"，也就是说在解决三角形问题时，应首先考虑三角形的存在性，其次再考虑三角形的形状(如果是解决函数问题，就要优先考虑自变量的取值范围，等等)。

案例2：解方程$5x + 7 = 27$。尽管学生在教师的反复强调和训练之下记住了解一元一次方程的步骤：移项、合并同类项、去系数等，但学生在解方程$5x + 7 = 27$时，仍经常会出现下面的错误：$5x + 7 = 27 - 7 = 20 ÷ 5 = 4$(对于这个解答，如果仅从结果看，可以说是完全正确的)。造成这种错误的原因，是因为面对这样一个代数方程，相关学生的数学思维却仍停留在原先的"算术思维"水平，也就是说，相关学生仍是用算术的方法(而不是用代数的方法)去解代数的方程$5x + 7 = 27$："一个数乘上5，再加上7，得到的数是27，求这个数。"也即是说，只有当学生用"对象性观念"(而不是用"过程性观念")去看待方程，用代数的方法(而不是用算术的方法，即已知数和未知数同时参加运算，而不是利用已知如何去求取要求的未知量)去求解方程时，才能避免类似错误的发生。这也表明，学生的数学思维从"算术思维"向"代数思维"深化有一个发展的过程。如何顺利完成或者说实现"算术思维"向"代数思维"过渡和深化，是我们要认真研究和探索的课题。

案例3：计算：$\dfrac{3}{(x+1)(x+2)} - \dfrac{7}{(x+1)(x-1)} + \dfrac{6}{(x-1)(x+2)}$。部分学生错解为：原式$= 3(x-1) - 7(x+2) + 6(x+1) = 2x - 11$。

显然，错误的原因是学生"张冠李戴"了，即学生把分式方程变形的方法错用到分式计算上来了，或者说，学生把解分式方程问题与分式计算问题混淆了。问题的关键是如何以错纠错，帮助相关学生理清分式方程与分式计算的关系。事实上，虽然解法错了，但是错误的解法中却蕴含着"用方程思想解分式计算问题"的思想，既然相关学生容易把分式计算"当成"分式方程来求解，那么纠正此类学生错误的有效策略之一就是，启发他们利用解分式方程的方法来求分式的值：设 $\dfrac{3}{(x+1)(x+2)}=M$，去分母得 $3(x-1)-7(x+2)+6(x+1)=M(x+1)(x+2)(x-1)$，解得 $M=\dfrac{2x-11}{(x+1)(x+2)(x-1)}$。

即：$\dfrac{3}{(x+1)(x+2)}-\dfrac{7}{(x+1)(x-1)}+\dfrac{6}{(x-1)(x+2)}=\dfrac{2x-11}{(x+1)(x+2)(x-1)}$。

从数学的"过程—对象性思维"角度分析，导致解题错误的根本原因是学生在"过程性观念"和"对象性观念"之间未能实现灵活的转换。具体来说，解分式方程属"对象性操作"，而分式计算则属"过程性操作"。为了让学生进一步理解分式计算的"过程性操作"的意义，教师可通过类比"分数计算"（比如，计算：$\dfrac{2}{3}+\dfrac{1}{4}-\dfrac{1}{2}$）为学生提供帮助。

另外，学生在学习"用配方法解一元二次方程"和"用配方法求二次函数的最值"时，也常会出现类似的"过程性操作"错误。比如：$y=ax^2+bx+c=a\left(x^2+\dfrac{b}{a}x\right)+c=a\left(x+\dfrac{b}{2a}\right)^2+c$ 结果应该是：$a\left(x+\dfrac{b}{2a}\right)^2+\dfrac{4ac-b^2}{4a}$）。

第三章　为理解而教，为掌握而学

一、为理解而教，为掌握而学

多元智力理论创始人霍华德·加德纳（Howard Gardner）认为：教育的最大目的在于使学生得到最大程度的理解。理解是数学学习的关键，学生可以通过对数学知识、技能、概念与定理的理解与掌握来发展他们的数学能力。在实际中，有的学生学习数学知识牢固、灵活，能举一反三，融会贯通，具有创造性。而有的学生学习只是停留在表面上，死记硬背某些概念的词句，机械地套用公式、定理和法则，不理解概念的本质属性，不理解公式、定理的来龙去脉，知其然不知其所以然，无法变通，致使知识不能迁移。如有的学生在进行有关根式计算时，对根式的性质：" $\sqrt{ab} = \sqrt{a} \cdot \sqrt{b}\,(a \geq 0,\ b \geq 0)$ ， $\sqrt{\dfrac{a}{b}} = \dfrac{\sqrt{a}}{\sqrt{b}}\,(a \geq 0,\ b > 0)$ 。"和根式的乘法、除法运算法则：" $\sqrt{a} \cdot \sqrt{b} = \sqrt{ab}\,(a \geq 0,\ b \geq 0)$ ， $\dfrac{\sqrt{a}}{\sqrt{b}} = \sqrt{\dfrac{a}{b}}\,(a \geq 0,\ b > 0)$ 。"常常混淆，分不清两者的区别和联系，没能理解两者之间在根式计算中的作用，从而导致根式计算的差错。事实上，根式的性质主要用于单个根式的化简。比如 $\sqrt{18} = \sqrt{2 \times 9} = \sqrt{2} \cdot \sqrt{9} = 3\sqrt{2}$ ； $\sqrt{\dfrac{2}{3}} = \sqrt{\dfrac{2 \times 3}{3 \times 3}} = \dfrac{\sqrt{6}}{\sqrt{9}} = \dfrac{\sqrt{6}}{3}$ 。而根式的乘法、除法运算法则主要用于两个或两个以上根式的乘、除运算，而且运算的初步结果是一个根式，如果这个根式还不是最简根式的话，仍需用根式的性质对其进行化简（也就是说，这个过程先是"多变一"，再到"一变多"。

"多变一"是乘、除运算，"一变多"是对根式进行化简）。比如，$\dfrac{\sqrt{3} \times \sqrt{6}}{\sqrt{10}} =$

$\dfrac{\sqrt{3 \times 6}}{\sqrt{10}} = \sqrt{\dfrac{18}{10}} = \sqrt{\dfrac{9}{5}} = \sqrt{\dfrac{9 \times 5}{5 \times 5}} = \dfrac{\sqrt{9 \times 5}}{\sqrt{5 \times 5}} = \dfrac{\sqrt{9} \times \sqrt{5}}{5} = \dfrac{3\sqrt{5}}{5}$。只有正确理解和掌握

了这些算理，根式的计算才不致出现错误，计算的过程也才会灵活机变。因此，理解学习无疑是很重要的。

一、数学中理解学习的含义

什么是理解学习呢？不同学派的心理学家持有不同的观点。如以皮亚杰为代表的建构主义学派认为：个体对新事物的理解，就是新刺激被个体已有的知识结构同化或顺应的过程。认知心理学家奥苏贝尔则认为理解就是将新信息纳入原有认知结构，新旧知识发生意义同化的过程。笔者认为，理解就是个体运用已有知识、经验，认识事物的联系、关系直至其本质规律的思维活动。数学中的理解学习应是学习者先认识数学对象的外部特征，构建相应的心理表象，然后在建立新旧知识联系的动态过程中，打破原有的认识平衡，将数学对象的心理表象进行改造、整理、重组，重新达到新的平衡，以抽取数学对象的本质特征及规律，从而达到对数学对象的理解。

二、衡量学生"理解"与否的主要标志

怎样才能明确学生是否达到对数学知识的"理解"呢？教师要获得学生对数学知识理解的信息，需要利用学生的外部表现来鉴定。教师可采用观察法、谈话法、诊断评价法等方法仔细了解、分析他们的思维过程，多方面获取学生对数学知识理解程度的信息，然后做出综合判断。下面以"二次函数"为例重点分析怎样衡量学生对"二次函数"这一数学知识的理解。

（一）对数学知识理解的标志

能用语言表述是衡量学生对数学知识理解的标志，也是数学教学的基本目标。语言表述是指学生是否能用自己的语言来正确地表述数学概念、公式、定理、法则等数学知识，是否依据自身已有的数学知识和经验对所学的内容做出解释，能够根据数学内容来提出问题和回答问题。教师可从学生的表述中来发现学生是否认识了数学对象的外部特征，以及构建起相应的心理表象。教师如

何掌握学生对于"二次函数"这一重要单元知识的理解程度呢？教师可编制不同水平的测试题，或设计讨论题来获取学生对"二次函数"理解的信息，如可设下列问题：二次函数的定义和表达是什么？二次函数为什么会有三种表达式？三种表达式之间关系如何？二次函数的图像和性质是怎样的？与一次函数的图像和性质有什么关联？二次函数的图像的形状、对称轴及位置由什么因素决定？二次函数图像为什么有顶点？怎样求取二次函数图像的顶点以及与 x 轴、y 轴的交点坐标？二次函数与二次方程、二次不等式有什么内在联系等等，从学生的回答中，教师可了解他们在理解二次函数知识上的思维过程。

（二）对数学知识确切理解的主要标志

能否进行实际操作是衡量学生是否达到对数学知识确切理解的主要标志。实际操作是指学生能根据所学的数学知识，进行判断、运算和推理等。在这一过程中，学生通过建立新旧知识的动态联系，打破原有的认知平衡，将数学对象的心理表象直接纳入认知结构。例如，学习"二次函数"后，给出如下问题：一个横截面为抛物线的隧道底部宽 12 米，高 6 米，车辆在隧道内双向通行。规定车辆必须在中心线右侧，距道路边缘 2 米这一范围内行驶，并保持车辆顶部与隧道有不少于 $\frac{1}{3}$ 米的空隙，你能否根据这些要求，确定通过隧道车辆的高度限制？

理解层次较好的同学，在实际操作中，能抓住函数建模的基本过程和二次函数与图像关系的本质特征，通过建立适当坐标系（如图 3 - 1 所示），把实际问题转化为二次函数模型，并进一步转化为已知二次函数的图像经过三个定点，求二次函

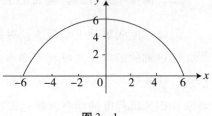

图 3 - 1

数的解析式问题，然后再转化为已知二次函数的解析式，知 x 求 y，或知 y 求 x 问题（实际上，函数问题的本质就是一一对应），从而很快得出答案。解题过程简述如下：建立如图 3 - 1 所示的坐标系，由图知二次函数的图像过点 $A(-6, 0)$，$B(6, 0)$，$C(0, 6)$。设二次函数的解析式为 $y = a(x - h)^2 + k$，显然 $h = 0$，$k = 6$，即 $y = ax^2 + 6$，又二次函数的图像过点 $A(-6, 0)$，可求出 $a = -\frac{1}{6}$，所以 $y = -\frac{1}{6}x^2 + 6$。当 $x = 6 - 2 = 4$ 时，$y = -\frac{1}{6} \times 4^2 + 6 = \frac{10}{3}$，故通过隧

道车辆的限高为：$H = \dfrac{10}{3} - \dfrac{1}{3} = 3$（米）。

但如果学生对函数的认识还停留在较低层次，未能把函数解析式与图像联系起来，未能把握二次函数模型的基本特征，未能把握二次函数三种表达式之间的关系，未能抓住一一对应这个函数的本质特征，就不能将知识与应用该知识的"触发"条件结合起来，形成条件化的知识，这样当他们面临变化了的情景时便束手无策。

（三）对数学知识深刻理解的重要标志

能否进行灵活运用是衡量学生是否达到对数学知识深刻理解的重要标志。灵活运用是指学生能综合运用所学的数学知识解决比较复杂的数学问题。实际上，灵活运用的过程也是学生对数学对象的心理表象进行改造、整理、重组，达到新的平衡，以便抽取数学对象的本质特征及规律，从而对数学知识加以运用的过程。

例如：求函数 $y = x + \dfrac{1}{x}(x > 0)$ 的最小值。如果学生对二次函数的最值问题理解透彻，对二次函数的顶点式 $y = a(x-h)^2 + k$ 有本质的理解，就能灵活运用配方法并结合图像性质，即数形结合思想来分析问题和解决问题：先通过列表、描点画出函数草图，由图像可初步判断函数有最小值。再由"形"到"数"，类比求二次函数图像顶点的做法对函数式实施配方得：$y = x + \dfrac{1}{x} = \left(\sqrt{x} - \dfrac{1}{\sqrt{x}}\right)^2 + 2$，所以 $y \geq 2$，当 $\sqrt{x} = \dfrac{1}{\sqrt{x}}$，即 $x = 1$ 时，取等号（即 $y = 2$），也即当 $x = 1$ 时，函数 $y = x + \dfrac{1}{x}(x > 0)$ 有最小值 2。这里有一个关键问题，在对函数 $y = x + \dfrac{1}{x}$ 实施配方时，为什么不能配方成下面的形式：$y = x + \dfrac{1}{x} = \left(\sqrt{x} + \dfrac{1}{\sqrt{x}}\right)^2 - 2$，这就涉及对函数一一对应关系的本质是否深刻理解的问题。如果按照 $y = \left(\sqrt{x} + \dfrac{1}{\sqrt{x}}\right)^2 - 2$ 这样来配方，那么此时的一一对应关系就是，当 $\left(\sqrt{x} + \dfrac{1}{\sqrt{x}}\right) = 0$ 时，$y = -2$，而方程 $\left(\sqrt{x} + \dfrac{1}{\sqrt{x}}\right) = 0$ 是无解的，也就是说没有与 $y = -2$ 相对应的自变量 x 的取值。

总之，学生如能把语言表述、实际操作和灵活运用三者结合起来，是全面理解数学知识的标志。这种结合越好，表明理解越深。通过这三者的关系，我们就能判断学生是否理解了数学知识。

三、促进数学理解学习的主要途径

在数学学习中，学生怎样才能获得对数学知识的理解呢？教师要用什么样的教学手段，才能使学生调动起已有的认知结构，通过重组和调整，使新的数学知识纳入学生原有的认知结构中，以便构成个人内部的知识网络的一部分，从而达到对数学知识的理解学习呢？笔者认为，在课堂教学中，促进学生数学理解学习，可从以下几个方面入手。

（一）构建良好的心理准备状态

民主、和谐、宽松、自由的氛围，能够最大限度地发挥人的自由创造才能。心理研究表明，学生的心理状态如自信、紧张程度等都会对理解学习发生作用，特别是即将学习新知识的准备状态对知识理解的影响更为明显，它既可以促进学习迁移的产生，也可以成为知识迁移的障碍。积极的情绪与消极情绪对理解学习所产生的作用是显而易见的。新课程改革倡导对学生主动性、积极性、创造性的发掘、发挥和发展，因而我们必须建立起一种平等、信任、理解和相互尊重的和谐的师生关系，创造民主和谐的课堂教学环境。在教学过程中根据学生的内在需要，在情感上激发他们学习的求知欲和兴趣，消除其不利的心理准备状态对理解学习的负面影响，使之注意力自然地集中到所要解决的问题上，产生非探究不可的心理，并在独立思考中积极主动地获取知识，从而不断地增强获取新知识的自信心，实现对知识的理解。

（二）采用有效的教学方式

1. 提供适当的感性材料

理解是以已有的知识经验为基础的。众所周知，抽象是数学的基本特征，因此在数学知识的学习中，教师应尽可能向学生提供足以说明有关数学知识的适当的感性材料，让学生借此来进行各种复杂的认识活动，在头脑中建立起对要认识的数学对象的感觉、知觉、表象和观念，从而获得对数学对象的一些具体的或感性的认识，有助于学生对数学知识的理解。

比如，在学习判定两个三角形全等的"SAS"公理时，可以让全班学生动手操作，每个人利用三角板和量角器画 ΔABC 和 ΔDEF，其中 ΔABC 的条件是：$AB = 4\text{cm}$，$AC = 7\text{cm}$，$\angle BAC = 30°$；ΔDEF 的条件是：$DE = 66\text{cm}$，$DF = 8\text{cm}$，$\angle DFE = 30°$。之后，把画好的两个三角形剪下来，在学习小组中探究每个成员所画的 ΔABC 能否重叠在一起，另一个 ΔDEF 又是否也能重叠在一起。在此基础上，再进行小组间的合作交流。经过动手操作、自主探究和合作交流，他们便获得了一个初步的发现：全班同学所画的 ΔABC 全都能重叠在一起，而大家所画的 ΔDEF 却分成两类才能重叠起来。在教师的适当引导下学生就形成了确定一个三角形的条件的认识：知道一个三角形的两边以及这两边的夹角就可以确定一个三角形，而知道一个三角形的两边以及其中一边和第三边的夹角却不能完全确定一个三角形(有两种情况)。也即，有两边及夹角对应相等的两个三角形全等，这就是判定两个三角形全等的"SAS"公理。

在这样的教学过程中，感性和理性相结合，观察操作与逻辑推理相结合，学生在操作和理性思考中完成了对数学对象的自我构建。

经历了如此的感性和理性相结合的探究学习过程，当学生在后续的学习中碰到"已知 ΔDEF 中，$DE = 6\text{cm}$，$DF = 8\text{cm}$，$\angle DFE = 30°$，求 EF"这样的问题时，学生就能清醒地认识到该问题有两解，因为只有"SAS""SSS""ASA""AAS"能确定一个三角形，而"SSA"是不能确定一个三角形的，除非这个三角形是直角三角形。

2. 揭示知识的发生和发展过程

学生在学习知识时，只有同时附以大量的"如果""那么"的"产生式"，才会使知识变成活的知识，从而使自己在再次面临这些条件时，能够有效地提取这些知识并加以灵活运用。因此在教学过程中，教师要注意引导学生探究知识的发生和发展过程，对所学的知识不仅要知其然，而且要知其所以然。例如，在进行一元二次方程($ax^2 + bx + c = 0$，$a \neq 0$)求根公式及根与系数关系的教学时，不仅要让学生知道求根公式：$x_{1,2} = \dfrac{-b \pm \sqrt{b^2 - 4ac}}{2a}$，其中 $b^2 - 4ac \geq 0$ 和韦达定律：$x_1 + x_2 = -\dfrac{b}{a}$，$x_1 \cdot x_2 = \dfrac{c}{a}$。更重要的是要引导学生弄清楚其来龙去脉，公式是怎样得来的？适用的条件是什么？$a \neq 0$ 和 $b^2 - 4ac \geq 0$ 的本质含义是什么？什么是一元二次方程的主要成分？等等。这样将知识与应用知识的"触发"条件结合起来，使知识条件化，从而实现对知识的真正理解。这样，当学生面对下面所列举的问题时，才不会出现错误：若 x_1、x_2 是方程 $x^2 - x + \dfrac{3}{2}k - \dfrac{1}{2} = 0$ 的两个实数根，且 $x_1 + x_2 < x_1 \cdot x_2 + 4$，求实数 k 的取值范围。

知识没有实现条件化的学生往往错解为：由方程 $x^2 - x + \dfrac{3}{2}k - \dfrac{1}{2} = 0$，得 $x_1 + x_2 = 1$，$x_1 \cdot x_2 = \dfrac{3}{2}k - \dfrac{1}{2}$，代入 $x_1 + x_2 < x_1 \cdot x_2 + 4$，得 $1 < \dfrac{3}{2}k - \dfrac{1}{2} + 4$，解之得 $k > -\dfrac{5}{3}$。导致错误的原因是学生忽视了一元二次方程根与系数关系成立的前提条件是方程须有实数根，而方程有实数根的条件是 $\Delta \geqslant 0$，即 $(-1)^2 - 4 \times 1 \times \left(\dfrac{3}{2}k - \dfrac{1}{2}\right) \geqslant 0$，即 $k \leqslant \dfrac{1}{2}$。也就是说正确的答案应该是 $-\dfrac{5}{3} < k \leqslant \dfrac{1}{2}$。

3. 引导学生把握知识的"一"

举一反三是实现理解学习的至高境界，而达到这个境界的前提是教与学双方对"一"的把握。所谓"一"，就是事物的本质和规律，是具有广泛迁移性的、能创造知识的、"含金量"较高的、处于核心地位的那些知识和方法。全世界一流的教育家都在寻找这个"一"，克纳夫基和瓦根舍因的"范例教学"就是显例。之所以要寻找这个"一"，是因为学生学到的观念越基本，几乎归结为定义，则它对新问题的适应性越广。从这个意义上说，教学的过程就是寻找"一"的过程，教师的作用就是要引导学生去发现和把握"一"，而不是无关的细节，这是实现理解学习的必要条件。

应用题教学是数学教学的重点，更是难点。难就难在学生总是找不到在已知数和未知数之间建立等量关系。究其原因是我们老师没能启发帮助学生把握解决问题的根本方法，即方法的"一"。这个"一"就是："等量关系只能在相同属性的量中找（通俗地说，单位相同的量才会有等量关系）。"以"路程问题"为例，路程问题有三个属性量：路程 s、速度 v、时间 t。那么等量关系只能在这三个属性量之间找到（甲的路程与乙的路程之间的等量关系，甲的速度与乙的速度之间的等量关系，甲的时间与乙的时间之间的等量关系）。也就是说有且至多只有三个等量关系，不可能出现第四个等量关系（不能用甲的路程与乙的速度之间建立等量关系，因为路程与速度是两个不同属性的量）。当然，路程 s、速度 v、时间 t，这三个属性量之间还有一个内部的计算关系：$v = \dfrac{s}{t}$，但这属于数量关系不是等量关系。只要点明了这些，那么所有应用题问题自然就迎刃而解了。

在具体教学中，教师应该如何指导学生去把握解决这个问题的"一"呢？就"工程问题"或"路程问题"类型的应用题而言，这个"一"就是六个字："知一、设一、算一"。这六个字的含义是，凡是"工程问题"（路程问题类似，不赘述）都涉及三个变量：（甲工程队、乙工程队的）工作量、工作时间和工作效率，这三个量中已知条件肯定知道一个量，我们根据题意直接或间接设一个量，然后再根据公式：工作量＝工作效率×工作时间，分别算出两个工程队的第三个量（即第三个量用第一个量和第二个量来表示），最后再用算出来的两个工程队的这个量建立等量关系，即方程。

例如，（深圳市 2007 年中考）A、B 两地相距 18 公里，甲工程队要在 A、B 两地间铺设一条输送天然气管道，乙工程队要在 A、B 两地间铺设一条输油管道，已知甲工程队每周比乙工程队少铺 1 公里，甲工程队提前 3 周开工，结果两队同时完成任务，求甲、乙两工程队每周各铺设多少公里管道？

下面通过列表进行分析：

	"知一个" 工作量（公里）	"设一个" 工作效率（公里/周）	"算一个" 工作时间（周） $\left(工作时间 = \dfrac{工作量}{工作效率}\right)$
甲工程队	18	x	$\dfrac{18}{x}$
乙工程队	18	$x+1$	$\dfrac{18}{x+1}$

从所列表格知，"知一个"的量是甲、乙工程队的工作量，"设一个"的量是甲、乙工程队的工作效率，"算一个"的量是甲、乙工程队完成工程所用的工作时间。因此等量关系（方程）肯定是从甲、乙两个工程队完成工程所用的工作时间之间的关系去寻找，依题意知，甲工程队提前 3 周开工且两队又同时完成任务，所以甲工程队的工作时间比乙工程队多 3 周，即 $\dfrac{18}{x} - \dfrac{18}{x+1} = 3$。

实际上，上述问题包含着三个等量关系：第一，甲工程队的工作量 18 等于乙工程队的工作量 18（18 = 18，该等量关系无实质意义）；第二，乙工程队的工作效率是甲工程队的工作效率加上 1（该等量关系用于设元，设甲工程队的工作效率为 x，则乙工程队的工作效率为 $x + 1$）；第三，甲工程队的工作时间比乙工程队多 3 周（该等量关系用于列方程：$\dfrac{18}{x} - \dfrac{18}{x+1} = 3$），这也是"知一、设一、算一"的本质含义。

在本例中，若"设一个"的量改为设甲、乙工程队完成工程所用的工作时间，则"算一个"的量就应该是甲、乙工作队的工作效率，同样列表分析如下：

	"知一个" 工作量（公里）	"设一个" 工作效率（公里/周）	"算一个" 工作时间（周） $\left(\text{工作时间} = \dfrac{\text{工作量}}{\text{工作效率}}\right)$
甲工程队	18	x	$\dfrac{18}{x}$
乙工程队	18	$x - 3$	$\dfrac{18}{x-3}$

由于"算一个"的量是甲、乙工程队的工作效率，因此等量关系（方程）肯定是从甲、乙两个工程队的工作效率之间的关系去寻找，依题意知，甲工程队每周比乙工程队少铺设 1 公里，所以甲工程队的工作效率比乙工程队少 1，即

$$\frac{18}{x-3} - \frac{18}{x} = 1。$$

其实，人教版初中数学教材在这个内容的教学安排上，正是采用上述列表的方式指导教学的，这太经典了！遗憾的是我们有些教师在使用教材时没能领会编者的意图，没有悟出表格背后蕴含的问题深层结构，也就是说，没能把握住知识的"一"。因此，从这个意义上讲，我们教师只有立足教材、研究教材、超越教材，才有可能做到教学上的举一反三。

4. 抓变式与比较

变式是指通过不同角度、不同侧面、不同背景，即从多个方面变更数学对象或数学问题的呈现形式，使研究对象的非本质属性发生变化而本质属性保持不变。通过变式教学，聚焦研究对象的本质特征或思想方法，从而帮助学生掌

握研究对象的本质特征。比如，就拿上述列举的问题(一个横截面为抛物线的隧道底部宽 12 米，高 6 米，车辆在隧道内双向通行。规定车辆必须在中心线右侧，距道路边缘 2 米这一范围内行驶，并保持车辆顶部与隧道有不少于 $\frac{1}{3}$ 米的空隙，你能否根据这些要求，确定通过隧道车辆的高度限制?)来说，当学生完成解答后，就此问题可以做出如下变式：现有一辆货车，载货后车高 5 米。问在"车辆必须在中心线右侧，距道路边缘 2 米这一范围内行驶，并保持车辆顶部与隧道有不少于 $\frac{1}{3}$ 米的空隙。"这样的规定之下，该货车能否顺利通过隧道？

原问题的实质是"知 x 求 y"，而变式后的问题是"知 y 求 x"。对二次函数 $y = -\frac{1}{6}x^2 + 6$ 而言，此时 $y = 5 + \frac{1}{3} = \frac{16}{3}$，把 $y = \frac{16}{3}$ 代入 $y = -\frac{1}{6}x^2 + 6$，得 $x = \pm 2$。即是说，如果货车的最大宽度不超过 2 米，货车就能顺利通过隧道。

随着该问题的解决，学生对二次函数"一一对应"的本质属性会有更深刻的理解。

比较是确定有关研究对象的共同点与不同点，揭示对象之间的联系与区别的方法。例如，化简： $\dfrac{\sqrt{12} - \sqrt{\frac{4}{27}}}{\sqrt{6}}$ 。化简方法通常有二，之一是(直接除)： $\dfrac{\sqrt{12} - \sqrt{\frac{4}{27}}}{\sqrt{6}}$

$$= \frac{\sqrt{12}}{\sqrt{6}} - \frac{\sqrt{\frac{4}{27}}}{\sqrt{6}} = \sqrt{\frac{12}{6}} - \sqrt{\frac{4}{27} \times \frac{1}{6}} = \sqrt{2} - \frac{1}{9}\sqrt{2} = \frac{8}{9}\sqrt{2};$$ 之二是(化除为乘)：

$$\frac{\sqrt{12} - \sqrt{\frac{4}{27}}}{\sqrt{6}} = \frac{\left(\sqrt{12} - \sqrt{\frac{4}{27}}\right) \times \sqrt{6}}{\sqrt{6} \times \sqrt{6}} = \frac{\sqrt{12} \times \sqrt{6} - \sqrt{\frac{4}{27}} \times \sqrt{6}}{6} = \frac{6\sqrt{2} - \frac{2}{3}\sqrt{2}}{6} = \frac{8}{9}\sqrt{2}.$$

通过引导学生对这两种计算方法加以比较，学生对根式的性质和根式的运算法则会有更加深刻的认识。

5. 加强数学知识的系统化

数学知识之间是相互联系的，学生理解知识就是要理解知识的内部联系。能力是什么？"能力就是系统化的知识和方法。"从这个意义上说，只要学生构建了系统化的知识和方法，就形成了数学思维的能力。判断学生是否理解了所学的知识，就要看他是否将所学的知识纳入一定的知识体系中，进而形成网络在大脑中贮存备用。例如，学完一次函数、二次函数、一元一次方程、二元一次方程、一元一次不等式、一元二次方程、一元二次不等式后，可引导学生把这些知识进行系统化，并理清他们之间的逻辑关系。数学知识系统化，可以克服学生死记硬背，可使学生将某一具体知识纳入一个层次结构中去，把某一具体知识与相同层次的事物并列起来进行理解。

比如，面对以下问题：已知二次函数 $y = \frac{1}{2}x^2 - ax + 2a - 3$，试说明无论 a 取何值，函数的图像与 x 轴总有两个不同的交点。如果学生理解了函数与方程之间的关系，那么他们就能顺利把函数的图像与 x 轴的交点问题，转化为方程 $\frac{1}{2}x^2 - ax + 2a - 3 = 0$ 有没有实数根的问题。

同样的，面对以下问题：求不等式 $x^2 - 2x - 3 > 0$ 的解。如果学生理解了函数与方程及不等式之间的关系，那么他们就能借助二次函数 $y = x^2 - 2x - 3$ 的图像及方程 $x^2 - x - 3 = 0$ 的关系，得到不等式 $x^2 - 2x - 3 > 1$ 的解：$x > 3$ 或 $x < -1$。

反之，如果学生没有把握函数与方程之间的关系，那么面对求方程组 $\begin{cases} x - 2y = 18 \\ 2x - 4y = 36 \end{cases}$ 的解，这样的问题时他们就会认为，方程组只有唯一的一组解；而面对求不等式 $x^2 + 2x + 2 > 0$ 的解，这样的问题时他们就会认为，该不等式根本无法求解。

6. 抓灵活运用

数学知识的灵活运用既是对理解数学知识的一种检验，又是深入理解数学知识的一种方法。例如，学生虽然已经理解了二元一次方程的解法(代入消元法和加减消元法)，但并不意味着学生已经深刻掌握二元一次方程的有关知识及会灵活运用数学思想方法来解决问题。就拿大家熟悉的鸡兔同笼问题来说吧：今有鸡、兔同笼，上有二十八头，下有八十二足，问鸡、兔各几何？

分析：该问题的方程解法通常是这样的，设笼中有鸡 x 只、兔 y 只，依题意得：$\begin{cases} x + y = 28 & ① \\ 2x + 4y = 82 & ② \end{cases}$，然后通过"代入消元法"或者"加减消元法"分别消去 x 或 y，解得 $\begin{cases} x = 15 \\ y = -13 \end{cases}$。如果引导学生从整体上把握问题的结构，把 $x + y = $

35 看成一个整体，然后整体代入方程②：$2(x+y)+2y=82$，易求得 $y=13$。这种"整体消元"的方法就是创新的解法，这就是知识的灵活运用。

实际上，"代入消元法""加减消元法"以及"整体消元法"都不是二元一次方程组解法的本质。把二元一次方程组的求解问题转化为一元一次方程问题才是二元一次方程组解法的本质，而"代入消元法""加减消元法"和"整体消元法"只是实施转化的手段而已。学生只有把握住二元一次方程组解法的这个本质，才不会生搬硬套地按某种程式机械地解题，而是灵活地运用"代入消元"或"加减消元"或"整体消元"等这些方法对方程组实施转化。

众所周知，鸡兔同笼问题有几种非常巧妙的解法，比如"假设法"（假设 28 个头都是鸡的，或者都是兔子的），或者"抬腿法"（鸡都收起一只脚，兔子则收起前腿）。但这些巧妙解法的实质都是对二元一次方程组解法的本质把握，即灵活运用整体消元思想把二元一次方程组的求解问题转化为一元一次方程问题求解。

比如，"假设法"：假设笼中 28 个头都是鸡的头，则应有 $2 \times 28 = 56$ 条腿，但笼中实有 82 条腿，假设的情况比实际情况少了 $82 - 56 = 26$ 条腿，减少的原因是把一只兔子当作鸡时，要减少 2 只脚，所以有兔子 $26 \div 2 = 13$ 只。而假设法的方程背景则是，把上述方程②变形为：$2(x+y)+2y=82$……③，把 $x+y=28$ 整体代入③，得 $2y=82-2(x+y)$，则 $y=13$。

又比如，"抬腿法"的本质是，由上述方程②两边除以 2，得 $x+2y=41$……③（鸡和兔子都把前腿抬起来后剩下 41 条腿还在站立），再把 $x+y=28$ 整体代入③（即 $(x+y)+y=41$），得 $y=13$（剩下的 41 条腿减去 28 个头数便得到兔子的数目）。

也就是说，学生只有把握住二元一次方程组解法的本质，才不会生搬硬套地按某种程式机械地解题，而是灵活地运用"代入消元"或"加减消元"或"整体消元"等这些方法对方程组实施转化。这样，学生还能把所习得的内容迁移到求三元一次方程组的解的新情景中去。甚至，当学生探索一元二次方程的解法时，也会从"二元转化为一元"的转化思想中得到启发，进而设法把"一元二次方程"转化为"一元一次方程"进行求解。

比如，面对求方程组 $\begin{cases} x^2+y^2=35 & ① \\ 2x^2+5x+2y^2=95 & ② \end{cases}$ 的解，这样一个新的问题。如果学生把握了二元一次方程组解法的本质，那么他就能够通过整体代入的方式把 $x^2+y^2=35$ 代入方程②中，得到 $70+5x=95$，从而可求出 $x=5$。再把 $x=5$

代入方程①或方程②中，可得 $y = \pm \sqrt{10}$。如果学生没有理解二元一次方程组解法的本质的话，那么面对这样的新问题就束手无策了。

因此，在教学过程中，只有引导学生把握事物的本质，才能实现举一反三，触类旁通，进而促进学生创新能力的发展。

7. 抓反思

世界著名教育家弗赖登塔尔精辟地指出："反思是思维活动的核心和动力"，"没有反思，学生的理解就不可能从一个水平升华到更高的水平"。引导学生对自己的思维过程进行反思，有助于发现新问题，提炼新观点，得到新解法。这样，既可以使学生掌握的知识形成纵横联系的立体结构，也可以培养和训练学生的发散，思维能力，提高分析问题和解决问题的灵活性和创造性。

为了使反思真正落到实处，在操作上可划分为三个层次，引导学生逐步地上层次：经验性反思——对每次完成的数学活动（如建构一个数学模型或解了一个数学问题）都要认真总结，使参与中的感受变成宝贵的经验；概括性反思——对同类型的数学活动经验要横向比较，去粗取精，去伪存真，概括出思想方法来；创造性反思——在概括共性的基础上，把已获得的思想和发现的新问题，进行提炼、引申、发展，使认识进一步升华。

如何引导学生进行反思？我们可从下面问题的剖析中得到一些启示。

问题：直线 $2x - ay + 7 = 0 (a \in \mathbf{R})$ 的倾斜角是_____。

对倾斜角概念理解不透的学生会错解为：倾斜角 $\alpha = \arctan\left(\dfrac{2}{a}\right)$。在老师的点拨、指正、解释之后，大部分学生都能接受以下的正确答案：$a = 0$ 时，$\alpha = \dfrac{\pi}{2}$；$a > 0$ 时，$\alpha = \arctan\left(\dfrac{2}{a}\right)$；$a < 0$ 时，$\alpha = \pi - \arctan\left(-\dfrac{2}{a}\right)$。但当题目中的直线方程改为 $5x + ay - 3 = 0$，$ax - (a+3)y + 1 = 0$，$2ax - 3y + 1 = 0$ 时，再提出同样的问题，又有不少学生做错了。

其实，在进行"直线倾斜角"单元教学时，应该能够有目的地引导学生对研究"直线倾斜角"的数学模型和思想方法多领悟、多反思，而不是死记硬背公式和结论。只要学生能把握"直线倾斜角"问题的本质，这样即便是情景变了，题型新了，学生仍是可以应付自如的。

经验性反思：研究直线 $2x - ay + 7 = 0 (a \in \mathbf{R})$ 的倾斜角时，为什么要建立直角坐标系？直线的倾斜角是怎样规定的？倾斜角与直线的斜率有什么关系？倾斜角的取值范围如何？为什么倾斜角要用反正切函数来表示？

概括性反思：（1）直线 $2x - ay + 7 = 0 (a \in \mathbf{R})$ 有斜率吗（这要由 a 的取值做出讨论，无斜率时，倾斜角为 $\frac{\pi}{2}$）？（2）有斜率时，斜率的表达式如何，斜率的正负如何（这要由 a 的取值做出讨论）？由 $\tan\alpha = \frac{2}{a}$ 求倾斜角 α 为什么要讨论？（3）直线斜率大于 0 时，倾斜角的范围如何？如何用"arctan"表示；直线斜率小于 0 时，倾斜角的范围如何？如何用"arctan"表示（这需要明确倾斜角的取值范围及 arctan x 中，当 $x < 0$ 时 arctan x 的取值范围）？

创造性反思：求直线 $2x - ay + 7 = 0 (a \in R)$ 的倾斜角时为什么要按"$a = 0$ 时，$a > 0$ 时，$a < 0$ 时"进行分类讨论？能否简化讨论？

由于倾斜角 $\alpha \in (0, \pi)$，而 arctan $x \in \left(-\frac{\pi}{2}, \frac{\pi}{2} \right)$。正是因为两者的取值范围存在差异，才使我们不得不按斜率大于等于 0 和斜率小于 0，分两种情况分别用"arctan"写出相应的锐角和钝角。而 arccot $x \in (0, \pi)$，这和直线倾斜角的取值范围基本一致，所以用 arccot$x$ 来表示直线的倾斜角会更和谐，即直线 $2x - ay + 7 = 0 (a \in \mathbf{R})$ 的倾斜角是 arccot $\frac{a}{2}$。

思维活动从传统定式中解脱出来，使解题达到和谐完美境界，这才能体现出思维的灵活性和创新性，而这又是从对解题固有的程式的否定开始的，这就是思维的批判性。由此可见，教学过程中，引导学生对自己的学习活动进行反思，将有助于学生把握问题的实质，有助于培养学生透过现象看本质的能力，进而达到教与学的举一反三以及实现知识和能力迁移的目的。[①]

二、举一反三，教与学的至高境界

课堂教学的有效性问题，或者说有效教学问题是教学研究与探索的永恒主题，有效教学是我们课堂教学追求的目标。那么，什么样的教学才是有效教学呢？笔者认为，能够实现举一反三的教学就是有效教学，能够促进学生举一反三的课就是好课。

---

① 许家雄，吴海鹰：《构建培养创新能力的系统工程》，载《广西教育》2003 年第 1B 期，第 34 - 35 页。

"昔之得一者：天得一以清，地得一以宁，神得一以灵，谷得一以盈，万物得一以生，侯王得一以为天下贞"（老子）；"不愤不启，不悱不发。举一隅不以三隅反，则不复也。"（孔子）。——举一反三，应该是我们课堂教学追求的至高境界。

"一"是什么？一就是唯一，不二法门，统一、整体、整合、同一、一元化；根本的根本，本质的本质。现象是多的，本质只有一个。假象是多的，真理只有一个。万物是多的，大道只有一个。从这个意义上说，抓住了事物的一，就抓住了事物的根本；抓住了问题的一，就找到了解决问题的关键和方法。

那么，我们怎样才能实现教与学的举一反三呢？

要实现教与学的举一反三，教师首先要在深刻研究教材的基础上把握住知识的"一"（问题的一、教材的一），所谓知识的"一"就是事物的本质，是具有广泛迁移性的、能创造知识的、"含金量"较高的、处于核心地位的那些知识，全世界一流教育家都在寻找这个"一"，克纳夫基和瓦根舍因的"范例教学"就是显例。之所以要寻找和把握这个"一"，是因为学生学到的观念越根本，则他对新问题的适应性就越广。因此，教学的过程就是寻找"一"的过程，教师的作用就是要引导学生去发现和把握知识的"一"，而不是无关的细节，这是实现有效教学的必要条件。

而要真正把握知识的"一"绝非易事，需下苦功深入思考、刻苦钻研才行。子曰："诗三百，一言以蔽之，曰：'思无邪'。"《诗经》共有三百零五篇，而孔子却能用一句话来概括它，就是"思想纯正"，这就是《诗经》这部书的"一"。有一次，孔子对他的弟子们说："参乎！吾道一以贯之。"曾子曰："唯。"子出，门人问曰："何谓也？"曾子曰："夫子之道，忠恕而已矣。""吾道"就是孔子自己的整个思想体系，而贯穿这个思想体系的核心分别讲是"忠恕"，概括讲就是"仁"，这也就是孔子思想体系中的"一"，这在孔子众多的弟子中，只有曾参悟到了。

要实现教与学的举一反三，教师除了必须把握知识的"一"之外，还要善于去举才行。笔者认为，在把握住知识"一"的基础上采用启发式教学则是实现举一反三的又一关键。"君子之教喻也，道而弗牵，强而弗抑，开而弗达。道而弗牵则易，强而弗抑则和，开而弗达则思。和，易以思，可谓善喻矣！"——这就是启发式教学的精髓。

著名的大教育家苏格拉底是启发式教学的大师，让我们通过两个经典的案例来感受大师的教学是如何实现举一反三的吧。

案例1："爱情、婚姻、生活"。——苏格拉底的学生柏拉图有一天问老师什么是爱情，苏格拉底叫他到麦田走一次，要不回头地走，在途中要摘一株最大最好的麦穗，但只可以摘一次。柏拉图觉得很容易，充满信心地出去，谁知过了半天他仍没有回来。最后，他垂头丧气地出现在老师跟前，诉说空手而回的原因："很难得看见一株不错的，却不知道是不是最好的，因为只可以摘一株，只好放弃。到发现已经走到尽头时，才发觉手上一株麦穗也没有……"这时，苏格拉底告诉他："这就是爱情！"

柏拉图有一天又问苏格拉底什么是婚姻，苏格拉底叫他到杉树林走一次，要不回头地走，在途中要取一棵最好、最适合用来做屋里横梁的木材，但只可以取一次。柏拉图有了上回的教训，充满信心地出去，半天之后，他一身疲惫地拖了一棵看起来直挺、翠绿、枝叶却有点稀疏的杉树。苏格拉底问他："这就是最好的木材吗？"学生回答道："因为只可以取一棵，好不容易看见一棵看似不错的，又发觉时间、体力已经快不够用了，也不管是不是最好的，所以就拿回来了。"这时，苏格拉底告诉他："这就是婚姻！"

柏拉图有一天又问苏格拉底什么是生活，苏格拉底还是叫他到树林走一次，可以来回走，在途中要取一支最美的花。柏拉图有了之前的教训，又充满信心地出去，过了三天三夜，他也没有回来。苏格拉底只好走进森林里去找他，最后发现柏拉图已在树林里安营扎寨。苏格拉底问他："你找到最美的花了吗？"柏拉图指着边上的一朵花说："这就是最美的花。"苏格拉底问："为什么不把它带回去呢？"柏拉图对老师说："我如果把它摘下来，它马上就会枯萎了。所以我就在它还盛开的时候，住在它的旁边静静地欣赏它的美，等到它凋谢的时候，再找下一朵。这已经是我找到的第二朵最美的花。"苏格拉底告诉柏拉图说："这就是生活。"

苏格拉底关于爱情、婚姻以及生活的对话（教学就是对话）之所以如此深刻，让人豁然开朗，首先是苏格拉底对这三个问题的深入理解和透彻把握，也就是说苏格拉底牢牢地把握住了爱情、婚姻、生活这三个问题的"一"。其次是苏格拉底采用了高超的启发式教学技巧（即"助产术"）。

回到具体的数学教学，笔者也用一个案例来说明如何实现教与学的举一反三。

案例2："应用题教学"——应用题教学是数学教学的重点，更是难点。难就难在学生总是找不到在已知数和未知数之间建立等量关系。究其原因是我们老师没能启发帮助学生找到解决问题的根本方法，即方法的"一"。这个"一"就是："等量关系只能在相同属性的量中找。"以"路程问题"为例，路程问题有三个属性量：路程 s、速度 v、时间 t。那么等量关系只能在这三个属性量之间找到（甲的路程与乙的路程之间的等量关系，甲的速度与乙的速度之间的等量关系，甲的时间与乙的时间之间的等量关系。）也就是说有且至多只有三个等量关系，不可能出现第四个等量关系（不能用甲的路程与乙的速度之间建立等量关系，因为路程与速度是两个不同属性的量）。当然，路程 s、速度 v、时间 t，这三个属性量之间还有一个内部的计算关系：$v = \dfrac{s}{t}$，但这不是等量关系。只要点明了这些，那么所有应用题问题自然就迎刃而解了。

在具体教学中，教师应该如何指导学生去把握解决这个问题的"一"呢？就"工程问题"或"路程问题"类型的应用题而言，这个"一"就是六个字："知一、设一、算一"。这六个字的含义是，凡工程问题（路程问题类似，不赘述）都涉及三个变量：（甲工程队、乙工程队的）工作量、工作时间和工作效率，这三个量中已知条件肯定知道一个量，我们根据题意直接或间接设一个量，然后再根据公式：工作量＝工作效率×工作时间，分别算出两个工程队的第三个量（即第三个量用第一个量和第二个量来表示），最后再用算出来的两个工程队的这个量建立等量关系，即方程。

例1.（黑龙江2009年中考）一个水池有甲乙两个进水管，单独开放甲管注满水池，比单独开放乙管注满水池少用10小时，若单独开放甲管2小时，再单独开放乙管4小时，就可注满水池的 $\dfrac{2}{5}$，求单独开放一个水管注满水池各需多少时间？

本题属工程问题，解题思路列表分析如下：

	"知一个" 工作时间（小时）	"设一个" 工作效率（单位水/小时）	"算一个" 工作量（单位水）（工作量＝工作时间×工作效率）
甲进水管	2	x	$2x$
乙进水管	4	$\dfrac{1}{\dfrac{1}{x}+10}$	$\dfrac{4}{\dfrac{1}{x}+10} = \dfrac{4x}{10x+1}$

由列表知，"算一个"的量是甲、乙两个进水管的工作量，因此，等式关系

肯定要从甲、乙两个进水管的工作量（进水量）之间的关系去寻找，依题意知，甲管进水 2 小时，乙管再进水 4 小时，就可注满水池的 $\frac{2}{5}$，所以 $\frac{4x}{10x+1}+2x=$ $\frac{2}{5}$。解得 $x_1=-\frac{2}{10}$（舍去），$x_2=\frac{1}{10}$，所以单独开放甲水管和乙水管注满水池各需的时间是 10 小时和 20 小时。

上述解法中，"设一个"是直接设甲进水管的工作效率为 x，进而推算乙进水管的工作效率，这样计算起来有点烦琐。若"设一个"这个环节先间接设单独开放甲管注满水池的时间为 x 小时，则单独开放乙管注满水池的时间为 $(x+10)$ 小时，然后再转换为甲管的工作效率是 $\frac{1}{x}$，乙管的工作效率是 $\frac{1}{x+10}$。之后"算一个"再算出甲、乙水管的工作量分别是：$\frac{2}{x}$ 和 $\frac{4}{x+10}$，并且就用甲、乙水管的工作量之间的关系来列方程：$\frac{2}{x}+\frac{4}{x+10}=\frac{2}{5}$。解得 $x_1=10$，$x_2=-5$。

例 2.（云南 2008 年中考）施工队挖掘一条长 96 米的隧道，开工后每天比原计划多挖 2 米，结果提前 4 天完成任务，原计划每天挖多少米？

此题和例 1 的不同之处在于，例 1 描述的是甲、乙两个工程队三个变量之间的关系，而例 2 所描述的则是同一工程队计划前后三个变量之间的关系。解题思路仍用列表分析如下：

	"知一个"	"设一个"	"算一个"
	工作量（米）	工作效率（米/天）	工作时间（天） $\left(工作时间=\dfrac{工作量}{工作效率}\right)$
原计划	96	x	$\dfrac{96}{x}$
计划后	96	$x+2$	$\dfrac{96}{x+2}$

"算一个"的量是施工队计划前、后完成工程所用的工作时间，因此等式关系肯定是从施工队计划前、后完成工程所用的工作时间之间的关系去寻找，依

题意改变计划后提前 4 天完成任务，即原计划完成工程所用的时间比改变计划后完成工程所用的时间多 4 天，即 $\dfrac{96}{x} - \dfrac{96}{x+2} = 4$。

例3.（天津2007年中考）甲、乙二人同时从张庄出发，步行 15 千米到李庄，甲比乙每小时多走 1 千米，结果比乙早到半小时。问二人每小时各走几千米？

本题属"路程问题"，与"工程问题"一样，其解题思路也是"路程、速度、时间"三个量中"知一、设一、算一"。下面仍用列表分析如下：

	"知一个" 路程（千米）	"设一个" 速度（千米/小时）	"算一个" 时间（小时） $\left(\text{时间} = \dfrac{\text{路程}}{\text{速度}}\right)$
甲	15	$x+1$	$\dfrac{15}{x+1}$
乙	15	x	$\dfrac{15}{x}$

由上诉列表分析知，"算一个"的量是甲、乙两人步行 15 千米所用的时间，所以等式关系应从甲、乙两人步行 15 千米所用的时间去找，依题意知：$\dfrac{15}{x} - \dfrac{15}{x+1} = 0.5$。

若"设一个"的量改为甲、乙两人步行 15 千米所用的时间，则"算一个"的量就应是甲、乙两人步行的速度，同样列表分析如下：

	"知一个" 路程（千米）	"设一个" 时间（小时）	"算一个" 速度（千米/小时） $\left(\text{速度} = \dfrac{\text{路程}}{\text{时间}}\right)$
甲	15	x	$\dfrac{15}{x}$
乙	15	$x+0.5$	$\dfrac{15}{x+0.5}$

依题意：甲比乙每小时多走 1 千米，所以：$\dfrac{15}{x} - \dfrac{15}{x+0.5} = 1$。

三、用几何变换思想指导初中几何学习

欧氏几何是运用逻辑推理采用公理化的方法研究几何图形的，以逻辑推理能力为核心的理性精神在传统的欧氏几何中得到充分的体现，它对培养学生的逻辑思维能力有着不可或缺的作用。但是，传统的欧氏几何缺少从直观和运动变化的视角认识和研究几何图形，其关于几何图形的系列讨论都只是静止地、通过技巧地构造全等三角形的方法去演绎的，缺乏对运动和直观的诠释。直到1872 年，德国数学家菲利克斯·克莱因将几何变换引入欧氏几何，才使人们对几何有了深刻的、本质的认识：几何学是研究空间在某种变换下的不变性质的学问。欧氏几何是研究空间在几何变换（平移、翻折、旋转、相似变换等）下的不变性质；仿射几何是研究空间在仿射变换下的不变性质；而拓扑学则是研究空间在拓扑变换下的不变性质。

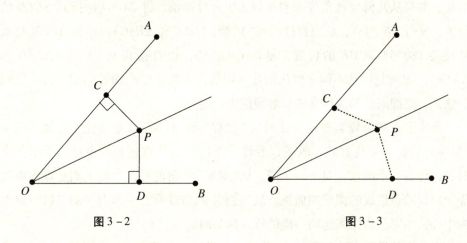

图 3 - 2　　　　　　　　　　　　　图 3 - 3

比如，初中几何中的角平分线性质：角平分线上的点到角两边的距离相等。如图 3 - 2，OP 是 $\angle AOB$ 的平分线，$PC \perp OA$ 于 C，$PD \perp OB$ 于 D，则 $PC = PD$。在这里，欧氏几何就是"静止地、通过技巧地构造全等三角形"来论证点 P 到角 $\angle AOB$ 两边的距离 $PC = PD$ 的。要引导学生反思探究的是，这就是角平分线的本质特征吗？如果用几何变换（旋转变换）的观点进行再认知，便可发现"点 P 到角 $\angle AOB$ 两边的距离相等"并非角平分线的本质特征。将一个角（$\angle AOB$）的补角（$\angle CPD$）绕角平分线上的某点（P）旋转，则这个角（$\angle CPD$）的两边被角

（∠AOB）两边所截得的线段（PC、PD）都相等（图 3 – 3）。这就是欧氏几何在旋转变换下的不变的性质。再进一步反思可知，当∠CPD 绕角平分线上的 P 点旋转时，O、C、P、D 四点始终共圆。也正因为有这个"四点始终共圆"的不变性质，因而就有 $\overset{\frown}{PC} = \overset{\frown}{PD}$ 的不变性，从而有 PC = PD 的不变性。以上分析也表明，几何变换还包含着探索和发现的创造性活动。

再比如，如图 3 – 4，在 RtΔABC 中，∠ACB = 90°，CD⊥AB，CM = BM，延长 MD 交 CA 于 N，求证：NA:AC = ND:CB。

为了证明 NA:AC = ND:CB，通常的做法是通过"技巧地构造'X'型和'A'型"来证明的，而在构造如图 3 所示的"X"型（ΔDAN 和 ΔEAC）和"A"型（ΔNAD 和 ΔNCF）过程中，还是需要一些"技巧"的。

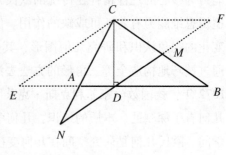

图 3 – 4

但是，如果从几何变换角度来看，以 CD 为对称轴，将 ΔCBD 翻折到 ΔCED 的位置，易得 CE∥DN，从而直接得到"X"型（ΔDAN 和 ΔEAC）；而将 ΔDBM 绕点 M 旋转 180°到 ΔCMF 的位置，易得 CF∥AD，也直接得到"A"型（ΔNAD 和 ΔNCF）。也就是说从不同角度认知几何图形，有助于学生沟通知识、方法之间的联系，把握问题的深层结构和解题能力的提升。

事实上，一个数学对象往往具有"过程"和"对象"双重属性。比如，面对"5x + 3"这样一个代数式，既可以看作一个特定的计算过程，也可以看作一个对象，代表一个函数；对于一个圆，从"对象"的角度看，平面上到定点的距离等于定长的点组成的图形叫做圆，从"过程"的角度看，平面上一动点以一定点为中心，一定长为距离运动一周的轨迹称为圆。

以色列数学家斯法德指出："将一个数学对象，既看成一个过程，同时也看成一个对象，对于数学的深刻理解是必不可少的。""几乎所有的数学活动都可以看成关于同一数学概念的操作性观念（即过程性观念）与结构性观念（即对象性观念）的交互作用。为了求解一个复杂问题，解题者不断地从一个途径转向另一个途径，以便尽可能有效地使用他的知识。"

比如，对于不等式：$x^2 + x + 2 \geq 0$，只有既把它看成是一个解不等式的过程，同时也看成一个二次函数时，才会真正理解不等式 $x^2 + x + 2 \geq 0$ 无实数解的本质。也即是说，只有建立起不等式和函数之间的联系，学生才会真正理解不等式的解的意义。

　　同样地，如果学生仅从结构（即对象）的视角认识几何图形，那么在寻找"三角形任意两边之和大于第三边"的推理依据时，学生往往联想不到"两点之间线段最短"这一公理或基本事实。究其原因，绝不仅仅是因为初中一年级学生的逻辑推理能力欠缺的问题，更重要的是只有当学生从运动变化的观点、过程性的视角认识几何图形时，才能在"三角形任意两边之和大于第三边"和"两点之间线段最短"之间建立必然的联系。

　　如果说传统的欧氏几何是把几何图形看成一个对象，那么把几何变换引入欧氏几何则是把几何图形看成一个过程，只有把几何图形既看成一个对象，同时也看成一个过程，我们对欧氏几何才会有深刻的理解。

　　用运动变化的观点、几何变换的思想认知欧氏几何，有助于培养学生认识几何图形变化的内在联系和本质。同时，几何变换本身及其应用过程也蕴含着丰富的数形结合、转化与化归和建模等思想方法，蕴含着探索和发现的创造性活动。另一方面，"数学中的变换，不是无聊的游戏，而是解决问题的实际杠杆"（恩格斯），也就是说几何变换也是一种重要的数学解题方法。

　　因此，在初中几何教学中，要注意引导学生从"对象"和"过程"两个角度去探究几何图形的性质，用运动变化的观点、几何变换的思想认知欧氏几何。这样不仅能拓宽学生认识欧氏几何的视野，也有利于学生在"对象性观念"和"过程性观念"之间不断转换过程中提高发现问题、提出问题、分析问题和解决问题的能力。以下通过具体的案例来说明几何变换思想在指导学生学习和问题解决过程中的意义。

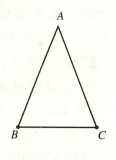

图 3 - 5

　　案例 1：如图 3 - 5，在 $\triangle ABC$ 中，$AB = AC$，求证：$\angle B = \angle C$。

　　这是大家都非常熟悉的等腰三角形的性质定理，简称"等边对等角"。其证明过程很简单，通过作等腰三角形底边上的高（或中线，或顶角平分线），构造出两个全等三角形，问题便得证了。如果教学仅仅停留在性质定理的推理论证证明这一层面，就不能起到培养学生思维、促进学生深刻理解等腰三角形性质的作用。应启发、引导学生从几何变换的角度思考三种证明方法的实质是什么？其实，这三种证明方法的实质就是翻折变换（对称变换），而等腰三角形的本质是轴对称图形。

问题还没有结束，应该继续引导学生对这个定理的一个巧妙的证法进行审视：在 $\triangle ABC$ 和 $\triangle ACB$ 中，因为 $AB = AC$，$\angle A = \angle A$，$AC = AB$。所以 $\triangle ABC \cong \triangle ACB$。故 $\angle B = \angle C$，问题得证。这个证法的巧妙之处就在于自证三角形全等，问题是为什么能够这样证明呢？是如何想到这一巧妙证法的呢？巧妙证法背后的逻辑依据是什么？实际上，这个巧妙证法的实质还是几何变换，只要把 $\triangle ABC$ 通过平移或沿 $\triangle ABC$ 外一条直线翻折就能得到两个特殊的全等三角形。

案例 2：如图 3-6，已知正方形 $ABCD$ 的边长为 2，求：正方形内一点 P 到三个顶点 A、B、C 的距离之和的最小值。

分析：求线段的最小值，有代数方法和几何方法。从问题的条件看，这里要求点 P 到三个顶点 A、B、C 的距离之和的最小值，宜从"形"的角度思考。而

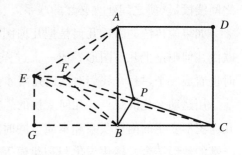

图 3-6

几何法求线段最小值的主要原理有"两点之间线段最短""垂线段最短"等。按照传统欧氏几何"静止地、通过技巧地构造全等三角形"的思路去求解有较大的困难，但用运动变化的观点、采用几何变换的方法，通过适当的旋转变换将"聚在一点"的三条线段 PA、PB、PC 依次"连接"起来，便可利用"两点之间线段最短"原理使问题得以解决。具体解法如下：

将 $\triangle ABP$ 绕点 P 旋转 $60°$ 角到 $\triangle AEF$（如图 3-6），连 PF、BE，延长 CB 到 G，使 $EG \perp BG$。因为 $\triangle AEF \cong \triangle ABP$，所以 $AE = AB$，$AF = AP$，$EF = BP$。又因为 $\angle EAB = \angle FAP = 60°$，所以 $\triangle AFP$ 和 $\triangle AEB$ 是等边三角形。则 $FP = AP$，$EB = AB = 2$。这样 $PA + PB + PC = EF + FP + PC$。而 $EF + FP + PC \geqslant EC$，即 $PA + PB + PC$ 的最小值等于 EC。在 $\text{Rt}\triangle BGE$ 中，$\angle EBG = 180° - 90° - 60° = 30°$，又 $EB = 2$，则 $EG = 1$，$BG = \sqrt{3}$。又在 $\text{Rt}\triangle ECG$ 中，$EC = \sqrt{EG^2 + CG^2} = \sqrt{1^2 + (2 + \sqrt{3})^2} = 2\sqrt{2 + \sqrt{3}}$。即 $PA + PB + PC$ 的最小值等于 $2\sqrt{2 + \sqrt{3}}$。

评析：用几何法求线段最小值的数学模型之一是"两点之间线段最短"，运用该模型求不在同一直线上的线段和的最小值，须将不在同一直线上的线段转化在同一直线上，而几何变换则是实现转化的重要手段。

由此，联想到一道经典的中国古代数学问题——"牧童饮马问题"，如图 3-7(为便于研究，将牧童饮马问题置于直角坐标系中)，一位牧童从 $A(0, 1)$ 出发，赶着牛群到河边(即 x 轴)饮水，然后再到 $B(3，2)$，问怎样选择饮水的地点，才能使牛群所走的路程最短。

设饮水的地点为 x 轴上的点 $P(x, 0)$，与案例 2 一样，要求线段 $PA + PB$ 的最小值，有代数方法和几何方法。

从代数角度考虑：$PA + PB =$

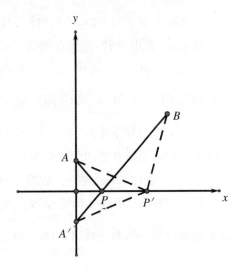

图 3-7

$\sqrt{x^2+1} + \sqrt{(x-3)^2+4}$，但下一步要求出函数 $y = \sqrt{x^2+1} + \sqrt{(x-3)^2+4}$ 的最小值还是比较困难的。

从几何角度考虑：由案例 2 分析知，"两点之间线段最短"是几何法求最小值的基本原理，由图知 $PA + PB \geqslant AB$，当点 P 在线段 AB 上时取等号。但题目要求的点 P 不能在线段 AB 上，而应该在河边(即 x 轴)上。因此，需把 PA 或 PB 转化到另外一条能与 x 轴相交的直线上，且这个交点就是所求的饮水点。显然，只要用运动变化的观点、采用几何变换的方法，通过对称变换便可将线段 PA 或 PB 从 x 轴上方翻折到 x 轴下方的 PA' 或 PB'，连 $A'B$ 或 $B'A$，它们与 x 轴的交点 P 便是所求的饮水点。易求得 $P(1，0)$，且 $PA + PB \geqslant 3\sqrt{2}$。

评析：(1)事实上，初次遇到牧童饮马问题时，绝大多数学生甚至老师都是束手无策的，究其原因主要是思维定式的副作用，即人们习惯于用"静止的、技巧性的思维"认知几何图形，而没有转换思维视角从"运动的、变换的观点"认知几何图形的习惯和意识。这恰好说明，"将一个数学对象，既看成一个过程，同时也看成一个对象，对于数学的深刻理解是必不可少的。"

(2)由解题分析知，用代数的方法求 $PA + PB$ 的最小值相对困难，而用几何的方法，通过几何变换可使问题较容易得到解决。这也启发我们，用代数的方法求函数 $y = \sqrt{x^2+1} + \sqrt{(x^2-6x+13)}$ 的最小值比较困难，但当我们把函数变形为 $y = \sqrt{x^2+1} + \sqrt{(x-3)^2+4}$ 后，求该函数的最小值问题就可转化为几何法求解：在 x 轴上求一点 $P(x, 0)$，使其与点 $A(0, 1)$ 和点 $B(3, 2)$ 的连线之和最短。这就是"数形结合"思想在解题中的灵活应用。

案例3：如图3-8所示，在 $\triangle ABC$ 中，D、E 分别是 AB、AC 的中点，求证：$DE /\!/ BC$，且 $DE = \dfrac{1}{2}BC$（即三角形中位线定理）。

分析：可引导学生从"旋转变换""平移变换""翻折变换"和"等积变换"等角度认知几何图形并做出相应的解答。

解法一（利用旋转变换）：如图3-9，将 $\triangle ADE$ 绕点 E 旋转180°到 $\triangle CFE$ 位置。然后依据 $\triangle ADE$ 和 $\triangle CFE$ 全等，或者证明 $ADCF$ 是平行四边形，再证 $BCFD$ 是平行四边形，从而，证得：$DE /\!/ BC$，且 $DE = \dfrac{1}{2}BC$。

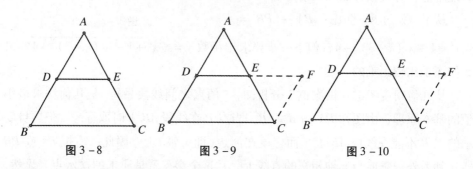

图3-8   图3-9   图3-10

解法二（利用平移变换）：如图3-10，延长 DE 到 F，使 $CF /\!/ BD$。然后通过证 $\triangle ADE$ 和 $\triangle CFE$ 全等，再证 $BCFD$ 是平行四边形，问题得证。

解法三（利用平移变换）：如图3-11，过 AB 的中点 D 作 $DF /\!/ BC$ 交 AC 于 E'，且 $DF = BC$，则 $DBCF$ 是平行四边形。下面只要证明 $\triangle ADE'$ 和 $\triangle CFE'$ 全等，或者证明 $ADCF$ 是平行四边形，便可证得：$DE' /\!/ BC$，且 $DE' = E'F = \dfrac{1}{2}BC$。

评析：（1）解法三是先过中点 D 作 $DF /\!/ BC$，后证 E' 是 AC 的中点，从而 DF 是 $\triangle ABC$ 的中位线。这种把问题的条件和结论逆用的作法为什么可行？较之解法一、二其优劣之处何在？（2）除采用上述办法进行平移变换之外，还可以采用下面的办法进行平移变换：过 AB 的中点 D 作 $DE' /\!/ BC$，"截" $BG = DE'$（或作 $E'G /\!/ AB$），如图3-12。则 $BGE'D$ 是平行四边形，然后再证 $\triangle ADE' \cong \triangle E'GC$，从而证得 $AE' = E'C$，$GC = BG = DE'$，即 $DE' = \dfrac{1}{2}BC$。

解法四（利用翻折变换）：如图 3 – 13，作 $AF \perp BC$ 于 F，连 DF、EF，则 DF、EF 分别是 $\mathrm{Rt}\triangle ABF$ 和 $\mathrm{Rt}\triangle ACF$ 斜边上的中线，所以 $DF = AD = DB$，$EF = AE = EC$，则 DE 垂直平分 AF，所以 $DE /\!/ BC$。作 $DG \perp BC$ 于 G，$EH \perp BC$ 于 H，则 $BG = GF$，$FH = HC$，进而有 $DE = GH = \dfrac{1}{2}BC$。

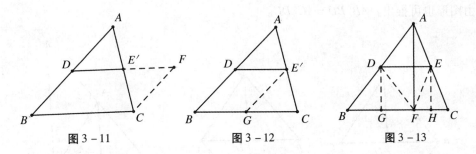

图 3 – 11   图 3 – 12   图 3 – 13

解法五（利用等积变换）：如图 3 – 14，连 BE、CD，则 $S_{\triangle ADE} = S_{\triangle BDE}$，$S_{\triangle ADE} = S_{\triangle CDE}$，所以 $S_{\triangle BDE} = S_{\triangle CDE}$，可推出 $DE /\!/ BC$。又 $S_{\triangle BDC} = S_{\triangle ADC}$，所以 $S_{\triangle BDC} = \dfrac{1}{2} S_{\triangle CDE}$，则 $DE = \dfrac{1}{2}BC$。

解法六（利用综合变换）：如图 3 – 15，作 $AF \perp DE$ 于 F，延长 DE 到 H，使 $CH \perp DH$，延长 ED 到 G，使 $BG \perp DG$。通过证明 $\triangle ADF \cong \triangle BDG$，$\triangle AEF \cong \triangle CEH$，再证明 $BCHG$ 是平行四边形，则问题得证。

案例 4：利用几何变换探究三角形的角平分定理。如图 3 – 16，$\triangle ABC$ 中，AD 平分 $\angle BAC$。

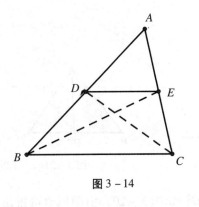

图 3 – 14

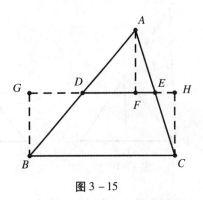

图 3 – 15

通过引导学生对上述图形实施位似变换，可以得到三角形的角平分定理，同时探究结论的过程也是证明的过程。

几何变换1：延长 AD 到 E，使 $BE /\!/ AC$，如图3-16，则 $\triangle BDE \backsim \triangle CDA$。由图形可推出：$AB : BD = AC : DC$。

几何变换2：延长 AD 到 E，使 $CE /\!/ AB$，如图3-17，则 $\triangle ADB \backsim \triangle EDC$。由图形也可推出：$AB : BD = AC : DC$。

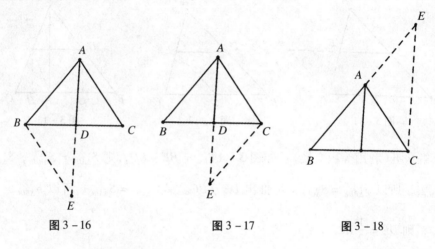

图3-16   图3-17   图3-18

几何变换3：延长 BA 到 E，使 $CE /\!/ AD$，如图3-18，由图形也可推出：$AB : BD = AC : DC$。

几何变换4：延长 CA 到 E，使 $EB /\!/ AD$，如图3-19，由图形也可推出：$AB : BD = AC : DC$。

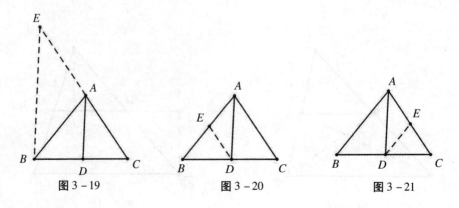

图3-19   图3-20   图3-21

几何变换5：在 AB 上取点 E，使 $DE /\!/ AC$，如图3-20，由图形也可推出：

$AB: BD = AC: DC$。

几何变换6：在 AC 上取点 E，使 $DE /\!/ AB$，如图 3 – 21，由图形也可推出：$AB: BD = AC: DC$。

几何变换7：在 AC 上取点 E，使 $\triangle ADE \backsim \triangle ABE$，如图 3 – 22，由图形也可推出：$AB: BD = AC: DC$。

几何变换8：过点 D 作 $DE \perp AB$ 于 E，$DF \perp AC$ 于 F，如图 3 – 23，由图形可推出：$S_{\triangle ACD} = AB: AC = BD: CD$，从而有 $AB: BD = AC: DC$。

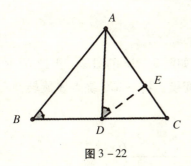 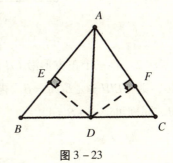

图 3 – 22   图 3 – 23

引导学生从几何变换的角度分析问题、解决问题，有利于培养和发展学生的求异思维和发散思维，提升学生的学习能力。

上述探究过程也表明，数学课堂教学的本质就是要引导学生发现问题和解决问题，使学生在发现问题和解决问题的过程中能力得到发展。

案例5，几何变换在问题解决中的综合运用：如图 3 – 24，四边形 $AEFB$、$BFGC$、$CGHD$ 是三个连接的正方形，$\angle AGE = \alpha$，$\angle AHE = \beta$。求证：$\alpha + \beta = 45°$。

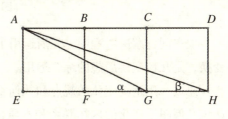

图 3 – 24

分析：要证 $\alpha + \beta = 45°$，其基本思路是首先要把不共顶点的两个角 α 和 β "接"成一个角，再证明这个角等于 $45°$。而几何变换则是"接"（即把两个角或两条线段"接"在一块）和"截"（即把一个角或一条线段一分为二）的有效手段。

解法1：将三个正方形沿 EH 翻折得到如图 3 – 25 的图形，再把 IG 平移到 JH，则 $\angle EHJ = \angle EGI = \alpha$。再实施旋转变换：将 $\triangle HJL$ 绕点 J 旋转 $90°$ 到 $\triangle AJB$。

易证 $AJ = HJ$，$\angle AJH = 90°$。则 $\angle AHJ = 45°$，即 $\alpha + \beta = 45°$。问题得证。

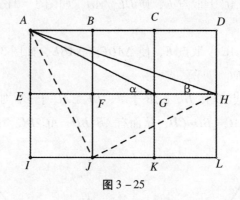

图 3 – 25

解法 2：将三个正方形沿 EH 翻折，得到如图 3 – 26 的图形，再把 IH 平移到 MG，则 $\angle EHI = \angle EGM = \beta$。再实施旋转变换：将 $\triangle ACG$ 绕点 A 旋转 $90°$ 到 $\triangle AIM$。同理可证 $\alpha + \beta = 45°$。

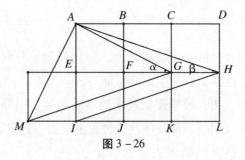

图 3 – 26

上述问题解决过程中，先后运用了对称变换（翻折变换）、平移变换和旋转变换，是几何变换思想的综合运用。

总之，用运动变化的观点和几何变换思想指导初中几何学习，有助于学生认识几何图形变化的内在联系和本质，有助于拓宽学生的解题思路，提高学生发现问题、提出问题、分析问题和解决问题的能力，也有助于培养学生的创新意识和创新能力。

四、从万变不离其宗到举一反三①

布鲁纳认为：“领会基本原理和观念，是通向适当的‘训练迁移’的大道。把事物作为更普遍的事情的特例去理解—理解更基本的原理或结构的意义就在于此—就是不但必须学习特定的事物，还必须学习一个模式，这个模式有助于理解可能遇见的其他类似的事物。”②

宗者，根本也，万变不离其宗，是指不管形式怎样变化，其本质上没有发生变化。综观近十年的高考，数列问题无疑是高考的一个热点、重点，作为大题、压轴题频频出现。其题型多样，形式各异，情境不同，但细加考究便可发现，这类考题都是围绕递推数列模式“$a_n = ca_{n-1} + d$”这个“宗”来命制的，问题最终都可以转化为递推数列“$a_n = ca_{n-1} + d$”模式的通项 a_n 来求解。尤其是全国卷，从 2002 年到 2009 年连续八年的数列考题都是围绕递推数列“$a_n = ca_{n-1} + d$”这个模式来命制的（其中 2002 年的一份全国卷中居然出现两道此类数列大题！），真可谓万变不离其宗。

递推数列“$a_n = ca_{n-1} + d$”模式通项 a_n 的求法，基本方法有“构造法”“数学归纳法”“迭代法”“作差法”等，方法的选取视系数 c、d 的情况而定。而“构造法”则是最常用的通性通法，“构造法”所蕴含的思想方法是转化化归思想：通过待定系数法，把递推数列“$a_n = ca_{n-1} + d$”转化为形如“$(a_n + m) = q(a_{n-1} + m)$”的等比数列，再利用等比数列的性质 $(a_n = a_1 q^{n-1})$ 求出通项：$a_n + m = (a_1 + m) q^{n-1}$，则 $a_n = -m + (a_1 + m) q^{n-1}$。从“构造法”求解通项 a_n 这个过程来说，等比数列的性质 $(a_n = a_1 q^{n-1})$ 又是求递推数列“$a_n = ca_{n-1} + d$”通项的“宗”，因为要求出递推关系“$a_n = ca_{n-1} + d$”的通项，最终还得通过待定系数法把它转化化归为等比数列。

找到了问题的“宗”，也就找到了解决问题之“道”，这样我们的教学就能做到举一反三。以上分析告诉我们，要求数列的通项 a_n，首先要找到 a_n 与 a_{n-1} 的递推关系，这是实现“无限”转化为“有限”的关键的一步。然后通过“待定系数法”等计算方法把得到的递推关系转化基本的递推关系“$a_n = ca_{n-1} + d$”，再通过

---

① 许家雄，黄定雄：《从万变不离其宗到举一反三：十年高考数列问题探析》，原文载《中学教学参考》2010 年第 5 期，有删改。

② 布鲁纳：《教育的过程》，邵瑞珍译，文化教育出版社 1982 年版，第 42−43 页。

"构造法"求出"$a_n = ca_{n-1} + d$"的通项 a_n，或直接转化为"$a_n - a_{n-1} = d$"（等差数

列）、"$\dfrac{a_n}{a_{n-1}} = q$"（等比数列）求出通项 a_n。也就是说，将已知的递推关系设法转

化为等比或等差关系是求解数列通项问题之"道"。

比如：（2002 年北京卷，压轴题）已知 $f(x)$ 是定义在 $\mathbf{R}$ 上的不恒为零的函

数，且对于任意的 a，$b \in \mathbf{R}$ 都满足 $f(a \cdot b) = af(b) + bf(a)$。（1）求 $f(0)$，$f(1)$

的值；（2）若 $f(2) = 2$，$u_n = \dfrac{f(2^{-n})}{n}$（$n \in \mathbf{N}$），求数列 $\{u_n\}$ 的前 n 项的和 S_n。

分析（2）：求数列 $\{u_n\}$ 的前 n 项的和 S_n 的关键是首先要求出 $f(2^{-n})$，即

$f\left[\left(\dfrac{1}{2}\right)^n\right]$。而要求通项 $f\left[\left(\dfrac{1}{2}\right)^n\right]$，首先要找到递推关系。由已知 $f(a \cdot b) =$

$af(b) + bf(a)$，我们隐约猜测有可能找到 $f\left[\left(\dfrac{1}{2}\right)^n\right]$ 与 $f\left[\left(\dfrac{1}{2}\right)^{n-1}\right]$ 的递推关系：

$$f\left[\left(\dfrac{1}{2}\right)^n\right] = \dfrac{1}{2}f\left[\left(\dfrac{1}{2}\right)^{n-1}\right] + \left(\dfrac{1}{2}\right)^{n-1}f\left(\dfrac{1}{2}\right)，\quad 即\ \dfrac{f\left[\left(\dfrac{1}{2}\right)^n\right]}{\left(\dfrac{1}{2}\right)^n} = \dfrac{f\left[\left(\dfrac{1}{2}\right)^{n-1}\right]}{\left(\dfrac{1}{2}\right)^{n-1}} + 2f\left(\dfrac{1}{2}\right)，$$

这样问题就转化为递推数列"$a_n = ca_{n-1} + d$"的通项求解问题了。

又比如（2004 年重庆卷，压轴题）设数列 $\{a_n\}$ 满足：$a_1 = 1$，$a_2 = \dfrac{5}{3}$，$a_{n+2} =$

$\dfrac{5}{3}a_{n+1} - \dfrac{2}{3}a_n$（$n = 1$，$2$，$3$，$\cdots$），求 $\{a_n\}$ 的通项公式。

分析：本题的新颖之处是题目没有给出 a_{n+1} 与 a_n 的递推关系，而是给出

a_{n+2}，a_{n+1}，a_n 的递推关系。因此解决本题的关键是要想法找到 a_{n+1} 与 a_n 的递推

关系。设 $a_{n+2} + \lambda a_{n+1} = c(a_{n+1} + \lambda a_n) + d$，与已知 $a_{n+2} = \dfrac{5}{3}a_{n+1} - \dfrac{2}{3}a_n$ 对比解

得：$d = 0$，$\lambda_1 = -1$，$c_1 = \dfrac{2}{3}$，$\lambda_2 = -\dfrac{2}{3}$，$c_2 = 1$。因此：$a_{n+2} - a_{n+1} = \dfrac{2}{3}(a_{n+1} -$

$a_n)$，利用等比数列的性质，得 $a_{n+1} = a_n + \left(\dfrac{2}{3}\right)^n$。于是问题便又转化为 $a_n =$

$ca_{n-1} + d$ 的通项求解问题了。

本题也可用待定系数法直接构造等比数列：设 $(a_{n+2} + \lambda a_{n+1} + m) = q(a_{n+1}$

$+ \lambda a_n + m)$，与已知 $a_{n+2} = \dfrac{5}{3}a_{n+1} - a_n$ 对比解得：$q = \dfrac{2}{3}$，$\lambda_1 = -1$，$m = 0$。即

$(a_{n+2} - a_{n+1}) = \dfrac{2}{3}(a_{n+1} - a_n)$，利用等比数列的性质，得 $a_{n+1} = a_n + \left(\dfrac{2}{3}\right)^n$。再构造等比数列便可求出 a_n 了。也就是说，本问题要经过两次构造（或者说两次转化）为等比数列后才能求解。

下面列举连续八年全国卷中的数列考题予以剖析。

示例1（2003年，全国卷）已知数列 $\{a_n\}$ 满足 $a_1 = 1$，$a_n = 3^{n-1} + a_{n-1}$（$n \geq 2$）。（1）求 a_2，a_3；（2）证明 $a_n = \dfrac{3^n - 1}{2}$。

分析（2）：题目直接给出了 a_n 与 a_{n-1} 的递推关系：$a_n = 3^{n-1} + a_{n-1}$，求其通项 a_n 可用"构造法""数学归纳法""迭代法""作差法"四种方法求解。下面仅用"构造法"求解。为了简化待定系数过程的计算，可先把递推式 $a_n = 3^{n-1} + a_{n-1}$ 转化为 c、d 都是常数的递推关系"$a_n = ca_{n-1} + d$"。由 $a_n = 3^{n-1} + a_{n-1}$ 可变为 $\left(\dfrac{a_n}{3^n}\right) = \dfrac{1}{3}\left(\dfrac{a_{n-1}}{3^{n-1}}\right) + \dfrac{1}{3}$，此时 $\left(\dfrac{a_n}{3^n}\right)$ 相当于 a_n，$\left(\dfrac{a_{n-1}}{3^{n-1}}\right)$ 相当于 a_{n-1}，而 $c = \dfrac{1}{3}$，$d = \dfrac{1}{3}$，即 c、d 均为常数。设 $\left[\left(\dfrac{a_n}{3^n} + m\right) = q\left(\left(\dfrac{a_{n-1}}{3^{n-1}}\right) + m\right)\right]$，经过待定系数计算，得 $q = \dfrac{1}{3}$，$m = -\dfrac{1}{2}$。则 $\left[\left(\dfrac{a_n}{3^n}\right) - \dfrac{1}{2}\right] = \dfrac{1}{3}\left[\left(\dfrac{a_{n-1}}{3^{n-1}}\right) - \dfrac{1}{2}\right]$，根据等比数列的性质得 $\left[\left(\dfrac{a_n}{3^n}\right) - \dfrac{1}{2}\right] = \left[\left(\dfrac{a_1}{3^1}\right) - \dfrac{1}{2}\right]\left(\dfrac{1}{3}\right)^{n-1}$，可推出 $a_n = \dfrac{3^n - 1}{2}$。

示例2（2004年全国卷，压轴题）已知数列 $\{a_n\}$ 的前 n 项和 S_n 满足 $S_n = 2a_n + (-1)^n$，$n \geq 1$。（Ⅰ）写出数列 $\{a_n\}$ 的前3项 a_1，a_2，a_3。（Ⅱ）求数列 $\{a_n\}$ 的通项公式。

分析（Ⅱ）：题目给出的是 S_n 和 a_n 的递推关系，但只要我们利用 $a_n = S_n - S_{n-1}$，便可得到 a_n 与 a_{n-1} 的递推关系。当 $n \geq 2$ 时，$a_n = S_n - S_{n-1} = 2a_n + (-1)^n - [2a_{n-1} + (-1)^{n-1}]$，即 $a_n = 2a_{n-1} + 2(-1)^{n-1}$。这样问题便转化为模式"$a_n = ca_{n-1} + d$"的通项求解问题，对于递推关系 $a_n = 2a_{n-1} + 2(-1)^{n-1}$，由于 $c = 2$，$d = 2 \times (-1)^{n-1}$，所以其通项 a_n 求法与例1完全相同。

示例3（2002年全国卷，20题）某城市2001年年末汽车保有量为30万辆，预计此后每年报废上一年年末汽车保有量的6%，并且每年新增汽车数量相同。为保护城市环境，要求该城市汽车保有量不超过60万辆，那么每年新增汽车数量不应超过多少辆?

分析:此题的关键是要先求出自 2001 年起 n 年后该城市的汽车保有量 a_{n+1} ($a_1 = 30$ 万辆)与 a_n 的递推关系。依题意:此后每年报废上一年年末汽车保有量的6%,并且每年新增汽车数量相同(设为 x 万辆)。这样我们可找到 a_{n+1} 与 a_n 的递推关系: $a_{n+1} = a_n(1 - 6\%) + x$,即 $a_{n+1} = 0.94a_n + x$。这样问题便转化为 "$a_n = ca_{n-1} + d$" 的通项求解问题,由于 $c = 0.94$,$d = x$ 均为常数,所以用构造法、递推归纳法、迭代法、作差法均易求出 $a_{n+1} = \dfrac{x}{0.06} + \left(30 - \dfrac{x}{0.06}\right) \times 0.94^n$,剩下的问题便是利用不等式 $a_{n+1} \leqslant 60$ 恒成立求 x 了(略)。

示例4(2002 年全国卷,压轴题)设数列 $\{a_n\}$ 满足 $a_{n+1} = a_n^2 - na_n + 1$($n \in$ **N**)。(I)(略);(II)当 $a_1 \geqslant 3$ 时,证明对所有 $n \geqslant 1$,有(i)$a_n \geqslant n + 2$,(ii)$\dfrac{1}{1 + a_1} + \dfrac{1}{1 + a_2} + \cdots + \dfrac{1}{1 + a_n} \leqslant \dfrac{1}{2}$。

分析(ii):要证 $\dfrac{1}{1 + a_1} + \dfrac{1}{1 + a_2} + \cdots + \dfrac{1}{1 + a_n} \leqslant \dfrac{1}{2}$,首先要找到通项 a_k 的不等式——这正是本题设计的新颖之处:不求通项,而是求通项的不等式!由 $a_{n+1} = a_n(a_n - n) + 1$ 及(i),对 $k \geqslant 2$,有 $a_k = a_{k-1}(a_{k-1} - k + 1) + 1 \geqslant a_{k-1}(k - 1 + 2 - k + 1) + 1 = 2a_{k-1} + 1$,这样问题又转化为 "$a_n = ca_{n-1} + d$" 的通项求解问题,只不过这里是不等式关系,宜用迭代法求解。

由 $a_k \geqslant 2a_{k-1} + 1 \Rightarrow a_{k-1} \geqslant 2a_{k-2} + 1 \cdots a_2 \geqslant 2a_1 + 1$

$\therefore a_k \geqslant 2^{k-1}a_1 + 2^{k-2} + \cdots + 2 + 1 = 2^{k-1}(a_1 + 1) - 1$ 于是 $\dfrac{1}{1 + a_k} \leqslant \dfrac{1}{1 + a_1} \cdot \dfrac{1}{2^{k-1}}$

(以下略)。

示例5(2005 年全国卷,20 题)在等差数列 $\{a_n\}$ 中,公差 $d \neq 0$,a_2 是 a_1 与 a_4 的等比中项,已知数列 a_1,a_3,a_{k_1},a_{k_2},$\cdots$,a_{k_n},$\cdots$ 成等比数列,求数列 $\{k_n\}$ 的通项 k_n。

分析:只要找到数列 $\{k_n\}$ 的递推关系,那么问题便转化为模式 "$a_n = ca_{n-1} + d$" 的通项求解问题。依题意得:$a_2^2 = a_1 \cdot a_4$,即 $(a_1 + d)^2 = a_1(a_1 + 3d) \cdots\cdots$ ①;$\dfrac{a_k}{a_{k-1}} = \dfrac{a_3}{a_1}$,即:$\dfrac{a_1 + (k_n - 1)d}{a_1 + (k_{n-1} - 1)d} = \dfrac{a_1 + 2d}{a_1} \cdots\cdots$ ②。由①、②解得:$k_n = 3k_{n-1}$,至此,我们终于找到了数列 $\{k_n\}$ 的递推关系。对比模式 "$a_n = ca_{n-1} + d$",

知 $d=0$。$\{k_n\}$ 是等比数列，问题就更简单了。

示例6(2006年全国卷，压轴题)设数列 $\{a_n\}$ 的前 n 项和 $S_n = \frac{3}{4}a_n - \frac{1}{3} \times$ $2^{n+1} + \frac{2}{3}$，$n=1$，2，3，…。(1)求首项 a_1 及通项 a_n；(2)设 $T_n = \frac{2^n}{S_n}$，证明 $\sum_{i=1}^{n}T_i$ $< \frac{3}{2}$。

分析：易求得 $a_1 = 2$。要求通项 a_n，显然也是要先找到 a_n 的递推关系式。题目给出的是 S_n 与 a_n 的递推关系。用与示例2同样的方法可得到 a_n 与 a_{n-1} 的递推关系：$a_n = 4a_{n-1} + 2^n (n \geq 2)$。而此递推关系式与示例1属同一类型，解法完全相同。

示例7(2007年全国卷，压轴题)已知数列 $\{a_n\}$ 中 $a_1 = 2$，$a_{n+1} = (\sqrt{2} - 1)$ $(a_n + 2)$，$n=1$，2，3，…。(1)求 $\{a_n\}$ 的通项 a_n；(2)略。

分析：此题是直接给出了 a_{n+1} 和 a_n 的递推关系：$a_{n+1} = (\sqrt{2} - 1)(a_n + 2)$，对比模式"$a_n = ca_{n-1} + d$"，知 $c = \sqrt{2} - 1$，$d = 2(\sqrt{2} - 1)$，c、d 均是常数。属最简单的递推数列通项求解问题，用构造法易求得：$a_n = \sqrt{2}[(\sqrt{2} - 1)^n + 1]$。

示例8(2008年全国卷，20题)设数列 $\{a_n\}$ 的前 n 项和为 S_n，已知，$a_1 = a$，$a_{n+1} = S_n + 3^n$，$n \in \mathbf{N}^*$。(1)设 $b_n = S_n - 3^n$，求数列 $\{b_n\}$ 的通项公式；(2)若 $a_{n+1} \geq a_n$，求 a 的取值范围。

分析：此题的关键还是求通项 a_n(或 S_n)。而求通项 a_n(或 S_n)的方法与示例2和示例6的考题完全一样。也就是说几乎一样的题型2004年和2006年考过了，2008年还接着考。

示例9(2009年全国卷Ⅰ，20题)在数列 $\{a_n\}$ 中，$a_1 = 1$，$a_{n+1} = \left(1 + \frac{1}{n}\right)a_n$ $+ \frac{n+1}{2^n}$。(1)设 $b_n = \frac{a_n}{n}$，求数列 $\{b_n\}$ 的通项 b_n；(2)求数列 $\{a_n\}$ 的前 n 项和 S_n。

分析：此题的关键也是求通项 a_n。题目已经给出了 a_{n+1} 和 a_n 的递推关系式：$a_{n+1} = \left(1 + \frac{1}{n}\right)a_n + \frac{n+1}{2^n}$，对比模式"$a_n = ca_{n-1} + d$"，知 $c = \frac{n+1}{n}$，$d = \frac{n+1}{2^n}$，c、d 均不是常数。但通过适当的定向变形可把已经的递推式转化为 c、d

均是常数的形式：$\left(\dfrac{2^{n+1}\cdot a_{n+1}}{n+1}\right)=2\left(\dfrac{2^{n}\cdot a_{n}}{n}\right)+2$。在这个递推式中 $c=2$，$d=2$。用构造法很容易求出上述递推式的通项 $\left(\dfrac{2^{n}\cdot a_{n}}{n}\right)$，从而求出 a_{n}，进而求出 b_{n}。

示例 10(2009 年全国卷 Ⅱ，压轴题)设数列 $\{a_n\}$ 的前 n 项和为 S_n，已知 $a_1=1$，$S_{n+1}=4a_n+2$。(1)设 $b_n=a_{n+1}-2a_n$，证明数列 $\{b_n\}$ 是等比数列；(2)求数列 $\{a_n\}$ 的通项公式。

分析：此题仍属给出递推关系求通项 a_n 问题。但题目给出的是 S_n 和 a_n 的递推式，与前面的示例一样，利用 $a_n=S_n-S_{n-1}$，很容易得到 a_n 的递推关系：$a_{n+1}=4a_n-4a_{n-1}$。下面直接构造等比数列：$(a_{n+1}+\lambda a_n+m)=q(a_n+\lambda a_{n-1}+m)$，与 $a_{n+1}=4a_n-4a_{n-1}$ 对比，得 $\lambda=-2$，$q=2$，$m=0$。所以：$(a_{n+1}-2a_n)=2(a_n-2a_{n-1})$，再利用等比数列的性质求得：$a_{n+1}-2a_n=(a_2-2a_1)\cdot a^{n-1}$，即 $a_{n+1}=2a_n+3\cdot2^{n-1}$。至此，再次构造等比数列便可求出 a_n，方法与示例 1 完全相同。

示例 11(2004 年全国卷 Ⅱ，压轴题)已知数列 $\{a_n\}$ 中，$a_1=1$，且 $a_{2k}=a_{2k-1}+(-1)^k$，$a_{2k+1}+3^k$，$a_{2k+1}=a_{2k}+3^k$，其中 $k=1$，2，3，…。(1)求 a_3，a_5；(2)求 $\{a_n\}$ 的通项公式。

分析：题目给出的是 a_{2k} 和 a_{2k-1}，a_{2k+1} 和 a_{2k} 的递推关系，我们要设法先找到 a_{n+1} 和 a_n 的递推关系。

思路一：因为 $a_{2k}=a_{2k-1}+(-1)^k$，所以当 k 为奇数时，$a_{2k}=a_{2k-1}-1$；当 k 为偶数时，$a_{2k}=a_{2k-1}+1$。又由 $a_{2k+1}=a_{2k}+3^k$，得 $a_{4k+4}=a_{4k+3}+1=a_{4k+2}+3^{2k+1}+1=a_{4k+1}-1+3^{2k+1}+1=a_{4k+1}+3^{2k+1}=a_{4k}+3^{2k}+3^{2k+1}=a_{4k}+4\cdot3^{2k}$。至此，我们终于找到了 $b_{n+1}(a_{4k+1})$ 与 $b_n(a_{4k})$ 的递推关系：$b_{n+1}=b_n+4\cdot3^{2n}$，通过待定系数法进一步转化为：$\left(b_{n+1}-\dfrac{1}{2}\cdot3^{2(n+1)}\right)=\left(b_n-\dfrac{1}{2}\cdot3^{2n}\right)$，进而可求出：$b_n=\dfrac{1}{2}\cdot3^{2n}-\dfrac{1}{2}$。即：$a_{4k}=\dfrac{1}{2}\cdot3^{2k}-\dfrac{1}{2}$。

思路二：由已知得：$a_{2k+1}=a_{2k}+3^k=a_{2k-1}+(-1)^k+3^k$，即 $a_{2(k+1)-1}=a_{2k-1}+(-1)^k+3^k$，至此，便得到了 $b_{n+1}(a_{2(k+1)-1})$ 与 $b_n(a_{2k-1})$ 的递推关系：$b_{n+1}=b_n+(-1)^n+3^n$，通过待定系数法进一步转化为：$\left[b_{n+1}+\dfrac{1}{2}(-1)^{n+1}-\dfrac{1}{2}\cdot3^{n+1}\right]=\left[b_n+\dfrac{1}{2}(-1)^n-\dfrac{1}{2}\cdot3^n\right]$，再利用等比(等差)

数列的性质可求出：$b_{n+1} = \dfrac{3^{n+1}}{2} + \dfrac{1}{2}(-1)^n - 1$，即：$a_{2k+1} = \dfrac{3^{k+1}}{2} + \dfrac{1}{2}(-1)^k - 1$。

示例 12（2005 年高考全国卷，压轴题）已知数列 $\{a_n\}$ 的前 n 项和 S_n 满足 $S_n - S_{n-2} = 3\left(-\dfrac{1}{2}\right)^{n-1}$（$n \geq 3$），且 $S_1 = 1$，$S_2 = -\dfrac{3}{2}$，求数列 $\{a_n\}$ 的通项公式。

分析：题目给出的是 S_n 和 S_{n-2} 的递推关系，我们首先要设法找到 $a_n(S_n)$ 和 $a_{n-1}(S_{n-1})$ 之间的递推关系。

思路一：由 $S_n - S_{n-2} = 3\left(-\dfrac{1}{2}\right)^{n-1}$（$n \geq 3$），先考虑偶数项有：$S_{2n} - S_{2n-2} = -3 \cdot \left(\dfrac{1}{2}\right)^{2n-1}$，即：$S_{2n} - S_{2(n-1)} = -3 \cdot \left(\dfrac{1}{2}\right)^{2n-1}$。这样便得到了 $b_n(S_{2n})$ 和 b_{n-1} $(S_{2(n-1)})$ 的递推关系：$b_n = b_{n-1} - 3 \cdot \left(\dfrac{1}{2}\right)^{2n-1}$，利用待定系数法进一步转化为：$\left[b_n - 2\left(\dfrac{1}{2}\right)^{2n}\right] = \left[b_{n-1} - 2\left(\dfrac{1}{2}\right)^{2(n-1)}\right]$，再利用等比（等差）数列的性质得：$b_n = -2 + \left(\dfrac{1}{2}\right)^{2n-1}$，即 $S_{2n} = -2 + \left(\dfrac{1}{2}\right)^{2n-1}$。同理，可求出：$S_{2n+1} = 2 - \left(\dfrac{1}{2}\right)^{2n}$。

思路二：因为 $S_n - S_{n-2} = a_n + a_{n-1}$，故 $a_n = -a_{n-1} + 3 \cdot \left(-\dfrac{1}{2}\right)^{n-1}$（$n \geq 3$）。这样问题便转化为求递推数列"$a_n = ca_{n-1} + d$"的通项问题了。

限于篇幅，各省、市的此类数列考题不再一一列举。关键是，在考查数列知识时，命题专家为什么会一而再再而三地围绕模式"$a_n = ca_{n-1} + d$"来设计试题呢？

其实递推数列"$a_n = ca_{n-1} + d$"的通项求解问题是整个数列知识的核心，是"宗"，因为当 $c = 1$，d 为常数时，递推数列便是等差数列，而当 $d = 0$，c 为常数时，递推数列便是等比数列。而且递推数列"$a_n = ca_{n-1} + d$"通项的求解过程本身蕴含许多重要的思想方法。

另一方面，按照道家"道生一，一生二，二生三，三生万物"的事物发展规律，等差数列和等比数列的基本性质就是数列求通项问题的道。当我们把等差数列"$a_n - a_{n-1} = d$"和等比数列"$a_n = q \cdot a_{n-1}$"中的通项 a_n 用不同的"因式"替换时，就可得到各种各样的递推数列（即得到各种各样的考题），这就是所谓的道生一，一生二，二生三，三生万物。比如，若 a_n 用因式"$a_n - 5$"替换，则"$a_n =$

$2a_{n-1}$"就变为新的递推数列"$a_n = 2a_{n-1} - 5$";又比如,若用因式"$\dfrac{1}{a_n - 2}$"替换

"$a_n - a_{n-1} = 3$"中的a_n,便得到的递推关系为"$5a_n = 3a_n a_{n-1} - 7a_{n-1} + 12$"的数列;替换"$a_n = 2a_{n-1} - 5$"中的$a_n$,则得到递推关系为"$12a_n = 5a_n a_{n-1} - 9a_{n-1} + 22$"的数列,而这便是湖南省 2005 年的高考试题。而求这些新的递推数列的通项都可以通过待定系数法转化为"$a_n = ca_{n-1} + d$"的形式,进一步再转化为等差或等比数列的形式来求解。比如,由 $5a_n = 3a_n a_{n-1} - 7a_{n-1} + 12$,可先转化为:

$$\left(\dfrac{1}{a_n - 2}\right) = \left(\dfrac{1}{a_{n-1} - 2}\right) + 3$$; 由 $12a_n = 5a_n a_{n-1} - 9a_{n-1} + 22$, 可先转化为:

$$\left(\dfrac{1}{a_n - 2}\right) = 2\left(\dfrac{1}{a_{n-1} - 2}\right) - 5$$。从这个互相转化的过程来看,等差、等比数列是"道",由这个"道"演变而来的"$a_n = ca_{n-1} + d$"就是问题的"一",而求解递推数列通项的基本方法就是"构造等差、等比数列",这是解题方法的"一"。

从上面的分析我们可得出这样的结论:"$a_n = ca_{n-1} + d$"的通项问题就是高中数列问题的"一",而"构造等差、等比数列"则是解决这类问题方法的"一"。其他许多数列问题都是在"一"的基础上的变化和发展。"一"的问题解决了其他许多问题也就迎刃而解——因为万变是离不开其"宗"的。

举一反三是启发式教学追求的高层境界,而达到这个境界的前提是对"一"的把握。所谓"一"就是具有广泛迁移性的、能创造知识的、"含金量"较高的、处于核心地位的那些知识和方法。全世界一流的教育家都在寻找这个"一",克纳夫基和根舍因的"范例教学"就是显例。之所以要寻找这个"一",是因为学生学到的观念越基本,几乎归结为定义,则它对新问题的适应性就越宽广。

因此,从这个意义上说,教学的过程就是寻找"一"的过程,教师的作用就是要引导学生去发现和把握"一"。

五、知其然,知其所以然,知何由以知其所以然①

问题是数学的"心脏",是数学思维的起点,"问题解决"是进行数学学习、研究的主要活动,是促进学生有意义学习的最佳途径,可以说数学教育的主要目的就是教会学生数学地思考问题和解决问题。教育部最新制订的"数学课程标

---

① 许家雄:《知其然更要知其所以然》,原载《中学数学教学》2005 年第 3 期,第 32 页,有增改。

准"将"问题解决"确定为四个课程目标("知识技能""数学思考""问题解决""情感态度")之一，并就如何落实"问题解决"目标提出具体的实施要求："经历寻求分析问题和解决问题的方法的过程，体验解决问题方法的多样性，掌握分析问题和解决问题的一些基本方法，发展创新能力"，"理解他人解决问题的方法和结论"，"回顾解决问题的过程，形成评价与反思的意识"。美国数学教育家波利亚指出："解题的价值不是答案的本身，而是在于弄清是怎样想到这个解法的？是什么促使你这样想，这样做的？"我国数学教育家傅仲孙教授也曾指出："几何之务不在知其然，而在知其所以然；不在知其然，而在知何由以知其所以然。"这就为"问题解决"的教与学指明了方向。下面结合具体的解题教学案例，谈谈一些认识。

问题：（2002 年全国高考广东、河南卷第 22 题）：已知 $a>0$，函数 $f(x)=ax-bx^2$。

（1）当 $b>0$ 时，若对任意 $x\in\mathbf{R}$ 都有 $f(x)\leqslant1$，证明：$a\leqslant2\sqrt{b}$。

（2）当 $b>1$ 时，证明：对任意 $x\in(0,1]$，$|f(x)|\leqslant1$ 的充要条件是：$b-1\leqslant a\leqslant2\sqrt{b}$。

（3）当 $0<b\leqslant1$ 时，讨论：对任意 $x\in(0,1]$，$|f(x)|\leqslant1$ 的充要条件。

一、知其然

下面先就问题(2)的解法做一些探讨。命题组提供的标准答案是这样的：

必要性：对任意 $x\in(0,1]$，$|f(x)|\leqslant1\Rightarrow-1\leqslant f(x)$，据此可以推出 $-1\leqslant f(1)$，即 $a-b\geqslant1$，所以 $a\geqslant b-1$；对任意 $x\in(0,1]$，$|f(x)|\leqslant1\Rightarrow f(x)\leqslant1$，因为 $b>1$，则 $0<\frac{1}{\sqrt{b}}<1$，所以 $f\left(\frac{1}{\sqrt{b}}\right)\leqslant1$，即 $a\times\frac{1}{\sqrt{b}}-b\times\left(\frac{1}{\sqrt{b}}\right)^2\leqslant1$，即 $a\leqslant2\sqrt{b}$。所以 $b-1\leqslant a\leqslant2\sqrt{b}$。

充分性：因为 $b>1$，$a\geqslant b-1$，对任意 $x\in(0,1]$，可以推出 $ax-bx^2\geqslant b(x-x^2)-x\geqslant-x\geqslant-1$，即 $ax-bx^2\geqslant-1$；因为 $b>1$，$a\leqslant2\sqrt{b}$，对任意 $x\in(0,1]$，可以推出 $ax-bx^2\leqslant2\sqrt{b}x-bx^2=-(\sqrt{b}x-1)^2+1\leqslant1$，即 $ax-bx^2\leqslant1$。所以 $-1\leqslant f(x)\leqslant1$。

综上，当 $b>1$ 时，对任意 $x\in(0,1]$，$|f(x)|\leqslant1$ 的充要条件是：$b-1\leqslant a\leqslant2\sqrt{b}$。

上述必要性的证明非常巧妙、简约，它运用了函数的赋值思想。因为对任意 $x \in (0, 1]$，恒有 $|f(x)| \leqslant 1$，而 $1, \dfrac{1}{\sqrt{b}} \in (0, 1]$，所以取 $x = 1$ 和 $x = \dfrac{1}{\sqrt{b}}$ 时，有 $-1 \leqslant f(x) \leqslant 1$，$-1 \leqslant f\left(\dfrac{1}{\sqrt{b}}\right) \leqslant 1$，从而得到 $b - 1 \leqslant a \leqslant 2\sqrt{b}$。

二、知其所以然

该问题属于"不等式恒成立问题"，这类问题的解法通常有三种：赋值法，直接构造函数法和参数分离法，上述必要性的证明就是运用了赋值法。

问题的关键是，命题专家是怎样想到给 x 赋值 1 和 $\dfrac{1}{\sqrt{b}}$ 的，为什么不取 $x = \dfrac{1}{2}$ 和 $x = \dfrac{1}{3\sqrt{b}}$？其背后蕴含的思想方法是什么？我们不仅要知其然，更要知其所以然。

下面我们分别用直接构造函数法和参数分离法对问题（2）进行分析，看是否能发现其中的玄机。

直接构造函数法：

必要性：对任意 $x \in (0, 1]$，$|f(x)| \leqslant 1 \Rightarrow -1 \leqslant f(x)$，$x \in (0, 1]$，即 $ax - bx^2 + 1 \geqslant 0$，$x \in (0, 1)$。构造函数 $F(x) = ax - bx^2 + 1 = -\left(\sqrt{b}x - \dfrac{a}{2\sqrt{b}}\right)^2 + 1 + \dfrac{a^2}{4b}$。

（ⅰ）当 $\dfrac{a}{2b} < 1$，即 $a < 2b$ 时，要使 $F(x) = ax - bx^2 + 1 \geqslant 0$，$x \in (0, 1]$，需 $F(x)_{\min} \geqslant 0$，即 $F(0) \geqslant 0$，且 $F(1) \geqslant 0$，解得 $a \geqslant b - 1$（即当 $x = 1$ 时，$F(x)$ 取得最小值）；

（ⅱ）当 $\dfrac{a}{2b} \geqslant 1$，即 $a \geqslant 2b$ 时，要使 $F(x) = ax - bx^2 + 1 \geqslant 0$，$x \in (0, 1]$，需 $F(x)_{\min} \geqslant 0$，即 $F(0) \geqslant 0$，解得 $a \in \mathbf{R}$，所以 $a \geqslant 2b$。

综合（ⅰ）（ⅱ）得 $a \geqslant b - 1$。

对任意 $x \in (0, 1]$，$|f(x)| \leqslant 1 \Rightarrow f(x) \leqslant 1$，$x \in (0, 1]$，即 $ax - bx^2 - 1 \leqslant 0$，$x \in (0, 1]$。构造函数 $G(x) = ax - bx^2 - 1 = -\left(\sqrt{b}x - \dfrac{a}{2\sqrt{b}}\right)^2 + \dfrac{a^2}{4b} - 1$。

（ⅰ）当 $\frac{a}{2b}<1$，即 $a<2b$ 时，要使 $G(x)=ax-bx^2-1\leqslant0$，$x\in(0,1]$，需 $G(x)_{\max}\leqslant0$，而当 $x=\frac{a}{2b}$ 时，$G(x)_{\max}=G\left(\frac{a}{2b}\right)=\frac{a^2}{4b}-1\leqslant0$，解得 $a\leqslant2\sqrt{b}$（当 $x=\frac{a}{2b}$ 时取等号，此时 $a=2\sqrt{b}$，所以 $x=\frac{a}{2b}=\frac{1}{\sqrt{b}}$）；

（ⅱ）当 $\frac{a}{2b}\geqslant1$，即 $a\geqslant2b$ 时，要使 $G(x)=ax-bx^2-1\leqslant0$，$x\in(0,1]$，需 $G(x)_{\max}\leqslant0$，而当 $X=1$ 时，$G(x)_{\max}=G(1)=a-b-1\leqslant0$，解得 $a\leqslant b+1$。又 $a\geqslant2b$，所以 a 无解。

综合（ⅰ）（ⅱ）得 $a\leqslant2\sqrt{b}$。

综上得：$b-1\leqslant a\leqslant2\sqrt{b}$。

由以上分析可知，当 $x=1$ 时，函数 $F(x)=ax-bx^2+1$ 取得最小值，而当 $x=\frac{a}{2b}=\frac{1}{\sqrt{b}}$ 时，函数 $G(x)=ax-bx^2-1$ 取得最大值。这便是用赋值法求解时为什么取 1 和 $\frac{1}{\sqrt{b}}$ 这两个值来赋值的缘故。

参数分离法：

必要性：对任意 $x\in(0,1]$，$|f(x)|\leqslant1\Leftrightarrow-1\leqslant f(x)\leqslant1$，$x\in(0,1]\Leftrightarrow$ $-1\leqslant ax-bx^2\leqslant1$，$x\in(0,1]\Leftrightarrow bx^2-1\leqslant ax\leqslant bx^2+1$，$x\in(0,1]\Leftrightarrow bx-\frac{1}{x}\leqslant a\leqslant$ $bx+\frac{1}{x}$，$x\in(0,1]$。令 $h(x)=bx-\frac{1}{x}$，$g(x)=bx+\frac{1}{x}$，则要使 $bx-\frac{1}{x}\leqslant a\leqslant bx$ $+\frac{1}{x}$，$x\in(0,1]$ 时恒成立，需 $h(x)_{\max}\leqslant a\leqslant g(x)_{\min}$。因为 $h(x)=bx-\frac{1}{x}$ 在 $(0,$ $1]$ 上单调递增，所以当 $x=1$ 时，$h(x)_{\max}=h(1)=b-1$。而 $x\in(0,1]$ 时，$g(x)=bx+\frac{1}{x}\geqslant2\sqrt{b}$，当 $bx=\frac{1}{x}$，即 $x=\frac{1}{\sqrt{b}}$ 时，$g(x)_{\min}=2\sqrt{b}$。因此，$b-1\leqslant a$ $\leqslant2\sqrt{b}$。

由以上分析，我们很容易发现取 1 和 $\frac{1}{\sqrt{b}}$ 来赋值的奥秘。

三、知何由以知其所以然

前面提到，"不等式恒成立问题"的解法通常有三种：赋值法，直接构造函数法和参数分离法。本例中我们正是用这三种方法进行解题分析，由以上的分析知道，利用赋值法证明问题的必要条件无疑是很简约的，但使用赋值法解题的前提是对问题结构要有深刻的认识，而这种认识是立足于直接构造函数法和参数分离法解题的过程分析，换句话说赋值法是基于直接构造函数法和参数分离法的一种特殊化方法，而直接构造函数法和参数分离法才是解决"不等式恒成立问题"的基本方法。

从以上用直接构造函数法和参数分离法解题的过程对比来看，这两种方法的本质其实是一样的，都是通过求函数的最值进而解得参数 a 的取值范围。但从解题过程来看，参数分离法显然要比直接构造函数法更加简单了然。究其原因，主要是因为直接构造函数法所构造的函数含有参数 a，由于参数取值不同会导致不同的结果，因此需要对参数 a 进行分类讨论，而分类讨论的逻辑性较强，对学生的思维能力要求较高，向来是学生学习的难点。而用参数分离法解题时，由于预先将参数 a 和自变量 x 进行分离，这样所"构造"的函数不再含有参数 a，研究起来就可避开烦琐的分类讨论，因而求函数最值的过程就比较简单自然。

下面就用参数分离法对问题(3)予以证明。

(3)对任意 $x \in (0, 1]$，$|f(x)| \leq 1 \Leftrightarrow -1 \leq f(x) \leq 1$，$x \in (0, 1] \Leftrightarrow -1 \leq ax - bx^2 \leq 1$，$x \in (0, 1] \Leftrightarrow bx^2 - 1 \leq ax \leq bx^2 + 1$，$x \in (0, 1] \Leftrightarrow bx - \dfrac{1}{x} \leq a \leq bx + \dfrac{1}{x}$，$x \in (0, 1]$。令 $h(x) = bx - \dfrac{1}{x}$，$g(x) = bx + \dfrac{1}{x}$，则要使 $bx - \dfrac{1}{x} \leq a \leq bx$，$x \in (0, 1]$时恒成立，需 $h(x)_{max} \leq a \leq g(x)_{min}$。因为 $h(x) = bx - \dfrac{1}{x}$ 在 $(0, 1]$ 上单调递增，所以当 $x = 1$ 时，$h(x)_{max} = h(1) = b - 1$。而 $x \in (0, 1]$时，$g(x) = bx + \dfrac{1}{x} \geq 2\sqrt{b}$，当 $bx = \dfrac{1}{x}$，即 $x = \dfrac{1}{\sqrt{b}}$时，$g(x) = 2\sqrt{b}$，但由于 $0 < b \leq 1$，则 $\dfrac{1}{\sqrt{b}} > 1$，因此 $g(x)_{min} = g(1) = b + 1$。综上得：$b - 1 \leq a \leq b + 1$。又因为 $b - 1 \leq 0$，所以当 $0 < b \leq 1$ 时，对任意 $x \in (0, 1]$，$|f(x)| \leq 1$ 的充要条件是 $a \leq b + 1$。

事实上，参数分离法是求参数取值范围问题的一种重要思想方法。参数分离法的最大特点是思路单一，方法简单，容易想到，最重要的是可避开对参数烦琐的分类讨论。从理论上讲，所研究的问题只要能够实现参数和自变量分离，都能够利用参数分离法予以解决。但是，在实施参数分离时也可能要对自变量

x 进行分类讨论，但对自变量 x 的讨论要比对参数的讨论容易得多。另外，在利用参数分离法构造新函数时，还可能发生新构造的函数比直接构造函数法所构造的函数更复杂，无形中会增加过程的计算量，但看似复杂的函数实际上都比较简单或者比较特殊，只要坚定信念，大多数问题都能迎刃而解。

比如(2014 年高考辽宁卷)，当 $x \in [-2, 1]$ 时，不等式 $mx^3 - x^2 + 4x + 3 \geqslant 0$ 恒成立，求实数 m 的取值范围。

分析：该问题如果用直接构造函数法，直接构造函数 $f(x) = mx^3 - x^2 + 4x + 3$，再求函数 $f(x)$ 的最小值，过程十分烦琐，运算量很大，技巧性很强，一般学生都会无功而返。而参数分离法则是思路单一，过程简单，容易想到，一般学生都能顺利解决问题。

$x \in [-2, 1]$ 时，不等式 $mx^3 - x^2 + 4x + 3 \geqslant 0$ 恒成立 $\Leftrightarrow x \in [-2, 1]$ 时，不等式 $mx^3 \geqslant x^2 - 4x - 3$ 恒成立。

（ⅰ）当 $x = 0$ 时，$m \in \mathbf{R}$。

（ⅱ）当 $-2 \leqslant x < 0$ 时，由 $mx^3 \geqslant x^2 - 4x - 3$，得 $m \leqslant \dfrac{1}{x} - \dfrac{4}{x^2} - \dfrac{3}{x^3}$。令 $f(x) = \dfrac{1}{x} - \dfrac{4}{x^2} - \dfrac{3}{x^3}$，易求得 $f(x)_{\min} = -2$，即 $m \leqslant -2$。

（ⅲ）当 $0 < x \leqslant 1$ 时，由 $mx^3 \geqslant x^2 - 4x - 3$，得 $m \geqslant \dfrac{1}{x} - \dfrac{4}{x^2} - \dfrac{3}{x^3}$。令 $g(x) = \dfrac{1}{x} - \dfrac{4}{x^2} - \dfrac{3}{x^3}$，易求得 $g(x)_{\max} = g(1) = -6$，即 $m \geqslant -6$。

综上所述，当 $x \in [-2, 1]$ 时，实数 m 的取值范围为 $-6 \leqslant m \leqslant -2$。

多元智力理论的创建者加德纳认为，教育的最大目的在于使学生获得最大程度的理解。因此，问题解决教学的重点不在于能解决多少数量的数学问题，也不在于获得正确的解答，而是要立足于对问题及解题过程进行全方位的分析，把握其本质，从而使学生获得解决问题的经验和思想方法。也就是说，过程、方法比结论更重要。因此，教师在教学过程中要注意引导学生揭示知识的发生和发展过程，使学生知其然，知其所以然，知何由以知其所以然。

附录：生命如歌——许家雄教学风格研究[①]

2002 年，广西教育厅委托广西师范大学主持开展"特级教师教学风格个案研究"，并从全省一大批特级教师中选定了 10 名优秀教师作为"特级教师教学风格个案研究"的研究对象。这项研究，意在在教育理论与教育实践之间架起联结的桥梁，通过总结并推广优秀特级教师的经验，使其能在更广阔的层面上影响并带动全省教师队伍的建设，促进教师的自主发展，推进教师专业化的进程。

"特级教师教学风格个案研究"的研究成果：《智慧人生——特级教师教学风格个案研究》，2005 年已由接力出版社出版发行，《生命如歌——许家雄教学风格研究》，是该课题的研究成果之一。

> 世界也许很小很小，心的领域却很大、很大。教师是在广阔的心灵世界中播种、耕耘的职业，这一职业应该是神圣的。愿我们以神圣的态度在这神圣的岗位上把属于我们的那片园地管理得天清日朗，以使我们无愧于自己的学生，无愧于生命长河中的这段历史。
>
> ——许家雄

我认识许家雄，首先是从广西师范大学党委书记王枬博士说的"他是一个怪才"和"广西 21 世纪园丁工程"网站上的下面这段文字开始的。

许家雄，男，1964 年 10 月出生。在贵港市江南中学任教，数学、物理双本科学历，中学数学高级教师、特级教师。教学工作成果及获奖情况：

1995、1996、1997、1998 年四年获市教学成果数学科一等奖；

1992、1993、1998 年三次获市教学成果物理科一等奖；

[①]　叶蓓蓓：《生命如歌——许家雄教学风格研究》，原载王枬主编《智慧人生——特级教师教学风格个案研究》，接力出版社 2005 年版，第 326－368 页。

1996、1997、1998 年三次获市教学成果化学科一等奖；

1991、1992、1995 年三次获广西中学生奥林匹克物理竞赛优胜指导教师奖；

1995、1996、1997 年获市、自治区、全国奥林匹克化学竞赛优胜指导教师奖；

1995、1996、1997、1998 年四年获市、自治区、全国数学竞赛优胜指导教师奖。

1985、1994、1997、2001 年四次被评为地市级优秀教师；1988 年、2002 年两次被评为省优秀教师；2000 年被评为中学数学特级教师；2001 年被评为全国模范教师。

科研成果：论文《润物细无声》《浅谈数学的情境设计》《落实教学目标，提高课堂教学效率》《运用心理规律，培养学生兴趣》分别获市级一等奖，《例谈层次教学》和《化学图表在化学教学中的应用》获自治区教学论文一等奖，《突出思维训练，培养思维品质》《优化教学过程，提高教学质量》两篇论文被市选送参加自治区、全国中学教育教学论文评比。在《数学通报》《中学数学教学参考》等期刊发表论文 20 多篇，有两篇教学设计编入"园丁工程"丛书，编著的《中学知识表解与自我训练丛书》由广西民族出版社出版发行。

现研究课题：创新学习与创新能力的培养。

2002 年 12 月 8 日，我乘下午的快巴从桂林到贵港。到贵港已经是傍晚，由于是冬天，白天特别短，跃入我眼帘的是一个夜幕中宁静的小城。我呼吸着小城的空气，揣测着它孕育了一个什么样的许家雄。

到达许老师工作的江南中学时，已经可以看见星星和月亮了。教学楼里灯火通明，二楼最旁边的窗户传出了一个铿锵有力的声音，接我的韦老师说："那就是许家雄，他正在组织高一年级举行'走进十六大'研究性学习的汇报会。"……

在贵港的江南中学，在一片迷人的星空下，我走进了许家雄老师的教学世界。他洪亮的声音给我对今后的采访增加了不少信心。

引子：在那遥远的小山村

选择教师职业

许家雄老师给我的第一印象是清瘦、清瘦的，前额的发线比较高，留着一个"刘德华2000年款"的小胡子，戴着一副金边眼镜，煞有性格。不知道是因为我们曾在电话中交谈过，还是因为他本身就具有一股亲和力，他让我觉得善良、容易相处。

2000年12月10日下午，我向许家雄老师进行了第一次访谈，许老师的言语把我带到了他生活过的小山村。

我：是什么样的事物，或者是什么样的环境，或者是什么样的人让你选择了教师这个职业？

许：我从小对教师就很尊重，我们农村人对教师这种职业比较崇敬，我本身也愿意当教师。我高考填报志愿时选择的志愿是当医生或者教师……我当时没有太大的理想。在农村，父母的愿望就是让子女有份稳定的工作。选择教师这一职业可能跟我的性格有关，我是属于心地比较善良、胆子比较小的人，认为当教师特别适合自己。上学时我比较听老师的话，一直都得到老师们的关爱，所以对老师就有一种比较深厚的感情。

许家雄，一个农民的儿子，有着一颗对教师、对教育崇敬的心，是因为善良的父辈教会了他去感恩，是因为那个遥远的小山村告诉了他知识的力量。在有意识和无意识中，他选择了教师这个职业，也找到了一生的追求。

我：你们经历了10年动乱，后面又经历了……（我的话还没有完，许老师的话匣子又打开了）

许：1975年，我上初中。因为是"文革"时期，从读小学开始我们就不太上文化课了，半工半读，更多时候是全天劳动，在初中的二年里根本就没有学到什么文化知识。我记得77年中考时我的数学成绩才两分。上高中的时候，连最简单的二元一次方程都不会解。于是，我就从高一开始自学初中的知识，从有理数的运算开始，包括物理、化学这两科，全部自学，用一个学期的时间把初中的数、理、化科目全部自学一遍。

我：（很吃惊地）一个学期？

许：是的！我77年是在大队里（在山上）读高中的，8个月后大队办的高中解散了，这样我们就转到乡镇高中从高一开始就读，因为我的基础差，高一开始时的课程我也跟不上，所以那时还得补高一的课程呢。那时候我勤奋到什么程度？可以说是废寝忘食。早上5时30分起床锻炼身体，然后赶着吃早餐，跑步进教室，上课、下课，除了上厕所，我是不出教室的，都在教室里看书，那个学期午睡也没有睡过，躺在床上看书。晚自修下课学校统一熄灯后，自己点起煤油灯又继续看书，经常到 12 点之后才休息。

我：可能是从那个时候开始，你就特别容易投入?

许：还是那种紧迫感和危机感。因为 77 级的我和 78 级的同学比，自己的基础不好、差距很大。我危机感比较强，下决心一定要赶上 78 级的同学。晚上我点煤油灯看书到 12 点钟，每天实际只睡五个半小时也不觉得困。星期天也不回家，总是让父亲送米送伙食费到学校给我。高一的第一个学期里我就是整天看书做题。拼了一个学期，我在班上进入了前五名。我就是从那时培养了较强的自学能力。但是，我的视力也由 1.5 变成了 0.6。由于近视，后来就不敢这么拼命了。当时也不敢跟家里提出要配眼镜，因为父母是农民啊，家里比较穷。每次看到父亲送米来学校给我后离开时的背影，心里总有流泪的感觉。我这个人比较感性。

我：父母确实是很辛苦。

许：因为自己是农民出身，加上我心地比较善良，做起事来也不太愿意出头，所以我比较适合当教师。

我：应该说你有了中国传统文化中那种很内敛的文化神韵。

许：比如说，平时我回老家，都会给村里的老人买一些礼物，也会给他们一些钱，一两百块的，因为这些老前辈也不容易啊，自己这样做心里觉得欣慰些。

似乎是时代造就了他，似乎是历史给予了他自学的能力，并且锻造了他自强不息的精神。可是我们有谁能否认历史的偶然不是一种生活的必然呢？在一个教师的成长过程中，压力、意志、动机等非智力因素起着举足轻重的作用。历史给予许家雄的是在穷乡僻壤里的 10 年岁月，但是他给历史的是一个宽大的胸怀。他只是说了一句：在这个人的问题比人还多的世界里，我们能渴望什么？唯有勤奋，唯有拼搏，唯有自强。在海上航行没有不受伤的船，要把握生命的每一分钟，去追寻自己的梦。

我：当你回顾曾经历过的动荡的年代，你觉得那个年代给予了你什么样的东西呢？

许：自己的童年还是挺快乐的，比较遗憾的就是我们当时学的东西太少了，连拼音都没学过，更没读过什么文学著作了，所以自己的文化底蕴很差。浪费了少年时光啊！如果那时候打好基础，现在就不会总感觉"书到用时方恨少了"……到读高中时，我对数理化特别感兴趣，英语和生物我都不学，偏科！那年高考，英语和生物都考不好，勉强上了本科线，最后去师专读物理系。读到大三的时候，我开始意识到当教师应该懂得多点，并感到自己的人文素养太差，就有意识地学点文科方面的东西。

我：是什么让你意识到去提高自己的人文素养的？

许：我当时看了关于苏霍姆林斯基的一篇报道，报道中说他每个学科都能教。他本来是教语文的，但是他理科也懂很多，后来当校长的时候，每个学科他都去听课，都能和老师们探讨交流。我是从他那里得到启发的，我曾写过一篇文章叫"追随苏霍姆林斯基"，就是要追随他，做一名全面发展的优秀教师。

我：是的，你总是提起他，这就是榜样的力量。

十年壮乡教学

我：你毕业以后就回到了家乡？没有其他太多的想法吗？

许：没有。尽管我是班里成绩第一的优秀毕业生，但我这个人很单纯，单纯到根本不去考虑组织会把我分到哪儿。到市里报到时，我最大的愿望就是能回到自己的家乡任教，以方便照顾自己的父母，仅此而已。但市教育局的领导却要把我安排到一个"老、少、山、穷"的乡镇（奇石乡）去任教。奇石那个乡镇，"又山又穷"。所谓山，就是山高路险，如果冬天下雨，道路泥泞，汽车开不进去，乡里的人去县城办事要先走路出来，要走二十多公里山路才能坐上汽车。

我：走二十多公里？

许：因为是"老、少、山、穷"的壮乡，所以别的毕业生都不愿意去。教育局的领导对我说你去吧，我二话没说，第二天就去报到了。

我：你在奇石待了十年？

许：是的，整整十年。我很安心，这中间我也没有要求调动过。因为离家远，交通又不方便，所以很少回老家，整天和学生在一起，真正做到了以校为家。我是个热心肠、乐于助人的人，无论是学校的还是同事的事情，也不管是分内分外的事，我都乐意帮忙。我是教物理的，学校没有电工，我包了；英语老师请假时，我也顶替过，虽然上中学时我们不学英语，到大学才学了一点，不太懂，但我也教了。十年里，几乎每个学科我都教过。

我：你在那十年里有过些什么困惑？

许：也没有什么困惑，我是个随遇而安，不愿为难领导和同事的人。开始有点苦恼吧，因为初到那里时语言不通（当地人都讲壮语），人生地不熟。学校没有水，要到一公里以外的地方挑水，也没有电，这使我一开始有点悲观。白天跟学生在一起，我还很快乐。没有电的晚上却很无聊，一个人在房间时有一种失落感……有一天我突然想参加数学自学考试。于是从1985年开始，我报名参加数学专业自学考试，考了三年的专科，接着又考本科。但我一直都还在奇石当教师。因为当地人对我很好，壮乡人特别朴素、纯洁。我也在那里结了婚，女儿斌斌就是在那里出生的。

我：你觉得在奇石的十年里，最大的收获是什么？

许：首先自己在教育教学工作方面取得了较好的成绩，两次被评为地市级优秀教师，一次被评为省优秀教师，这为我成为一名好老师打下了坚实的基础。其次就是这十年我自学了很多东西。我在那里（奇石）除了搞好教学，业余时间比较充足，那里毕竟跟外面的交流比较少，更没有什么娱乐活动。在这十年里，主要是学数学，其次是学物理（本科），还学英语，英语完全是自学的。后来我参加研究生考试，英语得了60分，就是得益于在奇石的自学。再有就是经过这十年的艰苦磨炼，我更能吃苦耐劳了，因为我在这个艰苦的地方愉快地生活了十年。当时我们的工资很低，没有奖金，在物质上也没有什么奢求。

十年的壮乡生活，远离城市的喧嚣，没有霓虹闪烁，一盏清灯、一摞书、一腔热血、一股热情打下了许家雄教师生涯中最坚实的基础。现在有多少教师可以拥有属于自己的宁静、自己的时间？不知道从什么时候开始，一些城市里的教师变得迷失了自我。

我：后来到了贵港的江南中学，你觉得自己又收获了一些什么？

许：我是通过全市的招聘考试来到江南中学的。在这里比较大的不同就是教师之间、班级之间竞争很激烈，因为这毕竟是全市的重点中学，汇集了全市的优秀教师和优秀学生。可以这样说，我在教育教学方面的真正进步是到了江南中学以后。

文化人类学家发现，在社会文化的许多方面下一代都趋同于上一代，表现出一定的连贯性，生活发生的这种延续一部分是通过称之为濡化的过程来保持的。在他们看来，濡化是部分有意识、部分无意识的学习过程，是靠老一代指示、引导并强迫年轻一代接受传统的思想和行为方式。文化的传播就要是在一种言传身教、潜移默化的方式中生生不息，中华民族的刻苦耐劳、自强不息精神在时间的长河中延续，这些传统中美好的东西给予了许家雄人生道路上一盏永恒的明灯。

一、教育是一种心灵愉悦——许家雄的教学观

我们在燃尽自己的同时也在收获着人才，收获着成功，收获着
快乐。

——许家雄

思考数学

1994 年，许家雄老师从奇石乡来到了贵港市江南中学。江南中学云集了当时贵港市最优秀的中学教师，他在这里开始了真正的教学探索，并且形成了他的教学风格。

许：来到这里，我感到竞争很激烈，江南中学的高、初中老师都是很优秀的。我一来就教初二的一个班的数学和物理，第一次段考，这个班的数学考试成绩是排在倒数第一的。

我：主要是没有适应？

许：对，没有适应！第一个月我根本不适应，因为这里的工作节奏太快了，一早就起来做操，然后去看学生早读，午睡还要管着学生，晚上又要去上晚修，还要去管理学生的晚睡……而且我是第一次教数学这个学科，虽然说我的自学能力比较强，但是，应该怎么去教好数学？我还真没有把握好，所以我那个班的段考成绩是最后一名。当时，我的情绪很不好。学生都来安慰我："老师，高兴点吧！"那个时候我没办法高兴啊，全年级的老师去北海旅游，但我不敢去。为什么呢？就是自己教的班成绩不好，我要留在学校好好地总结、总结，反思一下。后来呢，我把各方面的工作做得更细致一点，特别是看了不少的数学教学参考书。我这个人有个特点：不服输。毕竟自己已经教了十年书了。另外我也经常去听别的老师上课，向他们学习，然后自己再慢慢去感悟、思考自己的教学，还不断尝试着改变一些教学的策略，后来学生的成绩也就上去了。

我：你在总结和感悟的过程中，开始反思自己的数学教学？

许：是的。

我：你的教学风格是什么时候形成的呢？

许：这个教学风格，我也说不清楚，我一直都很注重对思维过程的分析，就是重视知识的发生和发展过程。为什么呢？这得益于我自己的自学经历。对

疑难问题我一向都喜欢追根问底，要知其所以然。我要弄懂为什么这个结论是这样，这个解法别人是怎样想到的，等等。所以，在教学过程中，我特别注意分析解决问题的方法，剖析解决问题的思维过程，注意启发、引导学生弄懂知识的来龙去脉，理解知识的发生和发展过程。

这就是许家雄。他对自己近于苛刻的要求，他身上那股永不服输的劲，为他的教学进步打开了一扇门。他开始思索教学，思考数学教育，他开始为了学生的进步而费尽心思，他用自己独有的自学本领闯出了一条属于自己的路。

我：从你的自学经历中，你体会最深的是什么？

许：对于学习，我的体会就是三句话：第一要"看（听）得懂"。因为自学时我很注重弄清楚知识的来龙去脉。第二要"记得住"，记忆还是很重要的环节。第三要"悟得通"。最重要的是"思考"和"感悟"。我备课不写教案，我更多的时间是在"悟"：应该怎么样突出重点？怎样去突破难点？这个问题的深层结构是什么？这道问题可以有多少种解法，通性通法是什么？还可以怎么样去"发散"？解题方法是怎么想出来的？怎么引导学生也能够像老师那样去思考？

我：你上课的时候经常会说"大家要仔细地体会"。

许：体会就是"悟"。因为有些东西别人再怎么讲，如果没有经过自己的亲自操作和体悟的话，你也只是假懂。为什么会想到要连结这条辅助线？为什么一连结就找到中点？如果在这里平移呢？这些，你讲给学生听，很容易啊。但是，为什么有些学生上课听"懂"了，课后却不会解决问题？关键是还没有悟通。当然，这过程还需要老师的启发。

我：你是从什么时候开始对你的教学进行理论思考的？

许：真正将教学与理论相结合是进入园丁工程培训以后。以前我都是为了解题而解题，为教学而教学，为应试而应试。没有上升到理论层面的思考，只是为了提高考试成绩而已。教学就是围绕着考试进行，哪些不考，哪些是重点考，哪些是热点……都是盯着这个来备课、上课。进入园丁工程培训以后，自己开始思考什么是教育，什么是数学教育，什么是学习，等等。有理论指导和教育思考以后自己的教学视界就开阔多了。

快乐数学

我：你认为一堂好课的标准是什么？

许：从思维的层次来说，关键是学生能体会到那种思维之美、理性之美，能够感受到"数学化"的过程，知识"再创造"的过程。感受到思维的快乐，才是成功。特别是数学课，它重在让学生在问题解决的过程中去体验数学之美、思维之美、理性之美。

我：你认为快乐不是表面的？

许：是的！数学学习的快乐不是表面的，应该是内在的、理性的。"这个问题我终于弄懂了，这道题我终于会解啦，这个定理原来是这样发现的，我也能发现一个定理……"达到这种境界，我认为才是成功的。

我：你觉得要让学生真正去体验到这种快乐，教师最重要的是做什么？

许：要善于启发、点拨，我很推崇苏格拉底的"助产术"。

许家雄认为，古希腊大哲学家苏格拉底是孔子的知音，是启发式教学的大师。他特别提到了苏格拉底的一个故事。一天，苏格拉底像平常一样来到市场，他一把拉住一个过路的人说道："对不起，我有一问题弄不明白，向你请教。人人都说要做一个有道德的人，但道德究竟是什么？"那人回答说："忠诚老实，不欺骗别人，才是有道德的。"苏格拉底装作不懂的样子问："为什么和敌人作战时，欺骗敌人是符合道德的，但欺骗自己人就不道德了？"那人承认："欺骗敌人是符合道德的，但欺骗自己人就不道德了。"苏格拉底反驳道："当我军被敌人包围时，为了鼓舞士气，将领就欺骗士兵说，我们的援军已经到了，大家奋力突围吧，结果突围成功了。这种欺骗也不道德吗？"那人说："那是战争中出于无奈才这样做的，日常生活中这样做是不道德的。"苏格拉底又追问起来："假如你儿子生病了，又不肯吃药，作为父亲，你欺骗他说，这不是药而是一种很好吃的东西，这也不道德吗？"那人只好承认："这种欺骗也是符合道德的。"苏格拉底并不满足，又问道："不骗人是道德的，骗人也是道德的，那就是说道德不能用骗人与不骗人来说明，究竟用什么来说明它呢？还是请你告诉我吧！"那人想了想说："不知道道德就不能做到讲道德，知道了道德才能做到讲道德，这就是道德。"苏格拉底这才满意地笑起来，拉着那人的手说："你真是一个伟大的哲学家。你告诉了我关于道德的知识，使我弄清了一个长期困惑的问题。"

由此，许家雄把启发式教学作为自己追求的一个教学境界。他说，教学有法，教无定法，贵在得法。我们的教学怎样才能"得法"呢？要具备两个条件：其一，学高为师，德高为范。要给学生一滴水，教师首先是一条河，只有一桶水的教师已经不能适应时代教育发展的要求了。知识经济时代要求教师必须不断更新知识，丰富自己，超越自我，要不断提高自己的专业素养、创新能力、解题水平，要不断提高自己的教育理论素养、教学思维、科研能力和人文素养。那种文科教师不懂数理，理科教师不懂人文，只局限所教学科的状况已不适应时代发展的要求了，这是实现教学得法的基础。也就是说，一个知识贫乏、肤浅的人，他的教学是不可能得法的。其二，掌握启发式教学的精髓。这是实现"得法"的根本途径。当今中国各种教法、教学模式满天飞，但无一能跳出孔子的"启发式"教学。中共中央国务院关于基础教育改革的决定中已明确规定：要采用"启发式"教学，培养学生的创新精神和实践能力。那么，"启发式"教学的精髓是什么呢？有两点：（1）什么时候启发？"不愤不启，不悱不发。"也就是说，学生考虑问题不到"愤"的程度不要启，不到"悱"的程度不要发；当学生想不出来、焦虑的时候才"启"，当学生想得出来但说不出来的时候才"发"；（2）怎样去启发？"君子之教喻也，道而弗牵，强而弗抑，开而弗达。道而弗牵则和，强而弗抑则易，开而弗达则思。和易以思，可谓善喻矣！"这就是启发式教学的精髓，意思是说，高水平教师的教学，善于引导学生但不要牵着学生的鼻子走，严格要求学生但不要压抑学生，开了头，剩下的问题由学生去探究。用现代的教育语言来说，就是教师要善于创设创造性的问题情景，引导学生不断去揭示知识发生和发展的过程；教师要创设民主、开放、和谐的教学环境，建立真正民主平等的师生关系；教师要留给学生足够的思考时间和空间，让学生主动去探究。当然，贵在得法，这个得法也是分层次、分境界的。最低层次是传道授业解惑——传授知识；中间层次是教是为了不教——注重对学习方法的指导；最高层次是不教而教——就是"用爱心去浇灌，用真情去感化，用人格去熏陶，用行为去影响，用智慧去启迪，用表率去影响"。我们的教学应力图实现上述三个层次的最佳整合。

是的，新课程改革提出，要让每个学生学到适合自己的数学。追求快乐的教育、快乐的数学，希望通过自己的教学给予学生体验数学的快乐，这就是许家雄最大的满足。

智慧数学

数学教育是一种需要教师倾注智慧的工作。许家雄老师在几十年的教学生涯中注意根据不同的教学对象、不同的教学环境，不断地改变着自己的教学方式，形成了他的教学风格。

我：你在教学中有很多思考？

许：我的数学专业能力不是很强，因为毕竟我不是数学科班出身的。但是我善于去学习、去思考、去反思、去总结。

我：你觉得你上课最大的特点是什么？

许：我比较有激情。即使工作很累，但只要一到讲台上，我就充满激情，我自始至终都保持着旺盛的战斗力。

我：你比较注重的是培养学生网络性的知识、发散性的思维。

许：我经常采用比较的方法来启发引导学生。比如，这道题几天前讲过了，后面又出现一道跟它类似的问题，就拿来跟前面的对比着讲解，通过问题之间的对比，解法之间的对比，使学生系统掌握知识和方法。我提出了优化学生知识结构的几个"化"："数学知识过程化"，就是要揭示知识的发生和发展过程；"数学知识条件化"，就是要理解知识的来龙去脉，知识产生和运用要与具体的情境及条件联系起来；"数学知识系统化"，就是让问题、知识和思想方法形成一个网络；"数学知识策略化"，就是教给学生数学思维的方法，等等。什么是智慧？智慧就是系统化的知识和方法。你达到这几个"化"，你的能力就形成了。

教学片段一：立体几何

地点：高三(78)班(理科补习班)教室

师：立体几何的关键是"证垂直"，而证垂直的关键是"做垂直"。

板书："依面靠线"做垂直。

（关键）↓

"依面靠线"，"落点"常在重心、中心、角平分线上。

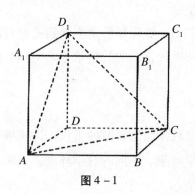

图 4 - 1

师：如图 4 - 1，（看上面的正方体）求 B_1 到面 ACD_1 的距离。做垂直又是个关键。过 B_1 做面 ACD_1 的垂线，落点清楚吗？

生：清楚/不清楚。（两种回答都有）

许：作 B_1 到面 ACD_1 的垂线，落点就在 $\triangle ACD_1$ 的中心。为什么？请看！连 B_1D，则 $B_1D \perp$ 面 ACD_1，为什么？理由是三垂线定理；另一种方法是求点到面的距离——用体积法，可把 B_1 到面 ACD_1 的距离转移到求 A_1 到面 ACD_1 的距离，且 B_1 到面 ACD_1 的距离等于 A_1 到面 ACD_1 的距离的 2 倍。通过点的转移求距离，目的是什么？为什么是 2 倍？

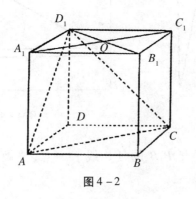

图 4 - 2

许老师启发引导：如图 4 - 2 因为 $A_1C_1 /\!/ AC$，所以 A_1C_1 上任意点到面 ACD_1 的距离相等，故点 O、A_1 到面 ACD_1 上的距离相等，而 B_1 到面 ACD_1 的距离是点 O 到面 ACD_1 上的距离的 2 倍。

用体积法求距离，可以避开寻找作垂直的落点，但有些情况是避不开的，所以一定要掌握"依面靠线"做垂直的方法，只有把垂线段做出来了，证明垂直和计算垂线段的长才有可能。

板书：

求点 B_1 到面 D_1EF（E、F 为 AD、CD 中点）的距离。

如图 4 - 3，连 D_1B_1，DB，AC，则有 $EF \perp$ 面 D_1DBB_1，连 D_1O'。

过点 B_1，依面（面 D_1DBB_1）靠线（D_1O'），作直线垂直于 D_1O'（这就是"依面靠线"作垂直），连 B_1O'。则求点 B_1 到面 D_1EF 的空间距离问题就转化为求（平面上的）$\triangle B_1D_1O$ 的高的问题了。这可通过面积法来求出高。

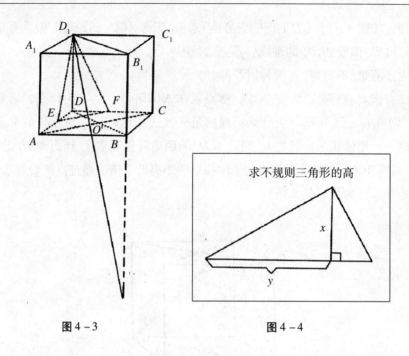

图 4 - 3   图 4 - 4

师：看，延长 D_1O' 交 B_1B 的延长线于一点，"做穿它有意想不到的效果"……

生：啊！

师小结：如图 4-4，"依面靠线"做垂直，实质是把空间距离问题转化为平面上的距离问题。

板书：

"颠三倒四"证垂直

高中方法：①三垂线定理；②线面垂直⇒线线垂直；③面面垂直。

初中方法：①全等（相似）证垂直；②勾股逆定理证垂直；③互余证垂直；④利用图形性质证垂直（比如利用等腰三角形三线合一性质等）。

例题：在如图 4-5 所示的直三棱柱中，$\angle ACB = 90°$，$\angle BAC = 30°$，$BC = 1$，$AA_1 = \sqrt{6}$，M 是 C_1C 的中点。求证：$AB_1 \perp A_1M$。

师分析：证垂直，分为证明空间直线（异面直线）垂直和平面直线垂直。

证明空间两条异面直线垂直的方法主要有：①三垂线定理；②线面垂直⇔线线垂直；③面面垂直。

证明平面内两条直线垂直的方法主要有：①全等（相似）证垂直；②勾股逆

定理证垂直；③"互余"证垂直；④利用图形性质证垂直（比如利用等腰三角形三线合一性质等）。

要证空间两条异面直线垂直，即 $AB_1 \perp A_1M$，需通过证"线面垂直"，从而推得"线线垂直"。即要通过证明 AB_1 垂直于 A_1M 所在的某个平面（这条途径比较困难，为什么？），或倒过来证明 A_1M 垂直于 AB_1 所在的某个平面（比如，面 AB_1C_1，为什么要选取面 AB_1C_1 呢？）。

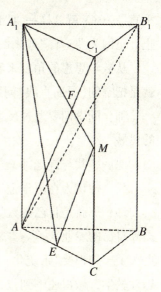

图 4 - 5

而要证 $A_1M \perp$ 面 AB_1C_1，又要转化为证 A_1M 垂直于面 AB_1C_1 中的两条直线（宜选取 AC_1 和 B_1C_1，为什么？）。

要证 $A_1M \perp AC_1$，这已经是同一平面内的两条直线，可用证明平面直线垂直的方法去证明。

要证 $A_1M \perp B_1C_1$，由于这两条直线是异面直线，又需通过证"线面垂直"，从而推得"线线垂直"。即要通过证明 A_1M 垂直于 B_1C_1 所在的某个平面（这条途径比较困难，为什么？），或倒过来证明 B_1C_1 垂直于 A_1M 所在的某个平面（比如面 A_1ACC_1，为什么要选取面 A_1ACC_1 呢？）。

要证 $B_1C_1 \perp$ 面 A_1ACC_1，又要转化为证 B_1C_1 垂直于面 A_1ACC_1 中的两条直线（宜选取 A_1C_1 和 CC_1，为什么？）。

要证 $B_1C_1 \perp A_1C_1$，这已经是同一平面内的两条直线，由已知条件便可证明。

要证 $B_1C_1 \perp CC_1$，这也是同一平面内的两条直线，由已知条件也可证明。

至此，已证明 $A_1M \perp$ 面 AB_1C_1，从而推出：$A_1M \perp AB_1$，倒过来便是 $AB_1 \perp A_1M$。

师小结：上述证明空间两条异面直线垂直的过程和方法可以用"颠三倒四"四个字来概括，简称"颠三倒四"证垂直。所谓"颠三倒四"证垂直，一方面是指，要证 $AB_1 \perp A_1M$，如果从 AB_1 出发去证明它垂直于 A_1M 有困难时，须倒过来考虑从 A_1M 出发去证明它垂直于 AB_1。另一方面是指，要证"两条异面直线垂直"，须通过证"线面垂直"，从而推出"线线垂直"；而要证"线面垂直"，又要转化为证"线线垂直"；而要证"线线垂直"，如果两条直线不是同一平面内的两条直线，又得转化为证"线面垂直"；而要证"线面垂直"，又要转化为证"线线垂直"……，就这样一直"颠来倒去"，直到转化为两条直线都在同一平面内为止。正因为要这样"颠来倒去"，所以简称"颠三倒四"证垂直。

从数学思想的角度来看，"颠三倒四"证垂直的实质就是"化归转化"思想，就是把空间（异面直线）问题转化为平面问题。

师：同学们要通过反思本问题的证明过程，慢慢去体会"颠三倒四"证垂直的奥妙。

课后，我与许老师又进行了交谈。

我：你认为在教学上还有哪些消极因素在阻碍着你呢？

许：那就是自己的数学专业素养还不够高深。我认为，我现在还需要不断提高自己的专业素养。本来我对高中的内容也不是吃得很透，对大学的就丢得更久了。知识要"系统化"，就必须把初中、高中、大学连贯起来。还有就是反思性教学，做得还不到位，怎么去总结，怎么去提高，思考得还不够深入。我还有一个弱点，就是多媒体教学差。现在都提倡多媒体与学科教学整合啊！这个也是蛮关键的，我这方面也有缺陷。

我：那你打算怎样改变这种现状呢？

许：还要不断提高，还要不断地去学习和反思。活到老，学到老才行。我很推崇彼得大帝的一句话："给我20年，我还给你一个全新的俄罗斯。"我希望经过自己的进一步努力能够成为一个在广西比较有影响的学者型教师吧。但是，这是要积淀的啊，我需要时间和努力。

我：你认为数学课应该给学生一些什么东西？

许：比较高的层次就是数学之美、理性之美。现在我也初步把握到了这一点。这种美，包括很多方面，数学本身的对称美、和谐美，也要慢慢体会。我认为最重要的是方法之美、思维之美。为什么我很注重数学思想方法呢？因为我上过物理和化学，数学的思想方法其实都是可以指导物理和化学解题的。思想方法太重要了，数学思维太重要了，数学教育的根本目的就是掌握数学的思想方法，学会数学的思维，体会数学之美。

确实，数学作为世界上公认的与史诗齐美的五件事物之一，蕴含着丰富的哲学内涵。数学教育应该是一种展现个体智慧、注重个体心智的教育。

教学片段二：异面直线的角和距离

师：我们先讲角。讲角，要先讲角的范围。异面直线形成的角的范围是多少？

生：(马上回答)0 度到 90 度。

师：包括 0 度和 90 度吗？为什么？

学生：不包括，因为……

师：好！从前面的研究我们已经知道，求空间距离问题和求空间异面直线问题最终都要转化为平面问题，同样道理，求两条异面直线之间的角的"空间问题"也需要转化成平面问题，转化的手段就是通过平移形成平面角(为什么是通过平移？)。而平移的方法有三种(见图 4－6)：(1) a 向 b 移；(2) b 向 a 移；(3) a、b 之间相互靠拢。

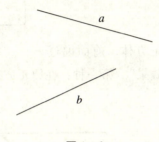

图 4－6

平移的依据是什么？怎么平移？

一般地，利用平行四边形性质、中位线性质，有时用两直线平行截线段成比例性质等。

板书：

(1) 求异面直线的角

角的形成：① $a \rightarrow b$；② $b \rightarrow a$；③相互平移。

(2) 求异面直线距离：

① 找公垂线(找关键点)；

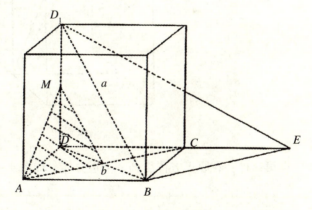

图 4－7

② 转化为线面距离→再转化为点面距离。

例：如图 4－7，求 a、b 的夹角。

(1) a 向 b 移，连 BD，取 DD_1 中点 M，AC 与 BD 相交于 O，连 MO 可得 a、

b 的平面。

(2)b 向 a 移,("作穿它会收到预想不到的效果")作 BE 平行于 AC(即 b),延长 DC 交 BE 于 E。

(3)又可作中位线,算阴影三角形三边,用余弦定理求角,但是我们发现这种方法很啰唆。这叫"早知如此,何必当初"。

师:如图 4-8,求 a 和 b 之间的夹角。

生:90 度。

师:这么快? 同学们,有几种移法? a 向 b 移,怎么移?

生:作中面。

师:我看,作多一个正方体,前面说过

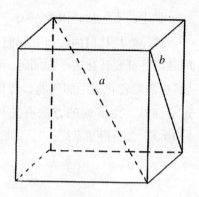

图 4-8

"作穿它会收到预想不到的效果"。第一种:在原正方体前画一个正方体,如图 4-9。

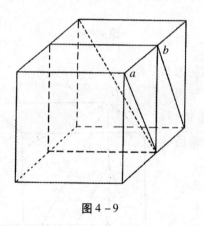

图 4-9

第二种:在原正方体后画一个正方体,如图 4-10。

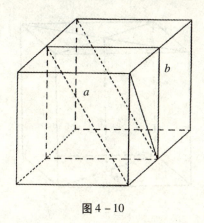

图 4 – 10

第三种：找一个中间量，如图 4 – 11。

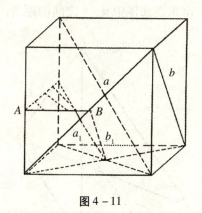

图 4 – 11

b_1 平行于 b 且等于 $b/2$，a_1 平行于 a 且等于 $a/2$，中垂面（阴影部分）有一个夹角为 90 度。

用不同的方法解决问题，目的不仅仅是给出问题的答案，还要给学生实现知识条件化和知识系统化的机会。

师：求异面直线的距离有几种方法？

生：找公垂线。

师：对！但要注意的是，我们很多时候不易找到公垂线，那么此时就要将线线距离转化为线面距离求解。

例 1：如图 4 – 12，通过特殊点找公垂线。

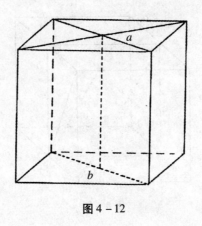

图 4 - 12

公垂线是中垂线。

例 2：如图 4 - 13，求正四面体中 a、b 之间的距离。

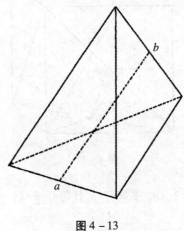

图 4 - 13

学生：中点相连。

师：很好，这也是通过特殊点的方法找公垂线。如图 4 - 14，可以算出公垂线的长吗？

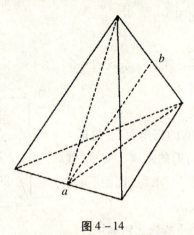

图 4 - 14

找公垂线的方法通常是找特殊点，但更多时候是过一条线作一个面与另一条线垂直。

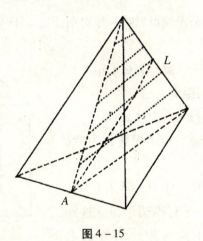

图 4 - 15

图 4 - 14 有这一思想，如图 4 - 15，A 是两个正三角形的公共边的中点，正三角形三线合一，点 A 所在的边垂直于阴影面，根据"线面垂直"⇔"线线垂直"，只用过点 A 作 l 的垂线即为公垂线。

这是高中阶段遇到异面直线最常见的情况——正方体和正四面体。许老师的这些启发式讲解一方面帮学生作了解题方法的总结，另一方面教给了学生进行思维分析的方法。这也是许老师非常强调并注重的教学中的一项任务——帮助学生学会学习、学会思考，尤其是对思维方法的训练和掌握。唯此才会有学生独立发展、自主创造的明天。

又例：

师：转化为线面距离，找过一条线的一个面，这个面与另一条线垂直。

生：找中点。

师：对了（如图 4 – 16 的三角面），这时 a 与 b 的距离就转化为 a 与面的距离，而求"线面距"又可转化为"点面距"，求"点面距"又可以用体积法或构造垂线段法。

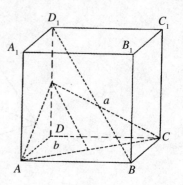

图 4 – 16

生：体积法好，构造垂线段比较麻烦。

师：D 点到三角平面的距离与 B 点到它的距离相等。作中点也可，作 BD_1 中点，连 D，其一半就可以了……

生：不行，不垂直。

师：对，不行！作公垂线可以吗？作对角面交 b 于 M，过 M 作 MN 垂直于 a（如图 4 – 17）。

师：好好体会，怎么求解？怎么求距离？

例：求 a、b 之间的距离。

师：直接作公垂线行吗？为什么？

生：不易找到特殊点，应考虑转化为"线面距"。

师：好！如图 4 – 18，连 D_1A 看看（为什么想到要连 D_1A 的呢？平行四边形！）。这样面 AB_1D_1 平行于 b，下面可用什么方法求距离？

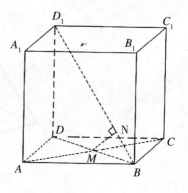

图 4 – 17

生：体积法，转化为求 B 或 A_1 到面 AB_1D_1 的距离。

师：很好。

这就是我看到的许老师的两个教学片段。课后，我继续向许老师提出问题。

我：有些人把数学归为科学，但一些科学家不太赞成把数学归为科学。你认为数学是指导科学的一个工具还是一种思维的武器？

许：从数学学科本身来看，数学应该是模式的科学，数学教育实质上就是帮助、指导学生建立模式、研究模式和应用模式的过程；而从学生发展的角度看，数学是思维的体操、思维的武器；我大学是读物理专业的，从物理学科的角度看，数学是指导物理学科（发展）的一门工具；而从哲学的层面看，数学则是文化。

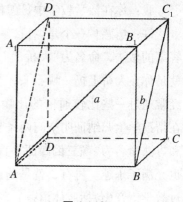

图 4 - 18

我：你认为高中数学和初中数学有什么区别？

许：思维的深度和抽象性区别很大。可以这样说，初中重在技能和基础，知识内容比较具象化，对思维策略、思想方法的要求不太高。高中呢，知识内容比较抽象化，对学生的思维要求比较高。就是说，思维的抽象性、灵活性、深刻性和批判性比较差的学生不容易学好高中数学。

我：你认为数学课重点是教会学生基础知识还是能力？

许：基础知识和思维能力同等重要，因为能力就是系统化的知识和方法。

我：你认为"数学能力"主要包括一些什么成分？

许：数学能力主要包括数学运算能力、逻辑思维能力、空间想象能力、数学抽象能力、数学建模能力和数据处理能力，我认为关键是逻辑思维能力，而思维能力的关键又是思维品质。

我：那你在教学中除了点拨以外，怎样培养学生的数学能力？

许：一方面，除了在课堂上要展示思维的过程外，要帮助学生归纳、总结研究数学问题和解决数学问题的思想方法，同时还要引导学生如何去提出问题，带有批判性地提问题，不要人云亦云，不要认为人家这样做，你也要这样做，要善于思考还有没有更优的方法。不要把老师当作权威，要挑战老师，挑战常规，要敢于质疑。

另一方面，培养和提高学生的元认知水平是培养学生的数学能力的重要途径。元认知是指认知个体对自身所进行的认知活动的自我认识、自我评价和自我调节。大量研究表明，学生学习活动的有效性依赖于学生的元认知意识，即依赖于认知个体对自身学习活动的自我意识、自我评价和自我调节。特别是，对于内在思维活动的自我意识及做出自我评价和必要调整的能力更应被看成思维的灵活性、深刻性、批判性和创造性的重要表现或必要条件。也就是说，元认知的培养和训练是提高学生数学能力的关键。

我：你在数学教学中是怎样激发学生的学习动机和学习兴趣的？

许：情感！一个是煽情，一个是鼓劲。比如说，我把那些做题中偶然撞对答案的做法，命名为"大桥法"，因为我们江南有座大桥。为什么叫"大桥法"？就是你在大桥上扔一块石头，把鱼撞死了，这种方法纯粹是偶然的。我上课时经常通过一些比较通俗的比喻来调节课堂气氛，让数学教学充满情趣。比如，在帮助学生归纳证明空间两条异面直线垂直的方法时，我就把这个证明的过程和方法命名为"颠三倒四证垂直"，这样学生既容易理解证明的方法，学习过程也充满了乐趣。再有，就是通过自己的真情，去关心、爱护学生。还有就是通过教学语音（包括肢体语言）。很多老师说我声音比较浑厚，就是说，给学生听起来比较有精神、不易厌倦。我讲课声音比较大、比较洪亮。另外我也注意通过诗化语言、用情感交流跟学生沟通。

我：你这些情感交流的媒体一个是黑板，还有呢？

许：我常在学生的作业里面写一些批语。比如说，给他一两句话、几句话以激励、以警醒。有时通过主题班会，有时通过学生周记。当然，要使学生对数学感兴趣，最主要的途径还是要通过数学教学。非智力因素培养是让学生得到激励，得到关爱，有激情。如果你学习没有激情，就学不好。

建构主义的认知是以情意为动力，由学习者主动建构，是情境与认知的融合。许老师正是抓住了建构主义的精髓，使学生在投入数学学习的过程中有一个良好的情感氛围，以激发学生学习数学的兴趣。

我：你认为高中数学课程改革最重要的是什么呢？

许：我认为最重要的是高考这个"指挥棒"。中国的高考试题太难了！而且考试时间只有两个小时，学生根本没有思考的时间，只能是套题型，机械作答，与此相对应，平时的教学只能是机械训练，所以课程改革肯定步履维艰。关键还是评价制度，评价不先改革是不行的。现在高一就出现这个问题啦。课程降低难度，复习资料没有降低难度，课程是新课程，资料是旧资料，或者说在学校学习的是新课程，回到家复习的是旧资料。

我：那你觉得一线的教师能为改革做一些什么样的事情呢？比如说，为了促进这个评价的改革，我们可以做一些什么样的努力？

许：观念要转变。而教师培训是一个很大的问题。比如，应该怎样把握新教材，很多老师都不太理解，起码要给一些教师提供一些真实的案例。

新一轮的高中数学课程改革就要全面铺开了，这次的高中数学课程改革从课程标准入手，推出新教材，希望通过这样的步骤使教师的教学有全面的改变，同时推进评价制度的改革。我们可以发现，教师是新课程改革的实施者，也是参与者。但是由于运行机制的问题，目前我国的新课程培训也只能是分层次的，"以点带面"式的培训。

二、我要成为学生的朋友——许家雄的学生观

教育当是诗性的世界。

——许家雄

做学生的朋友

"阿许""许哥"是同学们对许老师的亲切称呼。

在课余与学生们的聊天中，我听到了许老师任教的高三(78)班学生对许老师的评价。

"他把我们称作朋友，使我们感到亲切。"

"上课的时候想着阿许的'发家'精神，自己动力更加十足，既然许哥可以从2分的数学成绩提高上来，我为什么不成呢?"

"他不仅是课堂上的好老师，还是课堂外给人信心和希望的好友。"

"他看起来比较随和，好像没有学生与老师的辈分之分，可以一起探讨问题。"

"他在讲台上，从不摆领导架子，能与学生融成一体，很受欢迎。"

"在讲课的过程中，许老师能够虚心地听取学生的意见和采纳学生的观点。"

"阿许给我们上课让我感到从未有过距离——感觉很亲切。"

高考复习动员

每年，许老师的高考复习动员成了江南中学的一道特色菜，它老少咸宜，深受欢迎。因为许老师是用一颗真诚的心与学生交流，是用父辈和兄长的身份给予学生一个深切的期盼。

高考总复习是一个系统工程，需要多方面的协调，以达到最优化：(1)自信是成功的一半；(2)勤奋是成功的阶梯；(3)方法是成功的手段；(4)纪律是成功的保证……

别抱怨数学枯燥，物理抽象，历史太悠长；不要唏嘘老师苛刻，考场无情，

生活多惆怅。是骆驼就该踩响孤寂的旅途，是风帆就该踏破千层浪，无须用华丽的词语去装饰一个廉价的祝愿，只想用我的心紧握你们的手！高三的朋友啊，前途珍重！

高一新生入学动员

许家雄还是以诗歌的方式对学生给予鼓励：

蓝湛湛的夜空缀满明亮的星
星星向我们眨起问询的眼睛
当你进入高一的时候
有着怎样的心情

可曾记得教师的关爱，母亲的叮咛
可曾读懂父亲沉甸甸的目光
望子成龙，望女成凤，学有所成
可曾决心勤学苦练，生生不已
十年不鸣，一鸣惊人
可曾立志成为贵港的星、中华的星、明天的星
……
当太阳每天从东方升起
我们每个人都要思考
怎样才能让母亲欣慰地微笑
怎样才能无愧于 21 世纪
怎样才能成为贵港的星、中华的星、明天的星

今晚我想和同学们谈三个问题：（1）青年学生的责任；（2）高考改革；（3）一万年太久，只争朝夕……

外出学习回校后与学生的见面

有一次，许老师外出学习一个月。长时间离开学生，许老师很想念他们。于是，回到学校后，许老师用诗，向学生倾诉了殷殷思念之情：

我久已不在此地
是否有人把我想起

也许在一个月圆星稀的夜晚
有人想起我们的师生情谊

我久已不在此地
却时刻将你们想起
不止一次在梦中呼唤着你们的名字
不止一次在风里翘盼你们胜利的消息

参加学生周末晚会

许老师很喜欢参加学生的各种活动。他认为，教育不仅仅是在讲台上，更多的是在活动中，在与学生的交往中。寓教于乐是一条基本的教育原理。在参加学生的周末晚会上，许老师即兴吟诵：

今天，我们相聚在一起
明天，我们将要各奔南北东西
伸出手握住我们所有相识的日子
三年不长
人生不易
要好好把握
应轻轻珍惜……
与学生交流思想——

许老师还常常以诗歌的方式与学生进行某一问题的讨论，这使得原本看起来有些枯燥死板的内容变得颇有生气。

有一次，一名调皮的学生在黑板上写下了几句流行歌曲歌词：人生短短几个秋，不醉不罢休，东边我的美人啊，西边黄河流。起初，许老师并不知道这是一首歌的歌词，一看，挺抒情的，就是格调低了点。许老师没有过多地说教，而是信手和上几句让学生思考：

人生岂止几个秋
醉生梦死凭何求
男儿当立雄心志
莫放青春付水流

许老师经常提醒学生：在这个人的问题比人还多的世界里，我们能渴望什么？唯有勤奋，唯有拼搏，唯有自强；落后就会挨打，自强才是硬道理；在海上航行，没有不受伤的船；要把握高中的每一分钟，全力以赴心中的梦……

针对一曝十寒的学生，许老师提出了善意的忠告：

要学习山间溪流
流向江
流向河
流向海
目标明确
昼夜不停

应效法海底珊瑚
日日积
月月累
年年长
矢志不渝
终将长成

当数学课上，师生经过一番苦苦探索，终于得到问题答案时，许老师会和学生不约而同地大声朗读：

独上高楼，望尽天涯路。
衣带渐宽终不悔，为伊消得人憔悴。
众里寻他千百度，蓦然回首，那人却在灯火阑珊处。

新学年开始，许老师送给每个学生一张卡片，上面写下了他对学生的一片深情和殷殷期望：

21 世纪的钟声就要敲响
让我们在这一时刻歌唱
让嘹亮的歌声伴我们走向远方
让我们在这一时刻欢笑
让豪迈的笑声把壮志烧得滚烫

让我们挥起男子汉的拳头

用赤诚和汗水

把奋进的战鼓擂响

让我们一展巾帼的风采

用无畏和智慧

去拥抱明天的辉煌

让我们在这一时刻展望

让飞翔的脚步叩响金秋的乐章

让我们的心愿都开出绚丽的花朵

让我们的祝福都变成灿烂的阳光

在学校艺术节，许老师和学生一起高唱他亲自作词写成的班歌：

郁江之滨，南山之侧，活跃着一群年轻的生命；

灿烂桃李，辛勤园丁，和春天一起放飞骄傲，放飞一个浪漫的

憧憬；

爱心化作细雨，浸润着渴盼知识的心灵；

春风又绿江南，浸染了喷发生命的激情；

继承团结进取的华夏传统，发扬自强不息的江南精神。

奋进，奋进，振兴祖国永不停！

不经意间，诗歌架起了师生之间情感的桥梁。师生的距离拉近了，师生的关系融洽了。"亲其师，则信其道"，这成为许老师与学生交往信奉的教育信条。

以诗与学生对话

许老师一直认为，教师给学生的第一印象至关重要。因此他非常重视与学生的第一次见面。每次接手一个新班时，他总是用诗歌或散文的方式向学生介绍自己，于是，师生之间的距离在幽默诙谐的语言中拉近了。

许老师在第一堂课上常常这样向学生推销自己：

卑职姓许，名家雄，贵港人氏，今年三十又八矣，曾执教四年化

学，五年数学，十年物理。不敢言第一，却是个想当元帅的士兵。为
人哲学是：恨我者我置之一笑，爱我者我终生感激。好文学书法，无
人的时候也哼一两句《同桌的你》。有缘与你相识，愿与你共享雾霭流
岚彩霞，同担电闪风雷霹雳。

在与许老师访谈的过程中，许老师给我看了两封书信，上面有学生写给许
老师的诗歌，许老师也用诗做了应答……

我：你怎么想起用诗歌与学生交流？

许：这与我的性格有关，我是个比较感性的人。有一年要中考了，学生兴
奋不起来。一天上晚自修时，班里的学习气氛很不好。于是我随意地在黑板上
给同学们写了几句励志的话：

> 面对考场，我们充满信心和希望
>
> 听，那战鼓已经擂响
>
> 明天，我们将要走进考场
>
> 自信，我们的名字
>
> 必胜，我们的信念
>
> 奋竞争，勇拼搏
>
> 65 颗星星都将闪烁
>
>
> 我们挥起双拳说
>
> 我就是第一
>
> 第一就是我
>
> 我们对着太阳说
>
> 地球也会改变
>
> 命运自己把握
>
> 我们对着宇宙说
>
> 我们是 65 颗星星
>
> 胜利就是我们的星座

学生看后一下子就激动起来了。我接着鼓励他们说："当你在考场上，碰到
难题想不出来时就挥挥你的双拳默念一下：我就是第一，第一就是我。用这种

方式以安慰和激励一下自己。"同学们说："老师，这种方式好，对我们鼓励很大。"没想到以这样的方式调节学生情绪能收到较好的效果。于是，后来我就慢慢用这种方式跟学生交流。

我：就是从那时开始，你就把这种诗性化的语言引进教育中？

许：是啊，学生也用诗来跟我对话。

我：写得很亲切、很振奋。

许：所以我说，数学老师除了用数学语言、逻辑思维来跟学生对话，还可以用诗来与学生交心。有些学生也很有才华的呢，有时候他们也很想露一手。

我：你写诗都是针对你所面对的学生群。

许：我都是服务于我的学生，为了让学生跟我能够更好地交流。

我：可以这样说吗？——是学生让你开始学写诗。

许：对！我和学生一同成长。

许老师喜爱诗歌的理由在他撰写的一篇文章得到了详细的阐述。

许老师写道：

> 数学教师不仅需要抽象思维、逻辑推理，也需要人文精神和诗情画意；不仅需要精确、严谨的数学语言，也需要用诗和学生对话，用情和学生谈心。没有爱就没有教育，非智力因素和智力因素同样重要，而诗歌是培养学生非智力因素的最好切入点，因为诗歌有巨大的感染力、影响力和鼓动力。从此，我着力提高自己的人文素养，尝试写一些散文诗、打油诗，用通俗的散文诗式的语言去营造一种情感氛围，使学生从中受到启发，得到激励，得到关爱，得到鼓舞，从而激发起学习兴趣、热情和激情，让学生爱屋及乌，进而爱学数学、乐学数学。

下面是一封学生给许老师写的信。

> 许老师，昨晚我又梦见您了。老师，您大概有四十了吧！您的确是个令我们敬佩的老师。您和我们一起走入高中，然而，您取得了比以前高中部任何一位老师都更令人瞩目的成绩。一个懂得不断进取的人生，才是一个完美的人生。某些老师则太过安于现状、得过且过了，他们的生活观与您不同。我想，即使他们现在过得很安逸，但是，他们背后留下的，只有遗憾。一个人停止了前进的脚步，无异于终结了

自己的一生。我不是贬他们，而是赞您。您有谦逊的态度，在学习上，工作上。谦虚是不可伪装的。学习就像种一棵树，树坑挖得深些，树就长得好些。自大的人小看基础，耐不住寂寞，只把树苗浅浅地埋下。他种树种得很快，几天之内树也还不会死，但随着日子的流逝，树苗终要枯死。谦虚，懂得做什么必须自根基做起，稳扎稳打，一步一个脚印，不冒进，不急功近利。谦虚不是点头哈腰，那是奴才的丑样。做人就应昂首挺胸，怕什么？今天你是天王，明天我是至尊，怕什么？大家都有一双手有一个脑袋，怕什么？我怕谁？做人，就应有谦虚和无畏相结合的心。老师，您具备了，所以您进步着，您是明天的至尊，但前提是不能停止前进的脚步……继续吧！老师，继续努力吧！我们希望能从您身上学到更多的东西。如果说您还缺什么的话，我们就说，您只需要一颗更年轻的心……

下面是我与许老师在讨论学生的这封信的情况。

许：是啊！老师和学生都需要激励，这就是教学相长吧。作为老师，我一般不责备学生，我希望批评学生时能用一种比较智慧的语言去批评，我还达不到理想的境界。比如说有一个留级的学生转来我们班，怎么让这个留级的学生不自卑呢？在带他进班的时候怎么跟学生讲？这也是挺关键的，这样讲就不同了："我们班又来了一个新同学，这个同学多读了一年高二，但他多了我们这个班的 64 位朋友。"我第一次进补习班跟学生说："首先对大家表示敬重，内心的敬重，因为你能够回来补习就说明你的意志、你的心理承受能力就比一般人强，如果你没有承受能力，你是不会来补习的。另外，能够回来补习还说明你有不屈服的精神，有追求远大目标的雄心壮志。"

我：你觉得讲台或者说学生给了你什么东西？

许：（一听到"学生"就眉飞色舞）因为我要对每个学生负责，所以让学生获得知识和发展是我的一个目的，而快乐自己也是我的另一个收获。有时因为在课堂上没有把一道数学题讲好，课后总会感到遗憾和自责，总有辜负学生的感觉。

我：你怎么看待"因材施教"？

许：对待不同的学生采用的教学方法应该是不同的。这个难度很大，我做得还不好……不是说把后进生帮上来才是因材施教，其实让每个学生的个性都得到不同的发展才是因材施教，让每个学生都得到发展，让他们各有所长。比如学生数学学科学不好，你不能非让他考80分，而要引导他怎么样发展自己。

下面是我在采访中，看到学生1998年9月10日教师节在自办的班级刊物《露珠》上写给许老师的一封信。

　　亲爱的许老师，教师节的脚步声渐渐走近了，我们能送你什么呢？听，一句句亲切的问候代表65颗心带给您65个深深的祝福：在我心灵的草坪上/长着一朵小花/当它绽开第一片花瓣时/想到了第一颗露珠/或许有一天/那里长出参天的大树/是那露珠/使它伸出了第一丝根须。老师，我们都坐着，您却站着，您站着的时候，我们看见了一棵好高好高的树。您挥起修长的手臂，摇落满树的果子。在一年365天里，老师，您站着，站成了一尊壮丽的雕像，挺立在灿烂的季节里。老师，您的头发白了。我知道——您挤出了里面的墨汁，写下了一个"爱"字，撒向所有求知的学生的心灵。老师，您火一样的事业，烧在学生心上，使我们今生今世永远感受到无限的温暖。天空中繁星闪烁，您——我们心中的星，把光芒撒向学生，我们无法衡量这颗星的价值，他使丑变为美，使恶变为善。老师，偌大的一个教室里，您前面是学生，后面是黑板。您的位置在哪里？啊！在我们65颗赤诚的心中。老师，您是我们心中一轮永不落的太阳，照亮了您每一个学生的前程。您是一盏明灯，照亮我们夜航的路。老师，您上了一节又一节的课，脚站累了吧，坐下歇歇吧！您的喉咙也干了吧，喝杯水润湿一下您的喉咙吧！晴朗的夜空，繁星朵朵，那颗最亮的就是您。您那会说话的眼睛，告诉我们人生的真谛。当我在校园中漫步时，看到了晶莹的露珠，我想起了您——老师，您就像这露珠，滋润我们干枯的心田。

　　寂寞的小船/终于驶到了梦寐以求的小岛/神秘的梦想/立刻揭开了他的面纱/然而/当我踏出了小岛的第一步/我流泪了/我回首/远处却站着凝望的你/深沉的目光/我终于忍不住了//苍茫的学海/无悔，无泪/轻轻的海水/有情，有思念//那也是曾经托过我的小岛/然而，今天，我已离开了他//波动的海浪/慢慢地轻托着我的回忆/365天的孜孜不倦/12个月的埋头苦攻/在风与雨之中/交融了此生永恒不变的回忆//今天，是个好日子/我只能在小岛上默默地祝福/朋友，珍重。最后，让我们祝福你——节日快乐！

教学是教师的教与学生的学的统一，这种统一的实质是交往。现代教学论指出，教学过程是师生交往、积极互动、共同发展的过程。没有交往，没有互动，就不存在或未发生教学。把教学本质定义为交往是对教学过程的正本清源。交往的本质属性是主体性，交往论承认，教师与学生都是教学过程的主体，都是具有独立人格价值的人，两者在人格价值上完全平等。师生关系是一种平等、理解、双向的人与人的关系，这种关系得以建立和表征的最基本的形式和途径便是交往，离开了交往，师生关系就只是外在的，而不能成为教育力量的真正源泉。许家雄老师正是把学生当作一个和自己一样具有平等人格的人在与之交往，用心地与他们交流，用情去和他们交心。因为他认为，学生也使他成长，让他在教学的路上敢于创新，敢于面对困难。

在研究的过程中，许老师只要是谈及学生就充满了激情。所有的访谈过程，许老师用来代表学生的人称代词都是单数的，而用来代表老师的人称代词都是复数的。因为他认为，每个学生都不一样，每个学生在他的教学中都应该得到合乎个性发展的关怀；而教师永远是一个智慧的团体，教师在现在的时代背景下也需要合作精神，许老师似乎总是把自己看作所有教师中平凡的一员。

学生成了许家雄生命中的支柱，他觉得自己只有在学生当中才有存在的意义。与他通信的学生有一些是匿名的，但他总是很认真地给他们回信，他不忽视任何有关学生的信息。我在贵港做现场研究的日子里，经常在学生的口中、信中听到学生称呼许老师为"阿许"，而他对于这个称呼只是淡淡一笑，给了一个回答："我觉得这样很亲切啊！"

我回到师大，在数学系找到了一个许老师教了两年的学生曾伟君。她说，在她高考的第一天，考化学时因为草稿纸不够影响了心情，考砸了！出了考场之后就躲在房间里哭，是阿许耐心安慰了她，并请她一起吃晚餐，当时曾伟君十分感动。现在她在大学数学系上学，她常常问自己："我可以做得像阿许一样好吗？"

在江南中学的草坪上有一块很特殊的牌子，牌子插在草坪被人践踏之后留下的一条小径中，上面的话是这样写的："已开阳光大道，何苦另辟蹊径。"其作者是许老师。

三、人格魅力＋专业知识——许家雄的教师观

　　我认为我们教师最缺乏的是哲学知识、哲学思想、哲学修养。

——许家雄

　　我：你认为一个成功的老师除了他的学识以外，还应具备些什么？

　　许：人格魅力。教师的人格魅力是他的教育教学能力的重要组成部分。反映在教学效果上，一位教师的人格力量与他的教学成绩呈正相关。

　　在江南中学，许家雄老师除了上数学和物理以外，还上过化学。

　　原因是这样的——

　　许：当时我上初三两个班，又做班主任。有一个班的化学段考成绩比第一名的班级平均分差20分，开家长会时，家长把那位化学老师告到校长那里，提出不让那个老师继续上课，而把我推出来，我就去上了。

　　我：但当时你没有系统地学过化学啊？

　　许：对！虽然说我化学专业水平比专业的化学老师差，但是学生首先承认我这个老师能上课，他们已经接受我啦。魏书生为什么不在学校时，他的班级管理和语文教学都没问题？就是那种效应影响。学生认为这个老师好，他上课效果也好。人们只要信任他，就能达到这种境界。所以我说教师的人格魅力很重要。

　　许家雄的自述

　　许老师把教师的人格魅力看作是教师的根本。他以米卢为例。

　　米卢没能把中国足球队带进世界杯16强，却给中国足球界带来两个全新的足球理念："态度决定一切"和"快乐足球"。其实教育也是一样：态度决定一切，教育是快乐的。这个态度分三个层面：哲学观、人生观，教育理念，人格魅力。你的哲学观、人生观如何，你的教育理念如何，你的人格魅力如何，你的爱心如何，决定着你的一切；我们对工作的态度，对领导的态度，对同事的态度，对学生的态度决定着我们的一切。

　　关于哲学观：爱因斯坦和杨振宁的区别在于，杨振宁只是物理学家，而爱因斯坦不仅是物理学家，更是哲学家，所以他是大师；毛泽东之所以伟大，重要的一点是他首先是一位哲学家、战略家；魏书生老师是当代中国最著名的教育改革家，但我认为还称不上是真正的教育家，他与真正的教育家孔子、老子、

· 187 ·

朱熹、苏霍姆林斯基、杜威、弗赖登塔尔等还有一定的差距，原因之一就是他的哲学思想不够高深。我认为我们教师最缺乏的是哲学知识、哲学思想、哲学修养。

关于教育理念：教育理念包括教育观、教学观、课程观、教研观、学习观、教师观、学生观等。一句话，要做好教育教学工作，必须树立正确的教学理念。

关于教师的人格魅力：教育心理学是这样阐述教师人格魅力的作用的，教师的要求易于转化为学生的需要；有利于学生积累学习的经验，促进学生学习效率和积极性的提高；有利于激励学生克服学习、生活中的困难和挫折。

在教师人格魅力这个问题上，我在学校也做了一些研究，研究发现：学生一门功课成绩的好坏，与他是否喜欢教这门课的教师相关。通过对学生进行跟踪发现：学生往往因为不喜欢某一老师而不喜欢他所教的课。许多学习上偏科的学生都能由此找到原因。我们学校每学期都开展学生评教活动，由全体学生对全体教师的教学进行无记名问卷打分。结果常常会是这样：往往是大家公认的教学水平最好的老师得不到最高分，而那些课教得相对差一些，但人格力量很强的教师得分最高。反映在教学效果上，一位教师的人格力量与他的教学成绩正相关。这一切告诉我们一个道理，教师的人格魅力是他的教育教学能力的重要组成部分。教育观念、教育思想、教学能力固然很重要，人格魅力也同样重要，而且尤为重要。纵观古今中外的大教育家，从孔子到夸美纽斯，从老子到苏格拉底，从苏霍姆林斯基到杜威……无一不是学识渊博、才高八斗、人格高尚的大师。我们之所以不能成为教育家，是因为我们的哲学修养不够高深，我们的人生观过于浮躁，我们的学识过于浅薄，我们的人格不够高尚；我们之所以难成为专家型的教师，是因为我们的教育观念过于陈旧，我们的思想过于平庸，我们的知识面过于狭窄。优秀教师之所以优秀，是因为他们有着高度的责任感，强烈的探究欲，执着的进取心和无怨无悔的敬业精神——也就是说：态度决定一切。教育是快乐的，过去有一种说法："教师是蜡烛，燃尽自己，照亮别人。"这是人们对教师辛勤劳动、无私奉献的赞美。但这种说法未免有点偏颇，我们应该看到，教师在燃尽自己的同时，也在完善着自我。我们在进行创造性教育教学活动中，自身的知识也得到了充实，能力得到进一步发展，人格也更加完善。也就是说，我们在燃尽自己的同时也在收获着人才，收获着科研成果，收获着成功，收获着快乐。如果我们不能感悟到这一点，那是教育的悲哀。"得天下英才而教育之，不亦乐乎?"只有感悟到教书育人的快乐，我们的工作才有干劲，我们的生命才有激情。教育是快乐的，但这里所说的快乐与嬉戏性质的快乐完全是两个不同的概念。由于竞争奋斗而产生的快乐，只青睐于那些敢于无畏追求和勇于奉献的人，只青睐于那些为之付出巨大努力和代价的人，只青睐于勤奋、自信、自强不息的人。

我：你觉得你自己属不属于一个成功的老师？

许：应该还不属于。为什么呢？哲学修养很重要，你看我们连马列原著、尼采的书都没看多少本，包括数学大师弗赖登塔尔的原著我都还没有认真去研读过，确实不幸。那些大师级人物的理论素养和教学水平都达到炉火纯青的地步，我们现在还达不到。现在有一个观点叫作"高观点下的数学"。建立在高观点下的数学教学就站得比较高，启发、引导就能更到位。所以，教师要不断学习，要教到老，学到老。教师要不断提高教学设计能力和教学思维。

许家雄的文摘

师者，传道，授业，解惑也。"道"不一定是解题之道，"业"也不仅仅是作业，"惑"可以来自所接触的任何一个领域。正因为如此，新世纪的教师难当，因为他们可以作为学生之师的范围相对于学生日益扩大的信息来源来说，正在渐渐缩小！这就导致了师生之间共同语言的减少，心理距离的拉开。而一旦心理上产生隔膜，学生对教师就会敬而远之，教师对学生也会产生误解。所以，要做一个受新新人类欢迎的好教师，就要放下架子，虚心学习各种新生事物，对不懂的东西不要简单地否定。学习是一辈子的事，对于教师尤其如此。

实施素质教育，教师是关键，没有高素质的教师是不可能培养出高素质的学生的。因而，首先需要探讨的一个问题就是：面向21世纪的数学教师必须具备什么样的素质？

一是专业精神。教育是一门科学，科学需要求真；教育是一门艺术，艺术需要创新；教育是一门事业，事业需要献身。从教师专业性质和专业化过程来看，现代数学教师应当具备的专业精神就是奉献、求真、创新。

二是知识素质。包括两点：（1）教学的知识，即数学教师所教的内容，数学教师必须掌握数学学科的知识，这是数学教师必须具备的扎实基础。至于数学教师应该具备哪一类的数学知识、数学阅历和数学思维能力，这就成为值得研究的问题。（2）教育学与心理学的知识，即数学老师所教的方法。数学教师从事的是教学、教育工作，他必须掌握教育科学与心理科学的知识，这也是作为数学教师来说必须具备的，当然同样需要探讨的是数学教师应该具备什么样的教育心理与教学思维能力。

三是教育理念。教育是专业，教师是专家，不是任何人都可以当教师的。教师既不是权威（真理的决定者），更不是广播员（真理的传递者）。对于数学教师而言，要树立正确的数学观，建立现代数学教学观。

四是理论与实践。数学教师必须具备理性的知识——符合科学规律的理论指导，如数学教学理论；数学教师同时也必须具备直觉的知识——应付课堂要求的实践能力，如课堂应变能力；更重要的是教学教师必须具备处理好理论与实践关系的能力。

我：你把教师看作是职业还是事业呢？

许：我很赞同这样的三个层次：雇佣型的，好像我是来为你打工的；职业型的——哦！我找到了一份适合自己的职业；后来慢慢过渡到事业型。我先是属于职业型的，就是认为我找到了一份适合自己的职业，因为我对这个职业是比较认同的。但是，当看到自己的一批批学生学有所成不断成长，自己在教育职业的岗位上不断取得成绩，取得进步，得到学生、社会和同行的认可，特别是被评为特级教师和全国模范教师后，我就有了成就感，感受到了教师职业的幸福。其实不是说你想把它当作事业它就是事业的，如果你没有一种成就感和幸福感，还是不能真正成为事业。

我：而这种成就感是需要机遇的。

许：对！像前面说的，我有机会教初中和高中，也有机会教物理、数学和化学，还有机会在重点中学任教，这样我就有了更多成功的可能性。当然，机会总是留给有准备的人，成功需要机会，更需要个人的努力。

我：我可以这样理解你这句话吗？就是说你以前把教师作为一种事业去追求，而你现在是把教师作为一种事业去做啦。

许：对！现在是当事业去做的。以前是一种向往。

在许老师眼里，一名成功的老师要有厚实的专业知识。为了不断提高自己，让自己的水平不下降，他没有一刻放松过。

阿斌是许老师的女儿，也在江南中学上高中，父亲的言传身教让她如今和父亲一样有一副好心肠，喜欢尽自己的力量去帮助同学，喜欢通过自己的努力去追求理想。她告诉我，父亲曾经说过"我并不聪明，只是比别人多看了几本书，多做了一些题，付出更多的汗水"。阿斌说，父亲平时出差总喜欢带一本习题去做，或者随身带一本书去看。

许家雄的疑惑

对课堂教学和教师素质以及师生交往问题，许老师有自己的独特思考，也有许多疑惑。

第一，课堂教学目标的"完整性"和"知识的生成性"怎样才能达到和谐统一？课堂教学中，学生既是信息的接受者，也是信息的产生者和信息的加工者。这三者如何整合，如何达到和谐统一？全班同学的活动和自由发言可以集思广益、互相启发，但教学进度和教学秩序可能很难控制。如果将同一个问题安排学生课后独立完成，然后由教师在课上讲评，这样教学进度和教学秩序可能便于控制，但学生的思想能否得到充分的启发与交流呢？

第二，怎样处理好教师与学生的关系？教师为主导，学生为主体，这两者能否达到和谐统一？简单地说，学生若真正成了主体，教师就必须围绕学生转。那么，教师如何转，何时介入呢？介入太早，教师就可能成为课堂的中心，又成为学生围绕教师转；介入太迟，教师就可能难以体现主导作用，连课时数都得不到控制，知识目标的实现势必受阻。"要留给学生思考的空间和时间"，这个"度"该怎样把握？

第三，怎样处理好备课与上课的关系？教案是进行课堂教学的"脚本"，但这个"脚本"通常是教师预先按照自己的设想设计的，在实际课堂教学中因为有了学生的参与，这种事先计划很可能会遇到意外，这时，应该把学生拉回到既定的教学计划中来呢，还是舍弃教案，与学生共同探索？教案应该怎么写？或者，还要不要写教案？

第四，解题教学的目的是什么？仅仅得到答案显然是不够的，应该通过解题，进一步熟悉、理解所学内容，在知识之间建立起联系，培养数学思维能力，此为学科意义上的价值；通过解题，让学生从成功中发现自我，培养自信、坚强、忍耐的品格，此为人生意义上的价值，也是根本所在。那么如何选取有价值的问题呢？如何让解题发挥它们的丰富价值呢？

第五，无疑，教学过程中，教师需要暴露自己的思维过程（正确的或错误的），但又应该怎样帮助学生形成他们的更具有创造性的思维呢？教师怎样才能创设创造性的问题情景，引导学生去探究、去发现呢？

尾声：明天会更好

> 优秀教师之所以优秀，是因为他们有着高度的责任感，强烈的探究欲，执着的进取心和无怨无悔的敬业精神。

——许家雄

在贵港江南中学的日子转眼即逝。离开江南中学的那天早上，我6点钟起床，匆匆地与同学们一同参加升旗仪式，还有，就是与那一片冬日的残荷告别，这时一阵和风拂来，我的睡意全无。我想，我找到了一个"江南"的故事，这个故事的主人公是许家雄老师，他用心灵吹给了"江南"学子生命中阵阵和风……

我：如果说用一句话或几句话来概括一下你对生活的看法，你会用什么语言来概括呢？

许：我一直相信"明天会更好"。

我：你让我想起了居里夫人对待诺贝尔奖奖金的故事。

许：我是个危机感很强的人，也是个很乐观豁达的人，总是不断地追求进步，也坚信明天会更好！"学习改变命运，拼搏成就人生，态度决定一切。"这就是我的人生哲学。

我的这次"下江南"在一个下着细雨的早晨结束了。

当我再次见到许家雄老师已是2003年的元月，当天的桂林正在下雪，一片皑皑。这时候的许老师不再是江南中学的副校长，而是贵港市贵港高中的副校长，主管教学。听说，在我离开贵港的当天，许老师就接到了贵港市教育局的调令，离开了江南中学。

这篇文章写到一半的时候，我又听到了关于许老师的一个消息：他考上了教育学的教育硕士，师从罗星凯老师，已经在广西师范大学上了一个月的课……

附录一：优秀教师教学风格的个案研究

贵港江南中学许家雄老师的教学风格个案研究提纲

研究目标：

1. 为了更好地对"广西21世纪园丁工程"优秀学员及广西特级教师的教育

思想、教学经验与教学风格进行提炼与总结，促进广西教师的教育、教学风格的研究。

2. 考察许家雄老师的教学风格及其形成的过程，展现优秀教师的成长过程。

3. 分析许家雄老师的教学风格，促进其本人教育、教学风格的进一步发展，并给更多教师以借鉴。

研究内容：

许家雄老师的教学风格及其构成的主要因素。

1. 许家雄老师的教学风格是怎样形成的？

2. 在影响许家雄老师教学风格形成的因素中，客观的、主观的、社会的和个人的因素各占多大的比例？其中影响最大的因素是什么？

研究方法及过程：

以"质的研究"为主，着重对许家雄老师的课堂教育和教学活动进行访谈、观察、实物收集和分析等。

本人通过和许家雄老师达成共识，进入许老师工作、生活的环境中，了解他的教学状况、生活理念和经历、人生观和世界观等。通过观察、实物收集（许老师发表的论文、教学后记、工作随笔、他人写的关于许老师的报道等）、访谈等，从中提炼和概括出许老师的教学风格。

1. 首先进行描述性观察，对许家雄在教学活动，日常工作、生活中所表现出来的一切尽收眼底。

2. 聚焦观察，就较为凸显的几个方面进行细致观察。

3. 和许家雄老师建立起较好的关系，对其进行深度访问和观察。

4. 对许老师的家人、同事、朋友、学生进行访谈，当中灵活采用个人访谈和团体访谈以及座谈会等形式，着重从不同的社会身份对许老师的整体评价、教学评价进行研究；并从不同年龄段的社会人对许老师的评价中研究许老师在不同的历史时期的成长历程。

5. 深入课堂听课，并将2—3节课作为个案进行研究。

6. 收集部分许老师的教案、教学后记、工作随笔和发表的文章以及外界关于许老师的报道、学生对他描写和评价的文字材料。

7. 拍摄许老师教学、工作生活的一些镜头，以观察许老师的神情。

8. 参加许老师的教学、科研活动和日常生活，在其中理解和感受其教学风格和生活理念，研究许老师的教学风格及其形成过程。

9. 对所收集到的资料进行归类整理和分析。

注1：观察

观察被研究者的——

(1)日常工作

(2)教学(课堂以及备课、辅导等教学活动)

(3)生活(与家人、朋友)

在自然的环境中对上述的方面进行观察，记录被观察者的语言、行为等。

注2：访谈

(4)对象：许家雄及其家人、朋友(被研究者选定的)、同事(学校里的，或者是被研究者认为给他的教学影响较大的，如带许老师走上教学之路的，和许老师同辈的，得到许老师帮助的年轻老师等)、学生(广西师范大学的、江南中学的)。

(5)内容：关于许家雄的生活经历和教学经历(特别是数学教学的相关内容)，生活观、世界观、价值观等。

注3：实物收集

发表的论文、教学后记、工作随笔、教案和外界对被研究者的报道。

时间安排：

1. 2002 年 11 月底至 12 月中旬，查阅资料。

2. 2002 年 12 月中旬，进入第一现场(贵港市江南中学以及许家雄生活、工作的地方)。

12 月 8 日(星期日)晚上到达贵港，看有关资料。

12 月 9 日(星期一)开始和许老师一起上班，进行观察，并看一些书面资料。

12 月 10 日(星期二)主要是观察，同时做课案，适当时候对许老师进行第一次访谈。

12 月 11 日(星期三)观察，和许老师班上学生进行访谈，收集学生对许老师的相关描写和描述。

12 月 12 日(星期四)观察，做课案，和许老师的同事进行访谈。

12 月 13 日(星期五)观察，做课案，和许老师的朋友、家人等进行访谈。

12 月 14 日(星期六)做最后的实物收集。

12 月 15 日(星期日)和许老师做一个汇总，基本定框架稿。

12 月 16 日(星期一)听课等(机动安排)。

在第一现场的时间里，要视具体的问题和情况进行访谈和实物收集，和许老师的深层访谈更是要选择合适的机会进行，不能具体安排时间。

3. 2002 年 12 月下旬至 2003 年 1 月下旬，进入第二现场(广西师范大学——许家雄参加"广西 21 世纪园丁工程"学习的地方)。

4. 2003 年 1 月下旬至 2 月下旬，撰写论文。